러시아 소설의 형식적 불안정과 화자

러시아 소설의 형식적 불안정과 화자

이강은 지음

경북대학교출판부

저자_이강은

경북대학교 노어노문학과 교수

고려대학교 노어노문학과를 졸업하고 동 대학원에서 막심 고리키의 『클림 삼긴의 생애』에 관한 연구로 박사학위를 받았다.
저서로 『혁명의 문학 문학의 혁명 막심 고리키』, 『반성과 지향의 러시아 소설론』, 『바흐친과 폴리포니야』 등이 있고, 역서로 『레프 톨스토이(1, 2)』, 『세상 속으로』, 『대답 없는 사랑』, 『은둔자』, 『이반 일리치의 죽음』 등이 있다.

러시아 소설의 형식적 불안정과 화자

초판 1쇄 2015년 4월 20일 | **초판 2쇄** 2016년 7월 6일
지은이 이강은 | **펴낸이** 손동철 | **펴낸 곳** 경북대학교출판부
출판등록 1973년 10월 10일 ㉣97호 | **주소** 대구광역시 북구 대학로 80
전화 053-950-6741~3 | **팩스** 053-953-4692
이메일 press@knu.ac.kr | **홈페이지** http://knupress.com
ISBN 978-89-7180-419-3 93890

정가는 뒤표지에 있습니다.
파본은 바꾸어 드립니다.

이 저서는 2011년도 정부(교육과학기술부)의 재원으로 한국연구재단의 지원을 받아 연구되었음
(NRF-2011-812-A00213)

들어가며

달과 손가락

달을 가리키면 가리키는 손가락이 아니라 달을 보라고 했다. 맞는 말이다. 말의 깊은 의미를 새겨들어야지 지엽말단에 매달려 본질을 흐리거나 혼돈을 일으키지 말란 뜻이겠다. 온갖 말의 홍수 속에서 현란한 말재주나 달콤한 형식적 수사를 넘어 진실의 언어를 만나기 위해 깊게 다시 새겨야 할 가르침이 아닐 수 없다. 그러나 다른 한편, 오늘날에는 가리키는 사람의 손가락을 더 주시하고 가리키는 손가락 모양과 가리키는 사람의 눈과 마음까지도, 심지어 그 사람의 처지까지도 다시 살펴야만 하는 경우도 많지 않을까. 극단적인 당파적 대립과 개인적 갈등이 일상화된 현대 사회에서 말의 진정한 의미를 파악하기 위해 그런 태도는 특히 더 필요할 것이다.

언젠가 동양 고전을 잘 아는 분과 이야기하는 중에 나는 동양에서는 사회적 문제에 대한 관심보다 개인의 수신이 지나치게 강조되고 있는 것 아니냐고 트집을 잡았다. 그래서 바로 화제에 오른 것이 '수신제가치국평천하(修身齊家治國平天下)'에 대한 해석이었다. 나는 이 말에 순서의 개념이 있느냐고 물었다. 자신을 바로 하고 집안을 다스리고, 그런 후에 나라와 세상을 다스려라. 대학(大學)에 나오는 이 말의 문맥적 의미는 분명 그러하다고 했다. 사실 나 역시 잘 알지 못하면서, 혹은 약간의 지적 우월감에 들떠 세상의 여러 문제에 열을 올리는 경우가 많다. 사회 지도자들이 나라를 운운하면서 실제로는 개인적 이해와 욕심에 일그러져 있는 경우나 사회 개혁을 부르짖던 이들이 어느 날 기득권을 옹호하는 전사로 돌변하는 경우도 심심치 않게 볼 수 있다. 직업이 학생을 가르치는 일이다 보니, 또 나이도 좀 들고 보니 나 역시 지금은 제 몸 하나, 제 정신 하나 먼저 가다듬는 것이 우선이라는 생각을 많이 하게 된다. 그러나 나는 그때 내가 반박하고 싶었던 것, 즉 그것은 결코 순서의 개념이 아니라는 생각을 지금도 바꾸고 싶지는 않다. 수신의 완성이란 쉽지 않은 경지이고 보니, 자칫 수신에서 제가와 치국을 거쳐 평천하에 이르는 길은 순서라는 점에서는 결코 닿을 수 없는 '끝없는 직선'의 끝 아니겠는가. 이 세상에서 이룰 수 없는 가르침은 때로 그 합리적 핵심을 넘어 현실의 허구를 가리키는 거짓된 이정표가 될 수도 있다. 이데올로기.

고전을 제대로 모르는 입장에서 내가 제기한 해석의 논리는 이렇다. 우선 이 말 속에서 이 말을 하는 사람, 즉 화자의 입장에 대해서다. 이 문장에는 주어와 동사가 없지만 분명 누군가가 말하고 있다. 이 말을 한 사람의 머리에는 '수신', '제가', '치국', '평천하'라는 네 경지에 대한 표상이 먼저 성립되어 있을 것이다. 그저 수신에 힘쓰라는 말만 한 것이 아니라 네 단어를 동시에 한 문장 내에 배치하고 있다는 점이 이런 추정을 가능하게 한다. 따라서 이 문장에서 '수신'이라는 단어가 말해지는 순간 이 단어 속에는 이미 평천하라는 단어를 향한 방향이 담기게 된다. 그렇지 않다면 이 문장이 말해질 리가 없다. '수신'뿐만 아니라 나머지 경지들도 마찬가지다. 한 문장 속에 놓이는 한, 그 네 단어는 서로를 바라보고 의미를 주고받는 관계 속에 놓일 수밖에 없다. '수신'과 '치국' 사이에 놓인 '제가'에는 양방향의 눈이 달려 있고, '치국' 속에는 '수신'과 '제가'

의 단어의 힘이 축적되어 있으며 '치국'은 '수신'과 '제가'에 역으로 힘을 가하고 있다. 당연히 '평천하' 속에는 '수신'과 '제가', '치국'의 단어가 지닌 방향의 집적이 이루어져 있고, '평천하'는 다시 '치국'과 '제가'와 '수신'을 향해 적극적으로 반작용을 보내고 있다.

어떤 단어도 문장 속에서 독립적인 의미로 존재하지 않는다. 모든 단어는 하나의 전체 체계 속에서 서로 긴밀하게 상호작용한다. 수많은 벽돌이 서로 결합하여 건물을 이루는 것과 같다. 무엇을 말할 때 그 말의 본래 뜻을 생각하는 법이지만 그 말이 놓일 문맥 또한 생각하기 마련이다. 어떤 말이나 단어가 상황과 문맥을 벗어난다면 더 이상 살아 있는 말이 아니라 문법 교과서의 예문에 지나지 않는다. 벽돌 공장에 쌓여 있는 벽돌더미와 건물에 사용된 벽돌 한 장은 그 기능과 의미가 결코 동일할 수 없는 것과 같은 이치이다.

나는 '수신'이 결코 방향 없는 자기완성, 도달할 수 없는 절대 경지를 말한다고 생각하지 않는다. 그 '수신'이 의미 있기 위해서는 그 속에 '제가'와 '치국'과 '평천하'를 향한 방향이 담겨 있어야 한다고 믿는다. 다시 비유하자면, 건물의 벽돌이 그저 독립된 벽돌이라는 주장은 굴러다니는 벽돌 한 장이 건물이라고 주장하는 것만큼이나 어리석다. 물론 벽돌의 속성은 건물의 상태에 영향을 준다. 수신이 잘된 좋은 벽돌이냐 아니냐는 매우 중요한 문제가 아닐 수 없다. 그러나 건물의 구조와 특성에 알맞은 벽돌이 아니고서는 결코 그 벽돌은 좋은 건자재가 될 수 없는 것도 분명하다. 이런 생각에서 나는 '수신', '제가', '치국', 그리고 '평천하'는 그 각각이 독립된 경지가 아니라 상호 연관된 동시적 과정을 가리킨다고 주장했던 것이다. '수신'할 때에는 '평천하'를 마음에 담아야 하고 '평천하'의 단계에서는 지속적으로 '수신'과 '제가', '치국'에 대해 염려해야 한다. 나머지 각각의 단계들도 따로 존재하는 것이 아니라 항상 서로 반응하는 상관물로서 힘을 주고받고 반응하는 관계망 속에서만 제 의미를 가진다. 때로 자신이 처한 상황에서 어느 한 경지에 더욱 힘을 써야 하는 경우가 있지만 그 경우에도 다른 단어들에서 발신되는 다양한 신호에 민감해야 한다. 좀 더 단순하게 말한다면 수신이 없는 평천하가 있을 수 없듯이 평천하가 없는 수신 역시 무의미하다.

오늘날 유행처럼 번지고 있는 인문학 열풍을 보면서 나는 그것이 고립된 수신을 지향하는 것은 아닌지 회의할 때가 많다. 인문학을 통해 자신에 대해 깊이 이해하고 성찰하는 기회야 많을수록 좋은 일이겠다. 그러나 치국과 평천하에 대한 방향이 없는 수신은 고전의 가르침을 제대로 따르는 것이 아니다. 자신의 사회적 처지와 상황에 대해서는 아무런 반성도 하지 않는 공부, 아무런 성찰의 기회도 제공하지 않는 지식은 고립된 상자 속의 촛불에 지나지 않는다. 그 촛불은 촛불임에 틀림없어 보이지만 상자 속의 산소를 연소한 후에는 더 이상 존재할 수 없는 아주 일시적이고 제한적인 촛불이다. 물론 치국과 평천하의 유일한 길은 주어져 있지 않다. 나도 어떤 암시조차 할 수 없다. 다만 평천하에 대한 화두가 수신 속에 들어와야 하고 평천하 속에 끝없이 수신으로의 신호가 발신되어야 한다는 것만은 틀림없다.

마음과 뜻을 바로 하고 사물의 이치를 깨닫고 다시 마음과 뜻을 바로 하여 '수신'하라는 가르침은 사회적 상자 속에 갇혀 끝없이 자신 속에 침잠하라는 뜻은 결코 아닐 것이다. 인문학 자체에도 수많은 갈래가 있는바 그 속에서 길을 잃어버리지 않기 위해 한번쯤 이런 생각에 사로잡혀 보는 것도 무익하지는 않을 것이다. 보통 고전이 가리키는 달이 너무나 분명하다고 생각되겠지만 그것을 가리키는 손가락과 가리키는 방법과 가리키는 사람의 눈과 마음까지 보려고 할 때 달은 새로운 모습으로, 혹은 더 선명하게 보이지 않을까.

픽션과 논픽션

페이스북 창립자인 마크 주커버그로서는 머쓱할 만한 일이 하나 있었다. 그는 2015년 새해를 독서의 해로 삼겠다며 페이스북 독서토론 모임을 운영한다고 선언했다. 그리고 첫 책으로 베네수엘라 출신의 언론인 모이제스 나임의 『권력의 종말(The End of Power)』이라는 논픽션을 추천했다. 그의 추천은 곧 수십만의 팔로어에게 '좋아요' 표시를 받았고, 나임의 책은 아마존 베스트셀러 20위권에 들었다고 한다. 갑자기 엄청난 베스트셀러 작가가 된 나임의 반응은 그러나 의외였다. 그는 에이피통신과의 인터뷰에서 갑자기 찾아온 행운에 놀라워하면서 주커버그가 자신의 책과 같은 논픽션보다 픽션을 더 많이 접하는 게 나을 것이라고 권했다. 나임은 마르케스의 『백 년 동안의 고독』과 같은 소설을 예로 들며, 픽션이야말로 사물을 다르게 보는 길을 제시하고 새로운 세계로 인도하는 이상적인 도구라는 설명을 덧붙였다. 좋은 책이라고 추천했더니 그 책의 저자가 오히려 그 책보다 다른 책을 읽는 것이 좋겠다며 점잖게 충고를 한 것이다.

사실 이 에피소드에서 민망하거나 머쓱해야 할 사람은 아무도 없다. 두 사람 모두 품격 있는 모습을 보였고 우리 현실에서 보면 부러운 대화를 나누었을 뿐이다. 그건 그렇고, 그런데 픽션에 대한 나임의 말은 정말 맞는 말일까.

「문학 픽션을 읽는 것은 마음의 이론을 향상시킨다.」[1] 첨단 연구결과를 게재하는 과학계의 대표적인 잡지 중 하나인 『사이언스』에 실린 논

1 Kidd D. C. & Castno E. "Reading Literary Fiction Improves Theory of Mind", *Science*, Vol. 342, AAAS, 18 Oct. 2013.(http://www.sciencemag.org).

문이다.[2] 저자인 데이비드 키드와 에마뉴엘 카스트노는 소설이 인간의 인지력과 공감 능력에 미치는 영향과 효과를 과학적으로 실험하여 흥미로운 결과를 얻었다. 이들은 임의의 성인 남녀를 세 그룹으로 나누어 고전급 픽션과 대중 소설(탐정 소설이나 대중적 연애 소설), 논픽션을 읽게 했다. 일정 시간이 지난 후 연구자들은 다른 사람의 얼굴이나 눈 혹은 여러 사회적 상황에 대한 각 집단의 반응을 다양하게 측정했는데, 그 결과 문학적 픽션을 읽은 집단이 논픽션이나 대중 소설류를 읽은 집단에 비해 타인의 마음을 이해하고 공감하고 인지하는 능력, 그리고 일정한 사회적 상황에 대한 이해와 반응 능력이 현저히 높아졌다는 결과를 얻었다. 이들에 따르면 문학적 픽션이 이러한 영향을 주는 것은 그것이 단순히 저자의 지식과 이념을 전달하는 것이 아니라 다른 사람에 대해 어떻게 생각하느냐에 초점을 맞추고 있기 때문이다. 단순한 지식을 전달하는 논픽션이나 대중 소설은 작가의 일방적인 이념을 전달하기 위해 인물이나 상황을 그에 맞게 단순하게 설정하기 때문에 독자는 스스로 생각하고 판단하기보다 그것을 수동적으로 받아들인다. 이런 수동적 독서는 일정한 지식을 습득하는 데 필요할지는 몰라도 현대 사회에서 중시되는 사회적 관계와 인간의 마음 상태에 대한 이해와 공감 능력을 향상시키기 힘들다. 반면 문학적 픽션은 독자 스스로가 능동적으로 작품의 인물들과 상황에 참여하게 만든다. 그 과정에서 독자는 실제 현실에서와 같은 위험을 무릅쓰지 않고서도 다양한 사회적 상황과 인간관계에 대면할 수 있고 그에 대한 다양한 사고와 반응을 체험할 수 있다.

---

2 이에 대한 정보는 김영철 교수의 칼럼 “도스토옙스키와 『사이언스』”(교수신문, 2013년 10월 21일자)를 통해 얻었다. 그는 이 논문에 주목하면서 천재 첼리스트 장한나가 도스토예프스키의 『백치』를 읽은 이야기며, 소련의 마지막 서기장이었던 미하일 고르바초프가 도스토예프스키의 작품을 읽고 인간의 심성에 대해 심오한 통찰을 배웠다는 일화를 통해 고전 읽기의 중요성을 강조하였다.

『사이언스』의 논문은 사물을 다르게 보고 새로운 세계에 대해 꿈을 꾸기 위해서는 논픽션보다 픽션을 읽으라는 마임의 말을 과학적으로 증명한 셈이다. 그런데 여기서 다시 달과 손가락에 대해 생각해 보자. 앞서 나는 달을 가리키면 달만이 아니라 그것을 가리키는 손가락까지 잘 들여다봐야 할 필요가 있다고 했다. 그리고 '수신제가치국평천하'라는 말도 상황과 문맥 속에서 읽을 필요가 있다고 했다. 그런데 문학적 픽션, 즉 그 가장 핵심적 형태인 소설에서 이런 논리는 어떻게 적용될 수 있을까.

소설이 가리키는 것

흔히 우리는 작가의 의도나 작품의 주제에 대해 이렇게 저렇게 말하고 그것을 확실한 지식으로 기억한다. 이를테면 도스토예프스키의 『죄와 벌』은 합리적 논리를 근거로 살인을 저지른 청년이 겪게 되는 내적 고통과 참회를 그리고 있다. 여기서 작가는 근대의 이성 중심주의를 비판하며 인간에게는 종교적 도덕적 본성이 존재함을 말하고 있다. 우리는 이 작품을 읽으면서 사건의 추이와 인물들의 외적 내적 상호관계를 분석하여 그 작가 이념을 파악할 수 있다. 하지만 『죄와 벌』을 조금 정독한 독자라면 이런 주제 설명이 정작 소설을 읽을 때 느꼈던 다양한 내적 체험과 긴장된 감동을 전달하는 데 아주 미흡하다는 생각을 지우지 못할 것이다. 죄를 짓고 고뇌하다 회개한다는 수준의 요약은 독서 과정에서 우리의 마음을 움직이는 공감과 반감, 그리고 새로운 세계에 대한 체험을 전혀 설명하지 못한다. 작품의 주제라거나 작가 사상이라거나 하는 것은 작품을 이해하는 가장 기초적인 차원의 문제일 뿐이다. 우리는 오히려 작가가 최종적으로 가리키는 의미뿐만 아니라 그에 대립되고 모순되는 것, 게다가 작가의 의도를 넘어서는 것들을 소설에서 수없이 만나게 된다. 그렇다면 소설에서 우리는 작가가 가리키는 것에 대해, 진정 그것이 무엇인가에 대해 다시 생각하지 않으면 안 된다.

어떤 사람이 어디서 태어나서 이러저러하게 살다가 죽었다는 정도의 이력서가 그 사람의 삶과 영혼에 대해 말해 주는 바가 거의 없듯이, 외적 사건과 그 사건을 둘러싼 논리적 설명이 소설 작품의 본질에 대해 말해 주는 바는 별로 없어 보인다. 물론 어쩔 수 없이 필요에 따라 그 정도 지식을 생산하는 것도 불가피하겠다. 하지만 그렇게만 받아들인다면 그것은 소설을 논픽션으로 읽는 것과 다름이 없다. 실제 작품 세계에서 우리는 위와 같은 요약으로는 결코 담아낼 수 없는 풍부하고 심오한 순간들을 많이 만난다. 주인공인 라스콜리니코프가 자신을 위해 희생하려는 어머니와 여동생에 대해 느끼는 고뇌, 술주정뱅이 마르멜라도프의 고통스러운 후회와 자책, 무한한 자기희생으로 인간 본성의 순수성을 체현하는 창녀 소냐, 주인공 주변에 등장하는 다양하고 모순적인 성품의 인물들, 사람의 머릿속을 날카롭게 파고드는 검사 포르피리의 논리 등 수많은 명장면들은 그것을 읽는 순간 우리의 마음에 잊을 수 없는 다양한 반응을 불러일으키고, 작품의 간략한 주제나 작가 사상만으로는 전달되지 않는 잊을 수 없는 흔적을 남긴다. 이런 반응과 흔적, 그리고 감동을 체험한 사람과 요약본으로 읽은 사람 사이에는 좁힐 수 없는 차이가 있음을 나는 수없이 확인하곤 한다.

바흐친은 소설을 독백 소설과 다성악(폴리포니야) 소설로 나눈다. 독백 소설에는 오직 작가의 최종적 이념만이 존재하고 다른 모든 등장인물들의 전망은 거기에 갇혀 있다. 그러나 다성악 소설에는 수많은 인물들의 독립적인 목소리와 이념적 시점이 존재한다. 작가 역시 다른 인물들과 대화를 하고 논쟁을 벌이는 여러 목소리 중 하나일 뿐이다. 바흐친은 도스토예프스키 소설이 바로 그와 같은 대화적 다성악적 소설 장르에 도달한 정점이라고 분석함으로써 현대 소설론의 새로운 경지를 열었다. 그러나 문제는 간단치 않다. 작가가 창조한 세계에서 어떻게 작가 자신과는 다른 이념과 목소리를 가진 주인공이 탄생할 수 있단 말인가. 설사 그렇게 보일지라도 그것 역시 작가의 의도된 창작이 아니던가. 그리고 소설이 만일 그러하다면 거기서 작가가 가리키는 것은 무엇일까. 그런 소설이 가리키는 바는 무엇일까.

소설의 행복과 불안

소련 시절의 문학사나 소설사는 시대 구분이 명료했다. 즉 19세기부터 20세기까지 러시아문학은 데카브리스트 봉기로 대변되는 귀족 중심 혁명 시대에서 잡계급 중심의 혁명적 민주주의 시대를 거쳐, 사회민주주의 혁명 시대로 발전한다. 역사의 필연적 발전이라는 소비에트의 사적 유물론이 그대로 문학사에 적용되었던 것이다. 이런 발전의 관점에서 각 시대의 문학은 그 시대의 진보적 움직임을 반영하는 것으로 해석되고 평가되었다.

소설사의 이념적 시대 구분이 불가능한 것은 아니다. 소련 문학사의 시대 구분도 전혀 근거가 없는 것은 아니다. 또 그러한 시대 구분이 어떤 경우 복잡다단한 문학사를 이해하는 좋은 방편이 될 수 있다는 것을 마냥 부정할 수만은 없을 것이다. 모든 작가와 작품을 시대순으로 평이하게 나열하고 주요 주제와 줄거리, 특징들을 해설하는 '수험용' 문학사를 볼 때면 특히 좀 더 분명한 문학관의 부재가 아쉽기도 하다. 문제는 세계관이나 이념이 너무 도식적이어서 구체적인 문학적 현장을 왜곡하거나, 혹은 무세계관과 무이념의 문학사가 어떤 문학 현상을 그저 관찰되는 현상으로만 보게 만드는 경우일 것이다. 역시 여기서도 우리는 다시 가리키는 바의 문제성을 보게 된다.

만일 모든 세계를 하나의 잣대로 잴 수 있는 이론이 있다면, 그리고 그것이 제대로 된 것이라면 '참으로 행복하다'고 말할 수 있겠다. "별이 빛나는 창공을 보고, 갈 수가 있고 또 가야만 하는 길의 지도를 읽을 수 있었던"[3] 시대는 얼마나 행복했겠냐고 서사시에 대해 경탄을 헌정하는 루카치의 말은 길이 없는 곳에서 길을 찾아야 하는 소설의 시대에 대한 불안을 반어적으로 표현하고 있다. 루카치에 따르면, 소설에서 작가는 길을 가리킬 수 없고 길을 가리키면 소설이라는 여행은 끝이 난다. 사랑하는 사람은 결코 사랑을 찾지 못하고 삶의 희망은 사라졌지만 그래도 살아야 하는 책임이 남아 있는 소설에는 영원한 행복, 다시 말해 이상적 총체성에 대한 동경과 더불어 그 불가능함에 대한 아이러니와 불안이 가득하다.[4] 루카치의 이런 말은 서사시가 가리키는 바는 모두에게 투명하고 완전한 것이지만, 소설에서의 그것은 확실하지 않고 모순적이라는 말로 해석해도 무방하다. 그 말은 앞서 언급한 바흐친의 폴리포니야 소설론과 일맥상통하는 것이기도 하다.

소설이나 문학작품이 가리키는 바가 명징하고 그것이 위대하다면 그것을 읽고 바라보는 우리는 분명 행복하다 말할 수 있을 것이다. 그러나

---

3 G. 루카치, 『소설의 이론』, 반성완 역, 심설당, 1985, 29쪽.

4 후기에 루카치는 『변혁기 러시아의 리얼리즘 문학』(G. 루카치, 조정환 역, 동녘, 1986)에서 명료한 소련적 시대 구분으로 선회하며 행복을 맛보고 있는 듯하다. 물론 그는 거시적 관점에서 그런 시대 구분을 수용하되 각 작가와 작품들에 대한 이해에서는 매우 폭넓고 깊이 있는 비판적 리얼리즘론을 전개하고 있어 아무 생각 없이 행복해한다고 하면 너무 지나친 말일 것이다. 루카치 자신은 비판적 리얼리즘의 전통을 사회주의 리얼리즘 방법론과 유기적으로 연관시켜야 한다는 것을 강조함으로써 사회주의 리얼리즘에 무조건의 특권을 부여하려는 당대의 도식적인 문학론을 비판하려는 "전략적인 퇴각"(위의 책, 20쪽)을 하고 있다고 강조한다. 당시 소련의 문학론은 19세기의 리얼리즘 문학을 포함하여 모든 과거의 문화 예술과의 단절 속에서 사회주의 리얼리즘을 관변적인 어용문학으로 몰아가고 있었기 때문에 '위대한' 러시아 리얼리즘 문학 연구로써 이런 상황에 대한 비판과 저항을 수행하고자 했다는 것이다.

그 행복이 고골이 말한 바와 같이 "따분하고 혐오스러우며 자신의 슬픈 현실로 주위 사람들을 당혹스럽게 하는 인물들을 지나쳐 인간의 숭고한 가치를 보여 주는 인물들에게 다가가는" 행복이라면, "황홀한 연기를 피워 사람들의 시야를 가리고, 삶의 슬픈 사연은 덮고 아름다운 사람만 보여 주는 식으로" 위장된 행복이 아닐 수 없다. 오히려 작가와 작품은 "우리 삶을 뒤죽박죽으로 만드는 온갖 끔찍하고 충격적인 자질구레한 일상사와, 이 땅에서의 때때로 고통스럽고 지루한 삶을 가득 채우는 온갖 차갑고 조각조각 분열되고 일상적인 인물들의 영혼의 밑바닥을"[5] 불러내는 것이 아닐까.

고골의 말에는 소설의 시대에 접어든 작가의 불행과 고독, 고난, 그리고 사명감이 잘 묻어난다. 그리하여 그렇게 창조된 소설에는 작가의 영감과는 다른 '샘물'과 다른 '말'들이 함께 들려오는 것이다. 앞서 나임이 한 말과 같이 소설이 사물을 다르게 보고 다른 세계로 이끄는 이상적 도구일 수 있는 것은, 그리고 키드와 카스트노의 실험이 보여 준 것처럼 소설이 인간의 마음의 능력을 향상시킬 수 있는 것은 소설이 이렇게 서로 다른 내적 언어와 세계관으로 조직되어 있기 때문이다. 그렇다면 진정한 소설은 불안한 행복을, 행복한 불안을, 혹은 그 사이 어디쯤에서 독자와 함께 창조적으로 생성되고 있는 하나의 과정이라고 말해도 과언은 아니지 않겠는가.

5 Н. В. Гоголь, Собрание сочинений в 8 томах, М.: Художественная литература, 1984, Т. 5, с. 132, 137.

본다는 것, 원근법과 그 너머

이제 가리키는 바가 아니라 본다는 것에 대해 생각해 보자. 가리키면 보아야 한다. 보면, 보이는가.

근대의 원근법은 우리가 보는 것을 제대로 보았다고 표현하는 아주 유력한 방법이었다. 먼 것은 작고 흐릿하게, 가까운 것은 크고 또렷하게 그리는 원근법의 비밀은 오늘날 너무나도 익숙한 것이지만 르네상스 시대에 이르러 비로소 성립된 것이다. 원근법에 가장 대비되는 것은 개념법이라고 말할 수 있다. 일정한 시점에서 사물이 공간 속에 존재하는 실제 모습을 보여 주는 원근법에 비해 개념법은 그 사물의 속성과 본성을 드러내어 보여 준다. 신분이 높은 자를 크게 그리고 비천한 자를 작게 그리는 방법은 개념법의 전형인 셈이다. 원근법은 고대와 중세의 개념법을 극복하여 근대의 인간과 인간 현실, 그리고 세계를 새롭게 인식하고 발견해 가는 유력한 수단이었던 것은 분명하다. 이러한 근대의 원근법은 사람들의 사고방식에도, 즉 인식의 영역에도 여전히 일종의 틀처럼 작용한다.

사고방식의 원근법. 이 말이 가능할까.

원근법에서 가장 중요한 것은 원근법으로 표현되는 대상을 바라보는 시점이다. 예를 들어 길게 뻗은 길이 지평선에서 하나의 점으로 사라지는 풍경화를 떠올려 보자. 분명 현실에 존재하는 길은 결코 어디에서도 점으로 합쳐지지 않는다. 길은 그대로 길로 뻗어 가고 이어질 뿐이다. 하지만 그것을 그리는 화가의 눈에는 멀리 뻗은 길이 소실점으로 합쳐지는 것처럼 보이고 화가는 사선으로 그것을 표현한다. 그 그림을 보는 사람은 어떨까. 보는 사람이 그림 속의 사선을 멀리 뻗어 있는 길로 인식하기 위해서는 그림 바깥에 존재하는 화가의 눈과 일치하는 시점을 가져야(혹은 그렇게 상정해야) 한다. 그렇지 않다면 소실점으로 사라지는 길은 그저 비스듬한 사선에 불과하다. 이렇게 원근법은 그리는 사람과 보는 사람의 시선의 일치와 통합을 전제로 해야만 성립되는 것이다.

근대의 원근법적 사물 인식은 사람의 사고방식에서도 작동된다. '내'가 바라보는 대상은 '나'에게서 멀고 가까움의 방식으로 표현되는 것이 바로 그것이다. 바흐친이 말한 독백 소설, 루카치가 말한 행복한 시대의 서사시, 소련의 문학사, 혹은 키드와 카스트너의 실험에서 말하는 논픽션은 바로 그런 원근법에 의해 구축된 구조물인 셈이다. 그런 구조물에서 주인공은 더 가까이 더 크게 더 상세하게 부각되고, 보조적인 인물들은 더 멀리 더 부분적으로 더 특정한 측면에서 그려진다. 그 구조물을 구조물로 존재하게 하는 가장 기본적인 전제는 바로 구조물의 창조자, 즉 작가의 일관된 통합적 시점이다. 그리고 독자는 바로 그 시점과 일치하는 경우에만 그것을 그것으로 보게 된다. 혹은 독자가 바로 그 시점으로 바라보도록 강제하는 것이 그 구조물의 특징이자 목적이기도 하다.

근대의 원근법은 현실을 있는 그대로 포착함으로써 고대나 중세의 위계적 사고 구조를 파괴하고 현실 인식의 근대성을 개척했지만, 다른 한편 특정하고 단일한 어느 주체의 시점을 절대화함으로써, 즉 사물의 다양성과 다양한 시점을 억압함으로써 주체의 자기 반복(자기동일성의 무한 복제), 인간 중심주의, 그리고 나아가 전체주의적 사고방식에 연루되어 있다는 혐의를 받는다. 다시 말해 근대의 원근법은 주체의 시점에 들어오지 않는 측면들과 다른 주체의 시점에서만 볼 수 있는 차이 등을 배제하거나 무시하고 억압함으로써만 성립된다는 것이다. 이런 비판에 근거하여 현대 회화, 이를테면 인상파나 표현주의, 개념주의, 상징주의 등에서는 사물에 대한 단일한 시점의 파괴가 자주 등장한다. 하나의 정물화 속에 정면과 측면을 동시에 그리고, 거울을 통해 다른 시점을 표현하는 방법 등 원근법의 극복과 해체를 지향하는 다양한 시도가 나타나는 것이다. 이런 경우 어느 하나의 시점이 아니라, 다양한 시점의 차이와 공존에 대한 이해가 요구된다.

근대 소설 역시 이러한 원근법의 역사와 일정하게 상응하는 형식적 발전 과정을 겪는다. 이를테면 모든 것이 작가인 '나'로부터 발원하는 이야기 형식에서 시작하여 점차 주체로서의 '나'의 기능과 역할이 축소되고, 결국 다양한 인물의 시점이 공존하는 형식으로 발전해 가는 것이다. 물론 그 사이에는 다양한 시점 형식과 복잡한 변형 형식이 존재한다. 근대 소설에서 작가가 가리키는 바가 매우 복잡한 경로와 단계를 거쳐 확인될 수 있고, 때로는 작가의 시점을 벗어나야만(즉 작가가 가리키는 것이 아닌 시점을 택해야만) 우리에게 '보여지는' 것은 바로 이런 이유에서다.

중세의 텍스트에서는 작가가 가리키고 보여 주는 것, 그리고 독자에게 보여지고 독자가 보는 것이 일치한다. "만물에는 근본과 말단이 있고 모든 일에는 시작과 끝이 있는(物有本末 事有終始)" 세계에서 가능한 일이다. 이를테면 중세의 성자전에서는 성자전을 쓰는 작가와 텍스트, 그것을 읽는 독자 사이에 아무런 내재적 간극이 존재하지 않는다. 작가의 개성도 독자의 처지도 텍스트에서 특별한 의미와 기능을 가지지 않는다. 그들 사이에 존재하는 텍스트의 의미는 만물의 시작과 끝 사이에서, 근본과 말단 사이에서 이미 규정되어 있기 때문이다.

그러나 근대의 세계에서는 이미 근본과 말단이, 모든 일의 시작과 끝이 의심에 처해지고 전복되고 혼종되어 있다. 모든 것을 하나로 측정하고 인식할 수 있는 근본 토대가 붕괴되고 모든 것은 자기정체성과 정당성의 위기를 겪는다. 물론 근대를 이해하는 새로운 원리가 제기되지만 그 어떤 원리도 그에 반하는 비판과 저항을 완전히 제압하지는 못한다.

이런 세계에 조응하는 산물로서 근대 소설이 어떤 단일한 가리킴도, 단일한 보여 줌도 담아내지 못하는 것은 어쩌면 당연한 일이겠다. 이제 소설의 작가는 자신이 작품을 쓰는 이유와 방법을 스스로 찾아야 하고 작가로서의 정체성을 스스로 방어해야 한다. 또한 독자는 작가와의 동일성에만 의존해서는 일정한 편견과 오독의 위험으로부터 벗어나기 힘들어진다. 소설 속에 보여지는 세계를 거듭 다시 보고 스스로 생각하여 자신의 눈으로 새롭게 세계를 이해해야만 한다. 그 과정에서 요구되는 것은 지시 대상을 순연하게 바라보는 수동적 자세가 아니라 가리키는 손가락과 가리키는 사람의 눈과 마음, 그 사람의 처지까지, 그리고 자기 자신의 눈과 마음과 처지까지를 두루 고려하는 능동적이면서 반성적인, 그리고 열정적이면서 회의적인 복합적 자세이다.

이사야 벌린은 톨스토이가 "본래 여우이지만 스스로 고슴도치라고 믿었다."[6]라고 말한다. 고슴도치는 모든 것을 하나의 명료하고 일관된 핵심적인 비전으로 연관시키는 유형이고 여우는 서로 관계가 없고 때로는 모순되는 다양한 목표를 추구하는 유형을 말한다. 흔히 톨스토이의 간명한 세계관적 입장과 단호한 실천적 태도를 보고 그를 고슴도치로 오해하는 경우가 많지만 사실 톨스토이의 현실 감각은 "마지막 순간까지 너무나 통렬해서, 뛰어난 두뇌로 세상을 잘게 쪼개 얻어 낸 단위들에서 재조립해 낸 어떤 도덕적 이상과도 양립할 수 없었다. 따라서 그는 이런 사실을 부인하는 데 평생 동안 온 힘을 쏟아"[7] 부었다는 것이 벌린의 판단이다. 작가가 바라보는 세계와 그가 세운 도덕적 이상의 양립 불가능성, 그리고 그것을 부인하려는 평생의 노력, 톨스토이에 대한 벌린

6 이사야 벌린, 『고슴도치와 여우』, 강주헌 역, 애플북스, 2007, 25쪽.

7 위의 책, 179쪽.

의 견해는 매우 통찰적이다. 벌린이 말하는 톨스토이와 같은 유형의 인간, 즉 여우이면서 고슴도치로 살고자 하는 사람이 바로 오늘날 소설의 작가이자 독자여야만 하는 것은 아닐까.

현실의 바다를 헤엄쳐 가는 형식

바흐친은 소설이란 "계속 발전하고 있으며 아직 완성되지 않은 유일한 장르"[8]로서 아직 그 형식이 안정되지도 완성되지도 않았다고 말한다. 그것은 어떤 소설적 사고를 풀어내고자 할 때 작가가 의거할 수 있는 형식적 틀이 안정적으로 주어져 있지 않다는 뜻이다. 따라서 소설 작가는 자신이 무엇인가를 보여 주고 가리키고자 할 때 그 형식과 방법에 대해 늘 새롭게 다시 고민하지 않을 수 없다.

작가는 항상 형식이라는 저항력을 받으며 창작에 임할 수밖에 없다. 비유하자면, 현실이라는 바다를 헤엄쳐 어떤 섬에 도달하려는 목적을 가진 작가가 바다의 저항을 받아 그 목적지가 아닌 다른 어디쯤에서 분투하고 있는 형국이다. 물론 작가는 현실적인 자신의 능력과 물의 저항을 고려하여 목적지를 조정하고 축소할 수 있고, 그럼으로써 완결된 형식을 획득할 수 있을 것이다. 그런 경우 작가는 작품 속에서 자신이 가리키는 바를 온전히 보여 주었다고 말할 수 있다. 하지만 더 먼 곳을 향한 동경이 배제된 소설, 시작과 끝이 분명한 소설은 '독백 소설', 혹은 대중소설과 논픽션으로 귀결된다. 우리는 그런 소설에서 작가 시점과의 동일시를 통해 감동과 경탄으로 나아가거나, 혹은 가볍게 그것을 무시하거나 부정할 수 있다. 그러나 그러한 감동과 경탄은 '위장된 행복'일 수

8 미하일 바흐찐, 『장편소설과 민중언어』, 전승희 외 역, 창작과비평사, 1988, 18쪽.

있고, 무시와 부정은 '무지한 행복'일 수 있다. 그 어떤 '행복'도 창조적이고 능동적인 주체와는 거리가 멀다.

근대 작가들은 저 먼 궁극적 이상에 도달하고자 하는 동경, 혹은 야심을 포기하지 않는다. 근대 이전의 텍스트에서 자동적으로 주어지는, 혹은 주어졌다고 상정되는 최고의 규범, 최고의 이상이 더 이상 존재하지 않는 상황에서 근대 작가는 스스로 이상을 모색하고 그것을 향해 분투해야 한다. 그 분투의 노력은 소설을 소설이 아닌 것으로 끝없이 나아가게 하고, 그런 과정을 통해서만 소설이 소설일 수 있도록 만드는 아이러니를 낳는다. '총체성이 사라진 시대의 길 찾기', '길은 시작되었는데도 여행은 완결된 것과 같은 형식'이라는 루카치의 소설론 역시 이런 맥락과 공명하고 있다.

그렇다면 소설 형식이 여전히 발전하면서 불안정한 아이러니에 빠지는 이유는 무엇일까. 무엇보다 우선 그것은 근대 인간 사회의 역사적 현실 자체가 미완의 과정이고 불안정한 형식이기 때문이다. '역사는 끝났다'는 관점에서 현실은 종결되고 완결된 것으로 보일 것이다. 그러나 더 나은 인간과 현실을 향한 인류의 운동이 "자유로운 인간들과 함께하는 존재의 더욱더 완성된 형식으로 나아가는 영원한 운동"[9]이라면 소설의 형식적 불안정은 불가피하고 위대한 유목의 존재 양식일 수밖에 없다. 소설의 형식적 불안정은 불안정 자체를 추구하는 기교나 기법의 결과가 아니라 현실의 운동을 담아내고자 하는 지난한 노력의 결과이다. 소설가는 부단히 그 안정을 추구하지만, 즉 동경의 세계에 도달하고자 노력하고 세계와 인간에 대한 총체적 인식으로 나아가지만 결코 그곳에 도달할 수 없다는 역사적 현실의 반영이 바로 소설 형식의 불안정성을 초

9 M. S. 까간, 「새로운 미학 강의를 구상하며」, 『문예미학 3』, 문예미학사, 1997, 298쪽.

래하는 것이다.

이렇게 보면 소설이 형식적으로 불안정하다는 것은 결코 단점이나 한계가 아니라 소설을 근대 문학의 가장 지배적인 형식으로 떠오르게 해 준 운명의 덕목이자 영광의 '상처'가 아닐 수 없다. 물론 그로 인해 소설이 가리키는 바는 더욱 복잡하고 모순적인 양상을 띠게 된다. 소설이 가리키는 바를 제대로 보기 위해 우리는 그 복잡하고 모순적인 형식, 게다가 불안정한 형식 속으로 깊이 들어가야 한다. 대신 우리는 인간과 세계에 대해 보다 깊이 이해하게 되고 보다 능동적이고 주체적인 독자로 거듭날 수 있다. 선물인 셈이다.

스스로 가리킬 수 있는 자

이 책은 이런 문제의식에서 출발한다. 앞에서 두서없이 말한 바와 같이 소설이 단일한 정보 전달체계가 아니라 소설 읽기의 과정에서 창조적으로 생성되는 하나의 과정이라면, 그것을 가능하게 하는 소설의 구조 상태, 즉 그 형식적 불안정성에 대한 보다 면밀한 분석이 요구된다. 이런 점에서 이 책은 소설의 불안정성의 핵심에 소설 속에서 말하는 주체, 즉 '화자' 형식이 존재한다고 전제하고, 화자 형식의 진화 과정을 통해 러시아 소설의 발전 과정을 설명해 보고자 하는 목적에서 집필되었다.

이 책에서 화자는 작가와 작품 세계의 거리를 만들고 작품 세계의 다양한 관점을 실현하는 매개자로 이해된다. 이에 따라 이 책에서 화자는 '나-화자-작가(저자)'이거나, '서술자-화자', 혹은 '등장인물-화자'일 수도 있고 그들 사이의 다양한 절충적 형식일 수도 있다. 러시아 소설 발전 과정에서 이 형식들은 작가의 근대적 정체성의 두 요소, 즉 자유로운 개성과 객관적 세계라는 긴장된 두 공간 사이에서 역사적으로 변화하고 발전한다. 화자 형식은 소설 형식의 안정화를 꾀하면서 또한 부단히 그것을 불안정하게 만든다.

러시아 소설의 초기 단계에서 작가는 더 이상 소설의 모든 것을 지배하고 이끌어 가며 전달해 주는 규범적 보편적 외부적 존재가 되지 못한다. 그는 개인적이며 개성적인 작가로 자신의 존재성을 확립해 가야 하는 것이다. 그러나 개인적 개성을 지닌다는 것은 그만큼 사회적 보편성과 객관성으로부터 멀어질 수 있는 위험에 노출된다는 의미이다. 푸시킨과 레르몬토프, 고골의 소설에 존재하는 '나-화자-저자' 형상은 한편으로는 작가 자신의 정체성을 구축하려는 노력을, 다른 한편으로는 그것을 극복하려는 다양한 모색을 잘 보여 준다. 이들의 뒤를 이어 투르게네프와 도스토예프스키, 톨스토이 등 황금기 러시아 리얼리즘 작가들은 작가의 개입 양상을 극소화하고 세계의 보편성과 다양성을 보다 깊고 넓게 구현하는 '서술자-화자' 형식으로 나아간다. 『죄와 벌』이나 『안나 카레니나』, 『전쟁과 평화』 등 위대한 고전 소설들은 객관적이고 보편적인 세계와 작가의 세계관이 유기적으로 이야기되는 '서술자-화자' 형식의 최고 수준을 보여 준다. 그러나 상대적으로 안정된 것처럼 보이던 이 형식은 새롭게 변화된 세계 상황에 직면하여 여러 측면에서 그 한계를 노정하게 된다. 극적으로 더욱 분화되고 분열된 존재론적 상황과 사회적·역사적 상황 속에서 전지적인 '서술자-화자' 형식에 대한 불신과 회의가 증대한 것이다. 작가의 주관성을 강화하되, '주관적 보편성'을 통해 세계를 주체적으로 재구조화하려는 보다 주관적이면서 객관적인 '등장인물-화자' 형식이 그 대응물이었다. 그러나 주관적이면서 객관적이라는 이상은 그 자체 속에 이미 모순적 갈등을 함축하고 있다. 체홉과 고리키 소설에서 추구된 이 실험적 양식은 현대의 새로운 서사적 모색과 깊이 연관되어 있지만 앞서의 '서술자-화자' 형식을 대체할 만큼 확실한 성취를 보여 준 것은 아니며 여전히 문제적인 불안정한 형식이다. 다시 말하거니와 그 불안정은 소설이 인간의 삶과 현실에 더욱 밀착해 가는 한 피할 수 없는 숙명적 요소이다.

이상이 이 책의 주요 내용이자 논지인 셈이다.

이런 연구를 통해 나는 소설의 형식적 불안정이 인간의 삶과 현실에 대한 부단한 반성과 지향의 소산이라는 점을 거듭 확인하였다. 단일한 가치적 원근법이 아니라 다면적이고 복합적인 시점으로 구축되는 소설은 그 형식적 불안정을 피할 수 없다. 하지만 이러한 '불안정한 형식'과 '다면적 시점'으로 존재함으로써 소설은 독자의 능동적 참여를 가능하게 하는 하나의 과정이 될 수 있다. 그렇다면 소설이 가리키는 바는 우리에게 수동적으로 제시되어 보이는 것, 즉 어떤 대상적 구조물이라기보다 우리가 적극적으로 보고 가리키는 것이라고 말할 수 있을 것이다. 즉 소설 읽기는 가리키는 것을 그저 바라보는 것이 아니라 스스로 가리킬 수 있는 능력을 키우는 것이다. 소설의 화자 형식을 면밀히 들여다보아야 하는 이유는 소설이 가리키는 바를 보다 잘 이해하기 위함이고, 나아가 그 속에서 스스로의 길을 내기 위함이다.

이 책은 학술적 성과를 보다 대중적으로 보급하기 위한 한국연구재단의 저술성과확산사업의 일환으로 「러시아 장편소설의 형식적 불안정과 화자」[10]라는 논문을 확대 집필한 것이다. 일을 끝내고 보니 이전에 출판했던 『반성과 지향의 러시아 소설론』(한국학술정보, 2009)의 후속편이라고 해도 좋을 듯하다. 소설 읽기를 인간의 반성과 지향 능력의 극대화로 보았던 전작의 견해를 소설 형식 분석으로 구체화했다고 볼 수 있

10 『러시아어문학연구논집』, 2004.

는 것이다. 이번 책이 전작에 실린 한 논문의 확대 집필이라는 점에서 내용과 논지가 다소 중복되어 있기도 하다. 완전히 새로운 것이란 있을 수 없지 않냐고 변명을 하고 싶다. 그러나 작품 분석이나 조금 덧붙이면 되겠지 하는 가벼운 마음으로 시작했지만 사실은 새로 책을 쓰는 것 못지않게 시간과 노력이 들고 말았다. 이론적 측면을 보강하고 논문에서 다루지 않았던 많은 작품들을 추가하는 작업을 하면서 거듭 내 능력의 한계를 느끼지 않을 수 없었다. 부족하지만, 독자들이 어려운 소설 이론의 세계에 조금이나마 편안하게 다가갈 수 있는 책이 되었으면 좋겠다. 집필을 지원해 준 한국연구재단과 바쁜 일정 속에 어지러운 원고를 책으로 잘 만들어 준 경북대학교출판부에 깊은 감사를 드린다.

2015년 4월
꽃이 질 때라도 찾아올 시대를 생각하며
이강은

목차

제1장

소설을 말하는 자

제1장

1. 소설과 화자

소설은 근대적 개인의 탄생과 깊은 연관이 있다. 그리고 근대적 개인은 무엇보다 개인의 근대적 자의식과 근대적 사회관계 속에 존재한다. 이 말은 곧 소설이 근대적 사회관계 속의 인간의 문제를 다루는 근대적 형식이라는 뜻이다.

근대라는 말은 그 이해의 폭이 다양하지만 무엇보다 우선 인간 개인의 자유와 개성이 사회와 제도를 구성하는 제1의 원리가 된 역사적 시공간을 지칭한다고 말할 수 있을 것이다. 추상적이기는 하지만 이런 규정은 고대사회와 중세사회라는 다른 역사적 시공간과 비교하면 보다 명료해진다. 이러한 사실은 특히 해당 역사적 시기를 대표하는 각각의 문학 장르를 통해 구체적으로 드러난다.

고대 서사시에서 인간은 집단과 공동체, 신과 자연과 분리되지 않은, 내적으로 통일된 유기적 존재로 이해된다. 외형적으로 개별적 인간은 인식되지만 그 개별 인간의 삶과 존재의 본질은 그가 속한 사회와 환경으로부터 유래하고 그곳으로 다시 귀속된다. 소설 탄생 과정과의 대비적 관계 속에서 서사시에 주목하는 바흐친(M. Бахтин)은 서사시는 "개인의 경험과 거기에서 나오는 자유로운 사상이 아니라 민족적 전통을 원천으로"[1] 삼는다고 말한다. 개인의 삶과 가치에 주목하는 고대 소설과는 달리 서사시는 민족이나 집단의 대표자로서 영웅을 다루고 있다는 말이다. 루카치(G. Lukács)가 서사시를 "영혼의 모든 행위가 하나같이 의미 속에서, 또 의미를 위해서 완결되는"[2] 원환적 성격을 띤 시대의 반영이라고 말하는 것 역시 같은 맥락이라고 할 수 있다. 두 사람 모두 서사시에서 한 개별자로서 인간의 삶과 그 의미는 이미 선험적으로 주어져 있고, 자기 자신을 비롯하여 외부세계와 어떤 갈등이나 차이를 지니지 않는다는 것을 주목하고 있는 것이다. 그러므로 이와 같은 고대 서사시에서 한 개인의 개성적 특성이나 내면세계는 중요한 대상이 될 수 없다. 설령 그것이 서사시에 그려지는 경우에도 그것은 집단과 민족의 이상과 분리되거나 차이를 초래하지 않는다. 당연히 이런 서사시에서는 그것을 쓰는 사람(작가)과 서사시 속의 화자, 그리고 영웅의 내면적 세계관은 전적으로 일치하며 하나이다.

러시아 고대 문학의 영웅서사시(브일리나)에서도 이런 특징은 잘 나타난다. 이를테면 영웅서사시의 한 주인공 일리야 무로메츠는 삼십 년 동안 방안에만 틀어박혀 지낸 불구자이지만 순례자로부터 계시를 받고 일어나 힘을 얻어 민족을 구하는 영웅이 된다. 일리야 무로메츠는 이민족과 자연, 공후들의 도전에 직면하여 수많은 난관을 극복하고 그가 속한 집단과 사회의 이상을 구현하는 것이다. 이런 서사시 속에서 서사시를 노래하는 자(저자)와 그 노래 속의 영웅 일리야 사이에는 그 어떤 이념적 차이도 존재하지 않는다. 또한 자연과 신의 계시도 일리야의 이상

1 미하일 바흐찐, 「서사시와 장편 소설」, 『장편 소설과 민중언어』, 전승희 외 역, 창작과비평사, 1988, 29쪽.

2 G. 루카치, 『소설의 이론』, 반성완 역, 심설당, 1985, 29쪽.

속에 일치된다. 우리는 이 서사시에서 일리야가 집을 떠나면서 부모와 갈등을 겪거나, 혹은 난관에 부딪쳐 개인의 안위를 걱정하거나, 혹은 자신의 운명에 대해 불평하는 장면을 결코 볼 수 없다. 그의 운명은 이미 선험적으로 예정되어 있고, 그는 개인이 아니라 공동체로서의 민족 자체에 속해 있는 것이다. 『이고르 원정기(Слово о полку Игореве)』와 같은 연대기 장르에서도 영웅의 삶과 운명은 역사적 사건의 진행 과정과 일치한다. 심지어 포로가 된 이고르에 대한 아내의 슬픔도 개인적인 것이 아니라 민족의 운명에 대한 슬픔이다. 그리고 그 슬픔은 자연과도 상응하고 멀리 떨어진 이고르에게도 상응하여 민족적 운명을 다시 일으키는 계기가 된다. 이렇게 고대 서사시에서 개인은 집단과 민족, 신과 자연과 동질적인 존재로 인식되고 표현된다. 그리고 이를 이야기하는 서사시 작가는 구체적 개인일 필요가 없고 집단의 대표자이면 된다. 그것은 대부분의 서사시가 집단에 의해 구전되고 재창작되는 이유이기도 하다. 이런 서사시에서는 그것을 이야기하는 화자의 개인적 특성이나 자격, 이념적 경향은 작품을 이해하는 데 문제시될 이유가 없다.

종교적 가치관에 전적으로 지배되던 중세에도 개인은 여전히 집단의 규범을 실현하는 자로 인식된다. 중세의 다양한 문헌(텍스트)에서도 개인은 집단적 규범 속에 편입되어 규범의 실현과 연관해서만 존재의의를 가질 수 있었고 그 개성적 특수성이 드러나는 경우는 매우 드물었다. 물론 그 집단의 규범은 종교적 규범과 지배질서의 규범이었다. 그러나 그것은 고대 서사시에서와 같이 선험적으로 주어진 총체성의 세계가 아니라 규범에 의한 개인의 종속의 결과라고 볼 수 있다. 성자전을 중심으로 하는 교회문학 속의 주인공은 교회의 규범을 실현하여 종교의 이상을 표상한다. 그에게도 한 개별자로서의 특징이 주어지지만 그것은 오직 집단의 규범과 일치함을 증명하기 위한 조건에 불과하다. 그리고 그를 서술하는 자, 이를테면 성자전 작가에게도 그 규범과 이상은 동일한 것으로, 작가와 주인공은 내면적으로 동질적이다. 성자전에서는 계층적 지위나 심리, 나이, 성장환경 등과 같은 개인적 특성은 본질적인 기능을 수행하지 못한다. 또한 성자전을 쓸 수 있는 사람이나 성자전의 대상이나 내용이 될 수 있는 사람은 이미 외부적으로, 사회적으로 규정되어 있는 것이다.

이렇게 중세 문학의 외적 규범성은 인간 개인의 내적 필요성과 별개로 주어진 것이기 때문에 내적으로 규범과 개인의 갈등을 내포하고 있다. 세계는 이미 다양하게 분화되고 커졌는데 그것을 종교적 이념으로 위계화, 권력화하는 것은 일정한 강제와 폭력을 수반하지 않을 수 없다. 따라서 중세 문학에서 점차 작가와 작품 대상이 개인화되는 것은 불가피하다. 이를테면 중세 내부의 가장 커다란 갈등 속에 태어난 『주사제 아바쿰 자서전(Житие протопопа Аввакума)』(1672-1675)에서 주사제 아바쿰은 자신의 종교적 이상에 기초하여 당대 사회와 종교 현실을 날카롭게 비판하고 있다. 기본적으로는 종교적 규범의 완성이라는 제1의 원리에 입각해 있지만 이 작품에는 자서전을 쓰고 있는 아바쿰의 열정적이고 극단적인 성격과 강인한 투쟁 정신, 개성적 표현과 구어적 문체 등이 생생하게 드러나 있다. 다른 일반적 저자가 아닌 인간 아바쿰이라는 특정 개인을 나타내는 특성들이 이미 드러나 있는 것이다.

그러나 다양한 집단과 계층에 속해 있으면서 잉여적 자의식으로 충만한 개인이 문학의 전면에 본격적으로 나서는 것은 근대 소설에 이르러서이다. 근대적 텍스트 속의 개인의 잉여적 자의식은 그 수준과 양적 크기에 있어 중세적 텍스트와 근본적으로 질적인 차이가 있다. 즉 중세에서 텍스트의 주체와 객체는 중세의 삶의 조건이 그러했던 것처럼 집단의 규범을 확인하고 재생산해 내는 폐쇄적인 형식 속에 존재하는 것으로, 저자의 개인성을 담지하지 않고 그럴 필요도 없다. 반면 근대적 텍스트는 개인과 세계의 상호 긴장된 관계와 갈등의 현장으로서, 개인의 잉여적 자의식은 텍스트 형성의 근본적 요소이며 작품의 다른 모든 요소와 역동적인 관계를 형성한다.

근대 소설의 발전과 관련하여 저자의 시학, 저자 드러내기, '전기를 가진 저자'[3], '주소를 가진 시인'[4], '개인 저자의 단초'[5], '철저히 개인적인 화자'[6] 등과 같은 개념이 많이 사용되는 것은 바로 근대적 삶의 상황과 이에 대응하는 근대적 개인의 관계양상의 중요성을 보여 준다. 근대 작가는 사회나 권력으로부터 쓸 수 있는 권리를 자동적으로 부여받지 못할 뿐만 아니라 그가 써야 할 대상도 규범에 의해 확정되어 있지 않은 가운데, 자연히 자신이 무엇을 왜 써야 하는지에 대해 스스로 대답하고 스스로 정당화해야 할 요구에 직면하게 된다. 바로 이러한 상황이 작가의 개인적 저자적 형상을 불가피하게 작품에 도입하도록 만들었다. 낭만주의 시대 친구들과의 편지 형식(우정서한)이나 여행기 등에서 사적 생활의 사건과 일상, 사적 체험과 인상들이 등장하면서 그 중심에 그것을 쓰는 '나'의 존재가 불가피하게 상정되기 시작했다. 이제 저자는 집단의 대표자나 무개성의 저자가 아니라 '주소를 가진 시인'이 된 것이다.

물론 이러한 장르에서 결정적으로 근대적 개인으로서의 근대적 저자가 태어나는 것은 아니다. 우정서한이나 포에마(시적 산문 형식) 등에서 저자적 단초가 드러나지만 그것은 이전의 장르들에 비해 상대적인 의미에서 그러하다. 여전히 이들 장르에서는 저자의 개인적 단초와 더불어

3 Ю. М. Лотман, "Литературная биография в историко-культурном тексте (-К типологическому соотношению текста и личности автора", *О русской литературе. Статьи и исследования(1958-1993)*, СПб., 1997, с. 804.

4 Ю. Тынянов, *Пушкин и его современники*. М., 1968, с. 136.

5 Д. Лихачев, *Избранные работы в 3 т.* Т.1. Л., 1987, с. 145.

6 W. Kayser, *Entstehung und Krise des modernen Romans, Stuttgart*, 1962, S. 17.

저자의 장르적 형상이 강하게 드러난다. 또한 저자의 개인적 단초 역시 단편적이고 비통일적이다. 이 부분적이고 비통일적인 실제 전기적 요소의 출현은 근대 소설에서 저자적 요소의 출현 과정을 알리고 있다. 그러나 소설의 발전을 위해서는 무엇보다 이 직접적 실제 전기 요소들이 가상의, 로트만의 표현대로 “시인 없는 전기(биография без поэтов)”와 “의사(疑似) 전기(псевдобиография)”[7]로 형상화되어야 한다. 즉 작가는 실제 자신의 모습을 작품 속에 그대로 유지하고서는 근대적 삶의 다양하고 모순된 양상에 넓고 깊게 침투해 들어갈 수 없고 자신의 정체성에 대한 보다 다면적인 탐구를 이루어 낼 수 없다. 개인적 실제 체험과 자연인으로서의 면모를 유지하고서는 작품을 쓸 수 있는 방법과 대상이 매우 제한적이기 때문이다. 여기서 그는 자신을 대신하여 사건에 참여하고 사건을 이끌어 갈 대리인을 필요로 하게 된다. 그것이 바로 의사 전기를 가진 자, 텍스트 담지자(носитель текста), 혹은 화자가 출현하는 필연적 이유이다.

이처럼 근대 소설에서 작가 개인성은 의사 전기를 지닌 화자를 매개로 소설의 형식적 안정을 지향해 간다. 어떤 규범이나 장르적 제한을 받지 않으면서, 그러나 그렇기 때문에 다른 한편 작가 개인성이나 주관성의 무제한적인 자유를 제어하기 위해 의사 전기를 지닌 화자가 작품 속에서 작가를 대신하여 작품 세계를 이끌어 가게 되는 것이다. 화자는 다양한 형식으로 작가와 작품 세계를 매개하면서 소설의 근대적 형식을 다양하게 탐색해 나간다. 그러나 화자를 필요로 하는 순간 화자를 구현하는 형식이 모색되어야 하는데, 그 형식은 결코 단일한 장르적 규범으로 안정될 수가 없었다. 무엇보다 화자는 작가와 등장인물, 혹은 독자와

7 Ю. М. Лотман, 위의 책, с. 811.

의 사이에서 현실과 창조된 세계 사이를 매개하는 존재여야 한다. 하지만 근대 사회 속에서 작가나 현실, 그리고 독자는 부단히 변화하는 존재이다. 따라서 그들과의 안정된 관계를 설정해야 하는 화자 형식 또한 부단히 동요할 수밖에 없는 것이다.

한편 바흐친과 루카치 역시 자신의 소설이론에서 이와 같은 소설의 형식적 불안정성과 화자의 문제에 또 다른 방식으로 주목하고 있음을 볼 수 있다.

잘 알려져 있다시피 바흐친은 근대적 형식에 도달하기까지 소설의 근본적 동력을 '당대 현재와의 접촉의 극대화'로 보았다. 바흐친에게 현재는 "일시적이며 유동적이고, 시작도 끝도 없는 영원한 연속이다. 그리고 그것은 진정한 완결성을 부정하며, 그래서 또한 본질을 결여하고 있"[8]는 것이었다. 바로 이러한 현재와의 극대화된 접촉으로서의 소설이 '불안정하고 미완의' 형태임은 당연한 일인지 모른다. 그런 바흐친에게 "소설은 계속 발전하고 있으며 아직 완성되지 않은 유일한 장르"[9]로 여겨지는 것은 당연해 보인다. "소설은 단지 여러 장르들 중의 한 장르에 불과한 것이 아니다. 오래전에 완성되었고 부분적으로는 이미 소멸한 장르들 사이에서 소설만이 유일하게 발전하고 있는 장르이다. 소설은 세계사의 새로운 시대에 들어와서 태어나고 양육되었던 유일한 장르이기 때문이고 그 시대와 깊은 유대를 맺고 있다."[10] 소설이 관계하는 현실과 그 현실 속에서의 개인은, 특히 근대사회와 근대인은 인류 역사상 가장 복잡하고 다원적인 모순 속에 존재하고 있기 때문에, 그 세계와의 '극대화된 접촉'으로서 소설이 결코 완결된 형식에 도달할 수 없다는 것이다. 바흐친은 근

8 미하일 바흐찐, 「서사시와 장편 소설」, 37쪽.

9 미하일 바흐찐, 위의 책, 18쪽.

10 미하일 바흐찐, 위의 책, 19쪽.

대 현실에 대한 소설의 대응을 이렇게 고찰하면서 저자의 목소리와 등장인물의 이념적 목소리가 대화적으로 공존하는 폴리포니야 소설을 근대 소설 형식의 정점으로 고찰한다. 이 폴리포니야 소설에는 작가 개인의 목소리를 대변하는 것으로서 저자의 목소리가 존재하며, 그것과 결코 하나로 수렴되지 않는 잉여적 자의식과 독자적 이념을 지닌 등장인물의 목소리가 존재한다. 바흐친은 작품 속의 화자의 기능과 역할에 대한 세밀한 언어적 분석을 통해 폴리포니야 소설론을 증명하고 있다(이에 대해서는 도스토예프스키를 다루면서 상세하게 논의할 것이다). 다시 말해 바흐친의 폴리포니야 소설론은 로트만이 말하는 바와 같은 '의사 전기'를 가진 수많은 화자들이 다양한 등장인물이 되고 있다는 것으로 이해해도 크게 무리가 없을 것이다. 도스토예프스키 소설의 등장인물들이 자신에 대해 말할 뿐만 아니라 다른 사람과 현실에 대해서도 자신의 이야기를 늘어놓고 있다는 것은 바로 등장인물들 자신이 자신의 이야기 속에서 일종의 화자이며, 따라서 그러한 수많은 화자들의 대화적 조직으로 폴리포니야 소설이 구성되고 있다는 것을 말해 준다.

이와 대조적으로 루카치는 현실의 총체성을 상정하고 주체에 의해 총체적 현실을 전유하는 형식으로 소설을 사고한다. 하지만 루카치는 소설에서는 "질적으로 완전히 새로운 바탕 위에 다시 서게 된 하나의 삶의 관점, 즉 부분의 상대적인 독자성과 전체와의 관련성이 풀 수 없을 정도로 서로 뒤얽힌 관점이 생겨나게 된다. (……) 총체성과의 관계도 가능한 한, 유기체적인 것에 가까워지는 관계지만, 그러나 그것은 순수하게 생겨나는 유기체적 관계가 아니라 언제나 지양을 되풀이하면서 생겨나는 개념적 관계"라는 점을 지적한다. 즉, 현실 삶의 이질적이고 비유기체적인 상태를 의사 유기체적으로 표현하는 구조가 바로 소설 형식이 되는데, 따라서 "소설의 각 부분들은 전체적 구조를 파괴하지 않기 위해서는 자체의 단순한 현존재를 초월하는 수단을 통해서 전체적 구조 속에 편입되지 않으면 안 되는 것이다." 이렇게 구성되는 총체성은 주관적 총체성이며, 따라서 소설의 총체성이란 추구된, 모색된 총체성이 될 뿐이다. 소설적 형식이 유동적인 균형 상태에 있으면서, "소설은 상태로 변하고 아울러 변화의 규범적인 존재로 변하면서 스스로를 지양하게 되는", "파괴되면서 형상화되는 위험"[11]에 처하는 이유이다. 소설이 현실을 총체적으로 획득하는 것을 지향하지만 근대 소설에서 총체성은 서사시에서처럼 선험적으로 주어지지 않고 오직 작가의 주관성을 매개하여 모색되는 총체성일 수밖에 없다. 결국 소설은 정태적으로 보면 규범과 변화 사이의 유동적인 균형 상태에 있지만 시간적 변화 속에서는 규범과 변화의 변증법적 지양 속에 존재한다. 그것이 바로 소설 형식의 '파괴되면서 형상화되는 위험'이자 '형상화되면서 파괴되는 위험'인 것이다. 이와 같은 위험성은 우리가 지금 말하는 소설 형식의 불안정성에 대한 주목에 다름 아니다. 다만 루카치는 소설 형식의 이러한 불안정성이 작가와 세계의 아이러니한 갈등으로 인해, 즉 소설의 내용성으로부터 빚어지는 것이라고 말함으로써 화자에 대한 형식적 고찰로는 나아가지 않는다. 그러나 루카치가 말하는 '모색된 총체성의 아이러니'는 소설의 형식적 내적 분석, 즉 화자와 저자, 등장인물과의 언어적 상호관계에 대한 분석을 전제로 입증되어야 한다.

로트만의 화자 이론이든, 바흐친과 루카치의 소설론이든 근대 소설의 형식적 불안정성이 근대 현실 자체로부터 발원하는 것이면서 동시에 소설의 내적 형식성, 즉 화자 형식과 긴밀히 연관되어 있다는 점에서는 일치된 견해를 보인다고 말할 수 있다. 그런데 이 화자 형식은 근대의 개인

11 G. 루카치, 『소설의 이론』, 94-97쪽.

이 소설 작품 속에 자신을 실현하는 과정에서 태어나되 직접적 작가 개인으로부터 점차 의사 전기를 가진 화자로 변해 간다. 이를테면 근대 초기에 작가가 직접 화자로 등장하는 형식에서부터 작가와 공존하는 화자로, 그리고 나아가 작가와 분리된 객관적 화자로 발전해 가는 것이다. 이러한 화자 형식의 변화는 근대 소설의 형식의 장르적 안정을 부단히 저해하는 것이지만 미완결의 현재에 극대화된 접촉을 지향하고 총체적 현실에 부단히 다가가려는 소설의 본질적 속성을 반영하는 것이기도 하다. 이들의 소설적 동력을 루카치와 바흐친의 표현을 함께 빌려 "보다 총체적으로, 보다 대화적으로"[12]라는 요구로 이해해도 잘못은 없을 것이다. 바로 이러한 총체성과 대화성의 이중적(때로는 모순적인) 요구는 소설 형식의 불안정성을 창조적 불안정으로 이끌어 가는 힘이 된다. 그리고 그 힘의 작동 구조는 작품 내에 저자의 형상의 실현 과정과 방법, 특히 화자 형식과의 역동적인 관계 속에서 구체적으로 해명되어야 한다.

2. 저자와 화자

러시아어에는 저자나 작가를 뜻하는 단어가 두 개 있다. 하나는 '피사첼(Писатель)'로서 영어의 '라이터(Writer)'에 대응하며, 일반적으로 자연인 작가(作家)를 지칭한다. 다른 한편 '아브토르(Автор)'는 영어의 '어서(Author)'에 대응하며, 작품창작과의 연관성을 보다 강조하는 개념으로 자연인 작가와 구분하여 저자(著者)로 번역될 수 있다. 하지만 사실 두 단어의 의미가 학문적으로 엄밀하게 구별된다고 말할 수

12 이강은, 『반성과 지향의 러시아 소설론』, 한국학술정보, 2009, 62쪽.

는 없다. 전자는 어원상 '쓰는 자'라는 뜻을 가지고 있으며 같은 문학 장르에서도 시인(Поэт), 극작가(Драматург)와 구별하여 주로 소설을 포함한 산문 장르의 창작자를 지칭하기도 한다. 후자는 어떤 일의 옹호자, 창조자를 지칭하는 라틴어 '아욱토르(auktor)'에서 기원한다. 작가 톨스토이는 자연인이면서 작품 창작을 직업으로 하는 톨스토이를 가리킨다면, 저자 톨스토이는 특정 작품을 창작한 자로서의 톨스토이를 가리킨다. 물론 이것은 통상적인 의미에서 그러하며 그 둘이 엄밀하게 구별되는 것은 아니다. 하지만 보통 러시아 문예학에서 창작자가 작품 속에 자신을 어떻게 구현하고 있는가, 예술가로서 작품 속에 자신의 사상과 느낌을 어떻게 조직하는가에 대한 학문적 관심을 표현할 때는 저자라는 단어가 보다 정확한 의미로 선호된다. 그렇게 보면 시인 푸시킨도 자신의 시 작품 내에서 그 저자성(авторство)을 가질 수 있고 극작가 체홉도 극작품 속에서 자신의 저자성을 가질 수 있다.

서구 문예학과는 달리 현대 러시아 문예학의 가장 큰 특징 중 하나는 저자에 대한 관심을 놓치지 않고 지속적으로 발전시켜 왔다는 점이다. 러시아 형식주의로부터 발원한 저자의 추방과 사회주의 리얼리즘론의 화석화된 이데올로기로서의 저자 사이라는 양 극단의 틈새[13]에서 러시아 문예학이 상식적인 저자론을 유지하고 있는 것은 서유럽 포스트모더니즘의 저자에 대한 공포나 엄살에 비하면 너무나 건강한 자세가 아닐 수 없다. 그것은 러시아 저자들이 자신들의 창조적 개성을 견지하기 위해 때로는 죽음까지도 불사한 투쟁에 나섰던 전통에 힘입은 것인지도 모른다. 러시아 문학에서 저자는, 직업인의 한 사람이기 이전에 한 사회

13 러시아 현대 문예학에서 저자의 추방 과정에 대한 비판적 조망은 Маттиас Фрайзе의 "После изгнания автора: литературоведение в тупике?"(*Автор и текст*, СПб.: 1996)과 재니트 월프, 「저자의 죽음」(『작가란 무엇인가』, 박인기 편역, 지식산업사, 1997) 등을 참조하였다.

의 정신적·문화적 보루로서 존재해 왔다는 사실이 '저자성'의 견고한 이론적 입지를 마련해 줄 수 있었던 것 아닐까.

현대 문예학자인 유리 보레프(Юрий Борев)는 문학과 예술이 새로운 패러다임을 구축하는 과제에 기여하는 경로를 20세기 러시아 문예학이 보여 준 저자성에 대한 이론적 강조를 통해 찾아가고자 한다. 이를 위해 그는 무엇보다도 롤랑 바르트의 '저자의 죽음'이라든가, 줄리아 크리스테바의 '익명성, 연접(延接), 공백으로서의 저자', 또 저자의 개념에 대한 '이론적 화형'과 다름없는 수용미학에 대해 비판적 거리를 확보한다. 그렇다고 해서 그가 낭만주의 시대로부터 기원하여 리얼리즘 시대에 구축된 '전지전능한 저자'의 개념을 복원해야 한다고 주장하는 것은 물론 아니다. 보레프는 저자의 고유성과 엄존성을 강조했던 비노그라도프와 바흐친의 저자론에 기초하여 러시아 현대 문예학의 전통을 새롭게 수립함으로써 저자의 확립, 즉 문학 주체의 확립으로 나아가야 한다고 확신한다. 보레프의 신념에 따르면, 그러할 때 문학이 인류 보편의 공동체 문화 건설이라는 소명을 감당할 수 있고 "사랑을 통해 희망을 연주하는 작은 오케스트라"[14]가 될 수 있다.

저자에 대한 시학적 탐구는 당연하게도 그 저자가 어떻게 어떤 구조와 과정을 통해 작품 속에 자신을 실현해 내는지에 모아진다. 거기서 가장 처음 부닥치는 문제가 작품 속에 왕왕 저자 자신으로 이해되곤 하는 화자에 대한 이해였다. 살아 있는 자연인 작가가 아니라 작품 속에 존재하는 저자로서의 작가는 무엇인가. 작품의 내용 중 어디까지가 작가의 것이고 어디까지가 작가를 벗어난 것이라고 볼 수 있는가. 바로 이런 문

14 Ю. Б. Борев, "Теоретико-литературные итоги XX века", *Литературное произведение и художественный процесс*, Т.1, Наука, М.: 2003, с. 8.

제를 작품 내에서(이런 경우 그 객관성을 보다 강조하기 위해 작품을 텍스트라고 부르는 경향이 생겨났다) 과학적으로 증명하기 위해 저자 형상이라는 개념이 설정되기 시작한 것이다.

저자 형상이라는 개념은 언어학자인 비노그라도프(В. В. Виноградов)에 의해 처음 사용되었다. 그는 1927년 한 개인적 편지에서 저자의 모습이 "항상 예술작품에 관통하고 있으며", "이런 저자 형상이 어떻게 그의 작품의 근저에서 재구축되는지에 모든 문제의 핵심이 존재한다."[15]라고 말한다. 언어학자로서 비노그라도프는 보편적이고 체계적인 언어가 아니라 저자의 개별적이고 개인적인, 그리고 구체적인 다양한 언어가 어떻게 실현되는가에 관심을 집중한다. 그의 언어학적 관심은 자연히 문예학과의 접점을 형성하기 시작하였고 저자 언어의 분석을 통해 저자의 '언어 의식'이라든가, '개별적 문체(индивидуальная стиль)'라는 개념을 거쳐 마침내 '저자 형상'이라는 개념으로 결정(結晶)되었던 것이다.

> 저자 형상, 이것은 단순하게 말의 주체가 아니다. 무엇보다 저자는 예술 작품 구조 속에서 그 이름이 불리지 않는 경우가 많다. 저자 형상은 작품의 본질을 집중화하여 구현하는 것으로, 등장인물들의 말의 구조와 관련된 전 체계를 그들이 '서술자-화자'나, 화자들과 맺는 관계 속에서 통합해 내며 전 작품의 이념적 문체적 중심, 즉 초점이 되는 것이다.[16]

이렇게 저자 형상의 문제를 작품 내의 언어적 문체와 작품의 서술 구조를 통해 구별해 냄으로써 비노그라도프는 저자에 대한 과학적 연구

---

15 В. В. Виноградов, *Избранные труды о языке художественной прозы*, М.: 1980. с. 311.

16 В. В. Виноградов, *О теории художественной речи*, М.: Высшая школа, 1971. с. 118.

의 첫발을 내딛고 있다. 비노그라도프는 작품에 존재하는 비저자의 말(неавторская речь)의 특성에도 주목하지만 그것 역시 일종의 저자의 말의 변형으로 이해할 수 있다고 본다. 즉 등장인물들과 같은 타인의 말은 문체적인 가면을 쓴 저자의 것이다. 저자 형상은 때로 서술자로, 화자로, 조건적인 화자로 변형되어 나타날 뿐이다. 바로 여기서 비노그라도프의 저자 형상의 개념은 서술 작품의 주체에 대한 연구, 즉 서술자와 화자의 연구로 나아갈 발판을 마련한다. 하지만 그럼에도 불구하고 비노그라도프는 저자 형상을 별다른 어려움이나 모순 없이 텍스트의 언어 분석을 통해 찾아낼 수 있다고 보고 있다. 그런 생각의 기저에는 작품은 저자의 모놀로그라는 굳건하지만 다소 순진한 언어학자의 태도가 존재한다. 그가 작품 속의 저자의 말과 비저자의 말을 분석하고 비저자의 말에 드리워진 저자의 말을 분석하는 등 저자 형상 분석의 유용한 방법론을 보여 주고 있는 것은 사실이다. 하지만 서술자와 화자를 포함하여 작품의 모든 언어를 궁극적으로 저자의 것으로 수렴하는 것은 문학 작품에서 저자가 자신을 실현하고 타자와 세계를 수용하는, 보다 다양하고 복잡한 과정을 너무 단순화한다는 비판을 피하기 어렵다. 비노그라도프의 이런 입장은 소비에트 문예학의 저자 형상 연구에 상당히 오랫동안 커다란 영향을 주었다. 가장 기본적인 참고서였던 『문예학 용어 사전』의 '서술자 형상, 저자 형상' 항목에서 티모페예프(Л. И. Тимофеев)는 서술자 형상과 저자 형상을 유사어로 설명하면서 "서사작품에서 저자의(등장인물의 말과 관련되지 않은) 말의 담지자"[17]로 정의한다. 물론 본질적으로 서술자는 저자의 말의 담지자라고 규정할 수 있다. 그러나 그렇

17 Л. И. Тимофеев, С.В. Тураев (ред.-сост.), *Словарь литературоведческих терминов*, М.: 1974, с. 248.

다면 등장인물 역시 저자의 말의 담지자라고 말해야 한다. 따라서 서술자의 존재에 대해 아주 일반적으로 설명하는 것이 아니라면, 이런 설명은 서술자의 말과 저자의 말의 차이에 주목하는 현대 서사학의 요구에 대한 답이 되기에는 불충분한 것이 아닐 수 없다. 이런 경향은 이후에도 지속적으로 반복되는바 파두체바(E. B. Падучева)는 "서술자와 저자 형상(때로는 저자 자체)은 문예학에서 동의어로 이용된다."[18]라고까지 단언하고 있다. 이런 관점은 서술자나 화자 연구를 저자 형상 연구에 귀속시킴으로써 서사 텍스트의 내부 시학 연구의 진전을 저해하는 결과를 초래할 수도 있을 것이다.

저자 형상에 주목하면서 그 저자 형상을 작품의 화자와 가능한 한 동일하게 보고자 하는 러시아 문예학의 경향은 뿌리가 깊다. 할리제프(B. E. Хализев) 역시 소설에 존재하는 다양한 목소리들, 즉 비저자의 말의 존재 가능성을 충분히 인정하면서도 결국 문학작품이란 "독자를 향한 저자의 독특한 모놀로그"라고 규정한다. 물론 단순하게 저자의 주장이나 세계관을 직접적이면서 일차원적으로 담아내는 것은 아니지만, 즉 정치평론이나 철학논문, 웅변이나 에세이와는 분명 다르지만, 문학작품이란 "말 위의 말(надречевое образование), 초독백(сверхмонолог)"[19]이라는 것이다. '저자의 죽음'이라는 개념으로 나아간 서유럽 문예학에 비해 '저자의 사수(死守)'라고 부를 정도로 여전히 강력하게 저자의 존재를 지키고자 분투하고 있는 러시아 문예학의 특징이 여실히 드러나는 장면이 아닐 수 없다. 그러나 저자의 형상이 작품 속에 엄존하고 '말 위의 말'이자 '초독백'으로 존재한다고 해도 화자의 독자적이고 객관적인 목소리

18 Е. В. Падучева, *Семантические исследования*, М.: 1996, с. 202.

19 В. Е. Хализев, *Теория литературы*, М.: 2002, с. 297.

에 의해 매개되지 않고서는 우리는 결코 그것에 도달해 갈 수 없다. 화자의 목소리, 화자의 기능과 역할에 주목하는 것은 오히려 저자 형상에 대한 올바른 이해로 나아가는 필수적인 과정이다. 할리제프 역시 화자에 대한 연구가 고립적이고 폐쇄적인 형식 연구가 아니라 작품 이념, 작가 정신과의 연관이라는 맥락에서 이루어져야 한다는 것을 부정하지는 않을 것이다.

반면 미하일 바흐친은 저자의 말과 소설 형식에 관한 보다 새로운 접근 방법을 보여 준다. 바흐친의 견해는 앞으로 도스토예프스키를 다루면서 상세하게 검토할 것이지만, 우선 무엇보다 그가 작품의 주인공이 저자로부터 어떻게 독립적이고 독자적일 수 있는가에 주목하고 있다는 점만 확인하도록 하자. 바흐친은 만일 주인공이 작가의 세계관과 계급적 입장에 의해 설정된 자라면 살아 있는 주인공이 아니라 특정한 목적으로 외부에서 주입된 일종의 무대장치, 혹은 저자에 의해 움직이는 어릿광대에 지나지 않는다고 말한다. 이 경우 저자로부터 독립적인 주인공의 독자성이란 작품의 유기성의 파괴를 의미할 뿐이고, 독자의 창조적 해석이란 주관적인 과잉 해석에 불과한 것이 된다. 과연 저자가 창조한 인물인 주인공이 저자로부터 독립적이고 독자적일 수 있는가. 저자가 구상하고 쓴 주인공의 의식이 저자의 의식 바깥에, 그 너머에 존재할 수 있는가. 이 점이 바흐친의 소설론과 대화주의 사상, 혹은 바흐친의 인문주의 사상을 이해하는 가장 핵심적인 출발점이 되고 있다. 바흐친은 주인공의 독립성을 강조하면서, 동시에 저자의 형상이 대등하게 공존하는 가능성을 도스토예프스키 소설에서 확인함으로써 서술자나 화자에 대한 연구를 새로운 차원으로 변화시킨 셈이다.

분명 바흐친의 소설론으로부터 커다란 영향을 받은 코쥐노프(В. Кожинов)는 소설이 탄생하면서 언어예술작품에는 근본적으로 전혀 다른 언술체계가 출현했다고 말한다. 그는 소설언어, 혹은 산문언어의 특징을 무엇보다도 먼저 그 묘사적 성격에서 찾는다. 시의 언어 체계가 대상의 묘사 자체를 지향하기보다 대상에 대한 주체의 가치평가를 지향하는 언어라면 소설의 언어는 대상에 대한 정확한 묘사와 드러내기를 지향한다는 것이다. 이를테면 '은빛 비둘기'가 시어로서는 평화를 상징하고 그에 대한 시적 주체의 소망을 드러낸다면, 산문어로서 '은빛'은 비둘기라는 대상의 빛깔과 색채 자체라는 개별성을 지칭한다. 시어로서의 '은빛'이 '은'이라는 물질의 가장 보편적인 의미로 향해 있다면, 산문어로서의 '은빛'은 가장 개별적인 대상의 특징으로 향해 있다.[20] 시어가 대상의 개별화보다는 보편화를 향해 조직된다면 소설의 언어는 이와 반대로 개별화를 향해 조직됨으로써 묘사의 정확성을 지향하고 대상 자체의 특성을 해명하는 데 집중한다. 소설의 언어가 지닌 이러한 특징은 언어예술에 이제까지와는 전혀 다른 과제와 특성을 부여한다. 이제까지의 고급 언어예술, 서사시와 서정시, 드라마 등이 언어의 보편적 의미를 확장하고 강화함으로써 언어로 조직된 작품의 이념을 보다 일원론적으로 체계화할 수 있었다면, 소설의 언어는 개별화된 대상들과 개별화된 언어, 특정한 시공간에서 특정한 문맥으로 발화되는 언어에 보다 집중함으로써, 표현하는 주체와는 다른 세계에 대해 관심을 기울이고 일정한 지분을 양도하지 않을 수 없었던 것이다.

> 산문은 본질적으로 시적인 언어를 파괴하고 내던짐으로써 시작된다. 산문가는 무제한적인 자유를 가지고 다양한 측면들로부터 언어를

20 코쥐노프는 톨스토이의 『안나 카레니나』에서 스티브가 은제 포크로 굴을 까먹는 장면을 예로 들어 설명하고 있다.(В. Кожинов, *Происхождение романа -Теоретико-исторический очерк*, М.: 1963, с. 371-372)

> 끌어다 사용한다. 그 결과 예술 산문은 가능한 모든 것 중 가장 '잡식성의 말(всеядная речь)'이다. 궁극적으로 그 어떤 것이든 원칙이 부재하다는 것, 그것이 단어의 선별과 연계의 원칙이 되는 것이다.[21]

계층화된 수사학으로서의 시적인 언어로부터 자유롭고 다양한 언어로의 이전을 원칙으로 하는 소설의 언어는 '원칙의 부재'를 원칙으로 하며, 즉 작가 이념을 관철하는 일방적인 원칙이나 장르법칙을 가지고 있지 않으며, 다양한 세계상으로의 접근을 위해 '잡식성'의 말이 된다. 이 잡식성의 식욕은 무엇보다도 타자의 말과 말 자체에 대한 관심, 보다 특정한 계기에 특정한 음색으로 발음되어 나오는 말(발화)에 대한 민감함, 그리고 그러한 말들을 통해 형성되는 주체와 대상의 복잡다단한 상호관계 등에 의해 더욱 활성화된다. 이렇게 보면 소설 속의 이야기를 이끌어가는 화자는 매우 다양한 언어들에 노출되고 그 언어들과 다양하게 관계해야 하며 그 관계를 통해 소설의 세계를 구축해야 하는바, 그 모든 것을 저자의 것으로 단순하게 수렴되도록 만들 수는 없게 된다. 따라서 인칭화된 화자든, 보이지 않는 비인칭화된 서술을 수행하는 화자든 구조적으로는 저자와 일정한 차이를 가지고, 때로 갈등을 일으킬 수도 있는 존재가 된다. 그런 차이와 갈등은 작품의 오류나 저자로부터의 일탈이 아니라 오히려 잡식성 소설의 본질적 존재조건인 것이다.[22]

---

21 В. Кожинов, 위의 책, с. 371.

22 코쥐노프와 바흐친의 견해에 비하면 러시아 형식주의의 '낯설게 하기'는 단순히 소설언어의 본질이 드러나는 하나의 현상에 지나지 않는다는 것이 쉽게 드러난다. 소설의 언어가 타자의 말과 말의 음성성, 주체와 타자의 상호관계에 대해 민감하게 반응한 결과, 혹은 그런 현상이 독백적 언어에게는 충분히 '낯설게' 보일 수 있었던 것이다. 잘 알려져 있다시피 러시아 형식주의는 가능한 한 저자로부터 독립된 텍스트로서의 문학 작품 연구에 집중함으로써 기존의 작가 중심주의적 연구(인류학주의적 연구나 사회학주의적 경향으로부터 영향을 받은)의 한계를 벗어나 문학 작품의 과학적 연구의 첫발을 내딛었다. 작품의 모든 내용이 작가로부터

러시아 문예학은 기본적으로 작품의 저자성에 주목하는 전통을 지니고 있다. 이 저자성은 자연인 작가, 그리고 작품 속 서술 형식과 상호관계 속에서 해명될 수 있다. 형식주의가 일시적으로 작품과 작가와의 단절을 통해 작품 자체의 시학 속에서만 저자성을 해명하고자 했던 것을 제외한다면 대체로 러시아 문예학은 저자성을 문학 과정 전체와의 연관 속에 위치시키고 있는 것이다. 물론 저자성을 서술자나 화자와 일치하는 것으로 보거나, 일치하지 않고 차이가 있는 것으로 보는 등 방법상으로 차이가 있기는 하지만 저자성 자체에 보다 강조점을 두는 것이 현대 러시아 문예학의 일반적 경향이라는 사실은 분명하다. 그리고 그런 경향은 다소 이질적인 경로를 통과하여 바흐친과 코쥐노프의 소설론으로 접목됨으로써 저자와 화자의 상호관계와 거리 등의 문제를 통합적으로 이해하는 발판을 마련한다.

3. 화자와 서술자

러시아 문예학에서 저자와 화자의 상호관계를 밀접한 연관 속에서 고찰하는 것은 분명하다. 하지만 문제는 작품 내에서 화자를 어떻게 규정하느냐이다. 작품의 서술 구조 속에서 저자성을 올바로 설정하고 이해하기 위해서 화자의 개념을 보다 면밀하게 검토할 필요가 있다.

일반적으로 화자는 산문 장르에서 '이야기를 이끌어 가는 자'로 정의된다. 단순하게 말해 산문에서 '나'로 지칭되면서 모든 이야기를 전달해 주는 역할을 하는 자가 화자이다. 이를테면 푸시킨의 『예브게니 오네긴』

발원된 것으로 보지 않고 작품 내 언어조직과 구성 등을 통해 그 '문학성'을 구축하고 있다는 명제는 영미권의 신비평과 구조주의의 방향 설정에도 직접적 영향을 주고 있다고 평가된다. 그러나 형식주의가 근본적으로 원한 것이든, 조건적으로 유보한 것이든 그 이론틀에서 저자로부터 발원하는 것들은 모두 배제되는 결과가 초래되었다는 점은 부정하기 어렵다.

에서 주인공들의 이야기를 독자에게 전해 주는 '나', 레프 톨스토이의 자전적 3부작에서 자신의 성장 과정을 들려주는 '나'가 바로 화자이다. 이렇게 쉽게 판별할 수 있기 때문에 화자는 보통 '일인칭 시점으로 이야기하는 자'[23]로 정의되곤 한다. 하지만 일인칭 화자만 존재한다면 화자에 대한 정의는 더 이상 복잡해질 이유가 없다. 이를테면 도스토예프스키의 『죄와 벌』이나 톨스토이의 『안나 카레니나』에서는 이 명백한 '나', 공공연하게 소설의 모든 말을 이끌어 가는 자가 존재하지 않는다. 그렇다면 이런 경우 화자는 없는 것일까. 화자가 '이야기를 이끌어 가는 자'라면 이런 작품들에도 분명히 화자가 존재한다고 보아야 하지 않을까. 그런데 과연 그것이 '일인칭' 화자가 아니라면 누구인가.

일인칭 화자가 존재하지 않는 소설은 누가 이끌어 간다고 말해야 할까. 러시아 문예학은 이 경우 '서술자(Повествователь)'라는 개념을 사용한다. 서술자는 작품 속에 분명하게 자신을 드러내지 않으면서도 작품의 내용을 진술하는 자이다. 현대 서사학 연구자인 코르만(Б. О. Корман)은 『예술작품 텍스트 연구』에서 서술자를 이렇게 설명한다.

> 『죽은 혼』의 한 발췌 부분에서 말의 주체가 분명히 드러나지 않는다. 묘사된 모든 것(사륜마차, 거기 앉아 있는 나리와 농민들)은 마치 그들 스스로 존재하는 것 같고 텍스트를 직접 수용할 때 우리는 말의 담지자(말을 하는 사람)를 알아채지 못한다. 그런 말의 담지자, 즉 확연히 드러나지 않고 호명되지 않고 텍스트 속에 용해되어 있는 그런 담지자는 바로 서술자라고 부를 수 있다(때로는 그를 저자로 부르기도 한다).[24]

23 В. Е. Хализев, 위의 책, с. 236.

24 Б. О. Корман, *Изучение текста художественного произведения*, М.: 1972, с. 33.

확연히 드러나지 않고 작품에서 그 이름이 직접 드러나지 않는, 그리하여 독자가 그 존재를 직접적으로 인지할 수 없는, 그러나 분명히 작품의 모든 이야기를 말하는 자, 코르만에 의하면 그가 바로 서술자이다. 이 서술자는 인칭을 지니지 않고 있으며 문법적 주체가 아니라는 점에서 일인칭 화자와 분명하게 구별된다.

코르만은 서술자 개념을 화자의 개념보다 중요하게 부각시킨다. 그는 심지어 '나'로 지칭되는 화자가 있다 하더라도 자동적으로 그를 화자라고 볼 수는 없다고 말한다. 이를테면 투르게네프의 일부 단편에서 말의 주체가 분명하게 드러나고, 모든 것은 그 주체의 인식을 통해 전해지고 있지만 그 주체는 '나'라는 호칭만 분명할 뿐 대부분은 서술자의 역할과 다를 바 없다면서, 그런 경우 화자보다 '인칭적 서술자'로 불러야 할 것이라고 말한다.

> 투르게네프 단편의 일부에서 말의 담지자는 확연하게 드러난다. 텍스트에 묘사된 모든 것은 그걸 말하는 사람이 수용하는 것임이 독자에게 아주 명백하게 드러난다. 그러나 투르게네프 작품에서 말의 주체가 그렇게 확연히 드러나는 것은 주로 그의 호명('나')에 의해 제한되어 있다. (……) 분명한 호명에 의해 서술자와 구별되는 그런 말의 담지자를 우리는 인칭적 서술자로 표기할 것이다.[25]

반면 화자는 보다 특정한 영역에서만 인정되어야 한다. 코르만이 인정하는 화자는 매우 구체적이며 제한적이다. 그는 화자를 서술자와 구별하여 이렇게 설명한다.

25 Б. О. Корман, 위의 책, с. 33.

> (고골의) 「이반 이바노비치와 이반 니키포로비치는 어떻게 싸웠는가에 대한 이야기」에서는 우리 앞에 말의 주체가 텍스트에서 드러나는 새로운 단계가 나타난다. (……) 말의 담지자에게 이반 이바노비치와 그의 놀라운 양피 외투는 대상들이다. 하지만 저자와 독자에게 대상이 되는 것은 순진한 파토스를 가진, 단순한 질투심을 가진, 미르고로드 지방 특성을 가진 말하는 주체 자체이다.
> 자신의 개성으로 텍스트 전체를 드러내 놓고 조직하는 말의 담지자는 화자로 불린다.
> 아주 특징적 양식으로 이야기되고 말의 담지자의 어휘와 구문을 재현하는, 그리고 청자를 고려하는 단편은 스카스라고 부른다.[26]

다시 말하면 작품 내에서 분명하고 개성적인 인물이 어떤 이야기를 할 때, 그가 이야기하는 대상 자체보다 그 이야기를 말하는 주체에 더 큰 관심이 집중될 때, 그런 주체를 코르만은 화자로 본다. 코르만은 화자를 매우 엄격하게 제한적으로 설정하고 있는 것이다. 당연히 그런 제한된 화자의 실현은 스카스와 같은 영역에서만 정확하게 나타난다.

러시아 문예학에서 서술자를 중심에 두고 화자를 제한적으로 이해하는 것은 일반적인 경향이다. 『문예학 용어 사전』의 '화자(рассказчик)' 항목을 집필한 코쥐노프의 견해 역시 이런 경향에서 벗어난 것은 아니지만 화자의 문제의식을 좀 더 확장하고 있다.

> 화자는 문학작품에서 서술을 진행해 가는 시점을 가진 인물의 조건적 형상이다. (……) 화자 형상(서술자 형상과 달리)은 고유한 의미

---

26 Б. О. Корман, 위의 책, с. 34.

에서 서사시에는 존재하지 않는다. 서사시에서는 마치 저자 자신이 한쪽으로 비켜나서 직접적으로 우리 앞에 삶의 장면들을 창조하는 듯한 서술, 즉 '중립적 서술', '객관적 서술'이 가능한 것이다. (……) 외적으로 '무인칭적인' 서술인 이런 방법은 곤차로프의 『오블로모프』 (……), A. N. 톨스토이 등에게서 볼 수 있다.

그러나 서술은 일정한 인물로부터 이루어지는 것이 대부분이다. 작품에는 다른 인간 형상들과 병행하여 화자 형상도 등장한다. 이것은 우선 직접적으로 독자에게 향하는 저자 자신의 형상일 수 있다(예를 들어 푸시킨의 『예브게니 오네긴』을 보라). 하지만 그렇다고 해서 이 저자 형상이 저자와 완전히 일치한다고 생각해서는 안 된다. 그것은 다른 형상들과 마찬가지로 창조 과정에서 창조되는 저자의 예술적 형상인 것이다. (……) 저자와 저자 형상은 복잡한 관계를 형성하고 있다. (……)

작품에는 저자와 별개인(종종 저자는 직접 독자들에게 나타난다) 특수한 화자 형상이 창조될 수 있다. 이런 화자는 저자와 근접할 수도 있고 (……) 반대로 그 성격과 사회적 지위에서 아주 거리가 멀 수도 있다. (……) 나아가 화자는 이런저런 이야기를 알고 있는 서술자 자체로 등장할 수도 있고(고골의 루드이 판코), 등장인물(혹은 주인공)일 수도(도스토예프스키의 『미성년』) 있다. (……)

최근 문학에서는 이야기의 특히 아주 복잡한 형식으로 의사직접 화법도 나타나고 있다.[27]

27 Л. И. Тимофеев, С. В. Тураев(ред.-сост.), *Словарь литературоведческих терминов*, М.: 1974, с. 310-311.

코쥐노프 역시 서술을 진행해 가는 '조건적 인물 형상'을 화자로 규정한다. 조건적 인물이란 일정한 개성적 특성을 지니고 있다는 의미이다. 즉 이름과 성격과 역할까지 지닌 한 인물로서 작품에 드러나 있는 자이다. 당연히 이런 인물은 일반적으로 서사시에는 존재하지 않는다. 서사시에는 화자도 없고, 저자를 인지할 수 있는 어떤 장치도 없기 때문에 '객관적'이고 '중립적'으로, 그리하여 그 스스로 이야기되는 것 같은 '무인칭적' 서술이 특징적이라는 것이다. 그러나 서사시가 아니라 소설에서는 불가피하게 이런 '자동적인 서술'이 불가능해진다. 소설은 일반적으로 특정한 인물로부터 이야기된다는 사실을 벗어날 수 없다(이에 대해서는 뒤에서 다시 자세하게 논의할 것이다). 아니 사실은 소설에서는 누가 이야기하느냐가 보다 중요해진다. 코쥐노프는 소설에서 화자의 문제가 제기될 수밖에 없다는 점을 지적하면서 그 의미를 저자와의 거리관계 속에서 찾는다. 다시 말해 저자의 형상도 화자의 형상도 없는 서사시에서와는 달리, 소설의 서술에서는 저자와 유관한 거리에 있는 인물이 존재하는바 그는 화자일 수도, 서술자일 수도, '서술자-화자'일 수도 있다는 것이다. 화자를 작품 속의 특정한 인물로 상정되는 자로 국한하면서도 서술자의 역할까지 할 수 있다고 화자의 역할을 확대함으로써 코쥐노프는 화자의 문제가 단순히 형식의 문제가 아니라 저자와의 거리관계 속에 있는 내용적 문제라는 것을 지적하고 있는 것이다.

타마르첸코(Н. Д. Тамарченко) 역시 서술자와 화자를 분명하게 구분하면서 구체적으로 저자 형상 실현 방법을 파악하고자 한다. 그에 따르면 서술자는 무인칭적이고, 작품의 스토리에 참여하진 않지만 작품의 사건에 대하여 모든 것을 아우르는 시각을 가지고 서술의 정신을 발현해 내는 인물이라고 파악한다. 반면 화자는 등장인물 가운데 한 사람과 부합하거나 혹은 등장인물과 전기적으로 관련된 자이다.[28] 화자는 독특하고 전지적이지 않은 시야를 가질 수도 있는 인물이라는 것이다. 문체적으로 살펴보면 서술자는 어느 정도 중립적이지만, 화자는 어떤 사회적 환경으로 특수화되고 계산된 언설을 이끌면서 충분히 대상화된다. 따라서 화자의 말 역시 묘사의 중요한 대상이 될 수 있다. 그에 따르면 서술자 혹은 화자가 단독으로 서술을 이끌기도 하며, 서술자와 화자가 변형되고 혼합되어 그 구분이 모호해질 수도 있다.

서술자와 화자에 대한 구분은 저자와의 거리관계를 보다 정확하게 규명하려는 노력 속에서 새로운 시도로 이어지기도 한다. 이를테면 그레흐네프(В. А. Грехнев)는 문학작품에서 서술을 두 가지 기본적인 형식, 즉 저자 인칭 서술과 화자 인칭 서술로 구분할 것을 제안한다. 저자 인칭 서술은 두말할 필요 없이 저자가 자신을 숨기지 않고 자신의 도덕적 가치관이나 세계관을 그대로 보존한 채 서술하는 경우를 말한다. 이 저자 인칭 서술은 다시 '객관적인 저자 서술'과 '주관적인 저자 서술'로 구분될 수 있다. 객관적 저자 서술에서는 저자의 말이 일정한 문체적 규범이 되어 서술을 완전하게 지배한다. 여기에서 저자의 말은 등장인물의 말에 대한 어떤 편향성을 드러내지 않고 일정한 문체적 규범 속에서 그 지배력을 행사한다. 반면 주관적 저자 서술에서는 저자 '나'를 드러내고 주관성을 드러내는 것을 선호한다. 저자 '나'는 어떤 인물들의 개별적 취향 같은 것을 서술할 때 이외에는 서술에서 그 어떤 제한도 받지 않는다.[29]

그레흐네프에 따르면 화자 인칭 서술은 세 가지 형태를 지닌다. "화

28 Н. Д. Тамарченко, "Повествование", *Введение в литературоведение*, М.: Высшая школа, 1999, с. 284.

29 В. А. Грехнев, *Словесный образ и литературное произведение*, Нижний Новгород: 1997, с. 167-168.

자의 서술과 조건적 이야기, 스카스"[30]가 그것이다. 세 형태는 객관화 수준과 언어적 다양성에서 차이가 있다. 화자의 서술에서 스카스로 갈수록 화자가 객관화되는 수준이 높아지고 언어 사용이 훨씬 다양해진다. 화자의 서술에서는 화자의 개인성이 아무리 약하게 드러난다 하더라도 결국 서술되는 이야기는 모두 화자의 것이며 그의 말에 속한다. 조건적 서술이란 어떤 무형의 서술자가 이야기하는 경우를 말하는데, 무형의 서술자이지만 우리는 말의 억양이나 어조를 통해 그를 감지하고 그의 얼굴 표정까지도 느낄 수 있다. 고골의 『외투』나 「코」 같은 작품이 바로 조건적 화자 서술에 해당된다. 이 무형의 서술자는 사실 한 특정한 개인이 아니라 수많은 사람들의 의식, 대중의식을 담지하고 있다. 반면 스카스에서는 사회적·직업적 방언이 훨씬 잘 감지된다. 스카스는 특정한 등장인물이 작품 내 제한된 공간에서 자신의 이야기를 전개하는 경우의 서술을 말한다. 스카스를 말하는 자로서 화자는 작품 전체에서 등장인물의 지위를 가지고 있다 하더라도 이야기를 하면서 그 스스로는 그 이야기 뒤로 사라지는 것만 같아서 매우 객관화된 위치에 서게 된다. 하지만 직업이나 사회적 위치, 교육 정도, 출신 지역에 따른 화자의 말의 특징들이 활발하게 살아난다.[31] 저자 인칭 서술과 화자 인칭 서술로 구분하는 그레흐네프의 이러한 설명은 서술자와 화자에 대한 복잡한 분석 자체보다 저자성과의 연관 속에서 서술자와 화자의 지위를 새롭게 규정하려는 노력을 보여 준다.

다시 정리하자면, 러시아 문예학은 화자와 서술자에 대해 명확하게 개념적인 구분을 꾀하는바, 그것은 저자 형상의 탐구로부터 비롯된다.

---

30 В. А. Грехнев, 위의 책, с. 171.

31 В. А. Грехнев, 위의 책, с. 177.

하지만 각각의 이론가들이 직접 토로하듯이 실제 적용에서 화자와 서술자는 매우 복잡한 의미론적 문제에 부닥치게 된다. 특히 저자와의 상호관계를 조명할 때 현실의 다양한 소설 텍스트에서 그 구분법이 다소 무디고 모호하게 되는 경우가 없지 않다.

화자와 서술자를 구별하는 것이 무의미하다면서 '내레이터(narrator)'라고 통합하여 불러야 한다고 주장하는 견해도 있다. 문학 작품을 하나의 소통체계로 고찰하려는 서구의 서사학 경향을 공유하면서 볼프 쉬미트(Wolf Schmid)는 서술되는 세계를 발신하는 자로 인식되는 주체를 '가상의 내레이터'로 부른다.[32] 이 경우 내레이터는 작가의 매개자가 아니라 작품 속에서 일정한 목소리와 입장을 가진 개성화된 존재이며 러시아어의 서술자와 화자를 포괄하는 개념이 된다. 이러한 입장은 작가와 독자를 텍스트에서 일단 배제하고 텍스트를 일종의 의사소통체계로 상정한 후, 텍스트 자체 속에서 이루어지는 의미 전달체계를 분석하기 위해 작품 속에 존재하는 발신자와 수신자(실제 작가와 독자와는 무관하게)를 '내포작가'라든가 '내포독자'로 설정하는 웨인 부스(W. Booth) 등의 서술이론[33] 전통을 계승하는 것이다. 쉬미트는 이에 기초하여 구체적 저자와 구체적 독자 사이에 존재하는 텍스트 구조를 '추상적 저자 - 가공의 내레이터 - 등장인물과 인용되는 세계 - 가공의 독자 - 추상적 독자'의 연쇄로 설명한다. 이러한 소통체계 이론은 텍스트 구조의 면밀한 분석으로 나아가는, 보다 섬세한 분석틀임은 분명하다. 이런 틀에 비추어 보면 서술자와 화자에 대한 개념 구분은 사실 조금 단순해 보이고 여전히 작가나 저자와 같은 고답적인 개념에서 벗어나지 못한 것처럼 보

32 М. Шмид, *Нарратология*, М.: Языки славянской культуры, 2003, с. 11.

33 W. 부스, 『소설의 수사학』, 최상규 역, 예림기획, 1999, 104쪽.

이기도 한다. 그러나 틀의 복잡성이나 세밀함과는 별도로 작품을 폐쇄적인 텍스트로 상정하고 그것을 가급적이면 구체적 작가와 독자, 혹은 그 역사적 문맥으로부터 분리하고자 하는 시도는 명료한 분석의 결과를 얻을 수 있을지는 몰라도 역사적 시공간에 살아 있는 작품에 대한 이해를 제고하려는 러시아 문예학의 정신과는 상당히 거리가 있는 것이 사실이다.

서술자와 화자를 구분하는 방법은 작품 분석에서 나름대로 유용한 측면이 있다. 하지만 앞에서 그레흐네프가 제기한 바와 같이 이 분류는 저자와의 관계 속에서 의미론적으로 충분히 다시 생각해 볼 필요가 있다. 저자 인칭이냐 화자 인칭이냐에 대한 그의 견해를 그대로 따르기는 어렵다 해도 최소한 서술자와 화자의 구분이 단순한 형식적 분류가 아니라면 저자의 작품 내 지위와 관련하여 다시 숙고해야 한다는 문제 제기는 충분히 합리적으로 보인다. 즉 서술자와 화자의 구분 자체가 아니라 그것이 저자의 소설적 지위 변화와 어떤 관계가 있는지에 대해 답하는 것이 우선이다.

이런 점에서 이 책에서는 서술자와 화자를 저자와의 연관 속에서 해명하고자 하는 러시아 문예학의 태도를 수용하되 서술자와 화자를 엄격하게 구분하기보다 작가가 소설의 저자로서, 즉 소설의 주체로서 역사적으로 성립되는 과정에 더욱 주목하고자 한다. 텍스트 속에 작가가 현현하는 방식의 변화는 고대와 중세로부터 근대에 이르기까지 인간관과 세계관의 변화에 조응하여 유형화된다. 특히 근대 소설의 형성은 근대 작가의 자의식 성장과 밀접한 관계 속에서 유형화되며, 화자라든가 서술자라는 구분은 그와 같은 맥락에서 일정한 역사적 발전 과정의 산물이다. 따라서 이 책에서 나는 화자와 서술자에 대한 대등한 수준의 분류에 의거하지 않고 화자와 서술자 모두를 화자라는 용어로 통칭하고자 한다. 즉 화자는 일인칭 화자나 작품 속 인칭화된 화자만을 지칭하는 것이 아니라, 작가가 작품에 근대적 주체로 등장하기 위해 매개되어야 하는 자로 설정한다. 이는 기존에 러시아 문예학에서 구분하는 서술자와 화자의 개념과 다소 혼란을 빚을 수도 있을 것이다. 하지만 이미 살펴본 바와 같이 이 두 개념의 엄격한 구분은 여전히 논쟁적이고, 구분 자체가 무의미하다는 비판도 없지 않다. 화자는 유형적으로 일인칭 화자와 서술자를 포괄하며 그 분류는 저자의 작품 속 현현 양상에 따른다. 다시 말해 일인칭 화자와 서술자를 구분할 때의 화자라는 개념과 그 둘을 포괄하는 보다 넓은 의미에서의 화자가 있을 수 있다. 그렇다면 굳이 중복되는 이 개념을 오해를 무릅쓰고 사용할 필요가 있는가. 차라리 서술자로 표기하면 어떤가. 이런 문제를 다시 생각해 보지 않은 것은 아니지만 소설이 작가가 말하는 하나의 이야기이고 그 이야기 자체의 구조 내에서 이야기를 하는 자를 하나의 개념으로 지칭하기 위해 화자라는 지칭은 다소 불가피한 측면이 있다.

앞으로 이 책에서 사용되는 화자는 인칭 여부와 무관하게 '나-화자' 일 수도 있고, '화자-서술자', '화자-등장인물'일 수도 있다. 그리고 그 각각은 작품 속에 작가가 실현되는 방식, 다시 말하면 작품 속의 저자 형상이 실현되는 방식과의 관련 속에서 역사적으로 유형화되는 것으로 고찰된다. 이 화자는 저자 형상과 관련이 깊은 것은 분명하다. 이에 따라 텍스트에서 언어적 발화 행위에 대한 문법적 지위는 분명 말하는 자, 이야기하는 자로서 화자에게 속하는 것이고 저자는 화자 너머에 존재하는 자, 혹은 화자를 통해 구현되는 자로서 존재한다는 점에서 저자와 화자의 관계에 따라 '나-화자-저자', 혹은 '서술자-화자-저자', '등장인물-화자-저자'라는 용어가 사용되기도 할 것이다.

4. 화자 형식의 역사적 발전

앞서 살펴본 바와 같이 화자(이제부터는 화자와 서술자를 통합하여 지칭하는 용어이다)에 대한 분석 방법은 현대 문예학에서 매우 복잡하고 다양하다. 각각의 이론이 근거하는 서사 작품과 창작의 전통이 매우 다르고 화자 이론 자체가 저자와 시점 등 현대 서사학[34]의 주요 문제와 깊게 연결되어 있기 때문이다.

다양한 서사 작품들을 유형화하여 단 하나의 유용한 화자 이론을 구축하는 것은 여전히 서사학의 중요한 이론적 과제이다. 그러나 서사 텍스트의 무한히 변화하는 현실을 하나의 이론으로 포괄하는 것은 불가능에 가깝다. 이런 점에서 화자 형식의 역사적 고찰이 요구된다. 모든 화자 형식을 하나의 평면에 위치시켜 유형화하고 그것을 하나의 이론으로 묶어 내는 것은 공시적 연구로서 서사 텍스트의 섬세한 분석과 이해에 분명히 필요한 일임을 부정할 수는 없을 것이다. 그러나 현대에 이르러 창작 과정에서 어떤 화자 형식이든 선택될 수 있고, 또 어떤 변형들도 가능하겠지만 화자 형식은 일정한 역사적 발전에 대응하여 유형화된 역사적 형식이라는 점도 분명한 사실이다. 다시 말해 특정한 화자 형식은 서사 장르의 특정한 발전단계에 조응하는 역사적 성격을 지니고 있다는 것이

34 보통 서사학, 서술학으로 번역되는 영어 Narratology는 비교적 현대에 와서 성립된 개념이다. 서사적 작품의 서술체계를 연구하는 이론으로서, 독일권 학자들은 주로 서술연구(Erz hlforschung)나 서술이론(Erz hltheorie) 등과 같은 용어를 사용해 왔다. Narrator, Narrative 등과 같은 용어를 수반하는 Narratology는 기존의 서술연구 개념들 사이에서 적절한 우리말 번역어를 찾기가 쉽지 않다. 이를테면 서술자와 화자까지를 포함하는 개념으로 사용되는 내레이터(Narrator)를 화자로 번역하는 경우, 앞서 살펴본 바와 같이 서술자와 화자를 구분하는 러시아 문예학 전통에 비추어 오해를 불러일으킬 우려가 있다. 또 일단 내레이터를 화자로 번역한다면 내러티브와 내러톨로지는 어떻게 번역할 것인가. 서사, 서사학이라는 용어가 일반적으로 사용되고 있지만 이 또한 서술이나 서술학이라는 용어와 혼동을 일으킬 여지가 없지 않다.

다. 이런 점에서 화자 형식에 대한 통시적(역사적) 고찰이 공시적 연구와 더불어 보완되어야 한다. 통시적 연구는 평면적인 이론적 고찰에서 놓치기 쉬운 화자 형식의 역사철학적 배경을 이해하게 해 주며, 현대 서사학의 복잡다기한 이론의 숲에서 근대적 자아 형성과 탐구라는 서사 장르의 본질적 특성으로서 화자 형식을 이해할 수 있는 거시적인 관점을 제공해 줄 것이다.

유리 로트만(Юрий Лотман)은 근대적 작가의 개성과 문학 텍스트의 역사적 상호관계를 탐구하며 화자 탄생의 역사적 불가피성을 주장한다. 무엇보다 그는 작가의 개성을 초역사적인 불변의 것이라거나 개별적인 특수한 성격으로 보지 않고 일정한 조건을 가진 역사적 문맥에서 구체화되어 나타나는 형식으로 본다. 그것은 당연하게도 유럽 문화사에서 근대의 성격, 즉 개인의 개념 형성 및 발전과 긴밀하게 연관된다.

우선 로트만은 어떤 문화 유형에서 실제로 살아가는 모든 사람이 전기(傳記)를 쓸 권리나 전기의 대상이 될 권리를 자동적으로 보장받지 못한다는 점을 주목한다. 모든 사람은 각각의 문화 속에서 '전기를 가진 사람(люди с биографией)'과 '전기를 가지지 못한 사람(люди без биографией)'으로 대별된다. 모든 전기는 "모든 대중들로부터, 즉 삶과 행적들이 묘사의 대상이 되지 못하고 집단의 기억으로 편입되지 못하는 모든 대중들로부터, 어떤 사람이, 즉 그의 이름과 행동들이 후대를 위해 보존되는 어떤 사람이 선별된다."[35]는 공통점을 가진다. 즉 전자는 전기를 가지지 못한 사람이고 후자는 전기를 가진 사람이다.

어떤 사람이 '전기를 가진 사람'이 되고 그 사람의 어떤 행위와 삶이

---

35 Ю. М. Лотман, "Литературная биография в историко-культурном тексте (-К типологическому соотношению текста и личности автора", 앞의 책, с. 805.

전기의 내용이 되는지는 역사적으로 다르다. 이를테면 고대와 중세의 성자전과 같은 전기에서는 사회적·종교적 규범과 완전히 일치하며 온갖 시련을 딛고 비상하게 그 규범을 완수해 내는 자의 이야기로 성자의 전기가 구성된다. 그의 비범한 행위를 위해 성자전의 주인공은 때로 사회적 규범이나 종교적 코드를 벗어나기도 하지만 궁극적으로 그것은 그 규범과 코드의 완수를 위한 틀에 박힌 에피소드일 뿐이다. '전기를 가지지 못한 사람'은 일상적인 규범에서 한 치의 벗어남이나 선택권이 주어지지 않지만 '전기를 가진 사람'으로서 위대한 성자는 행위와 행동을 통해 그 규범의 규범성, 종교의 종교성을 더욱 위대하게 확인해 준다. 그리고 '전기를 가진 사람'과 '전기를 가지지 못한 사람' 사이에는 다양한 사회적 위계가 형성된다. 반면 근대적 전기에서, 이를테면 낭만주의적 전기에서의 주인공은 온갖 규범에서 벗어나고 극단적인 독창성을 열망한다. 규범을 벗어난다는 점에서는 성자전의 주인공과 다를 바가 없지만 근대의 주인공, 즉 '전기를 가진 사람'은 그 규범의 영원한 파괴 혹은 그 대가로서 자기 자신의 파괴를 피하지 않는다. 성자전의 주인공이 돌아갈 규범의 안온한 집이 있다면 근대 전기의 주인공은 결코 돌아갈 규범이나 고향이 없다는 말이다.

이처럼 전기를 가진 사람과 가지지 못한 사람은 사회의 역사적 조건에 따라 그 성격과 유형을 달리하며 발전한다. 그런데 화자의 문제와 관련하여 우리가 로트만의 견해에 주목하는 것은 로트만이 이런 유형학적 원칙을 확인할 뿐만 아니라 전기의 탄생과 관련하여 '전기를 쓰는 자'의 문제로 나아가고 있기 때문이다. 로트만은 고대와 중세, 근대로 이어지는 전기의 형성과 특성을 그것을 쓰는 자의 성격과 그 변화로 설명해 나간다. 즉 하나의 전기가 태어나기 위해서는 '전기를 가진 삶'과 전기를 가지지 못하지만 그 전기를 읽게 될 사람 사이에 한 인물, 즉 그것을 쓰는 자가 태어나야만 한다[36]는 것이다. 그리고 그 쓰는 자는 역사적으로 그 자격과 형태를 달리한다. 이를테면 "고대의 문화와 중세의 문화에서 '전기를 쓰는 자' 자신은 전기를 가지지 않는다. 하지만 그는 종종 이름을 가지고 있고 그에 대한 기억이 텍스트들에 함유된다. 이것은 그를 '전기를 가지지 않은' 대중들과 구별시킨다. 그의 지위는 중간적이다."[37] 이런 중간적 매개자로서 '전기를 쓰는 자'는 고대에서 중세로 이어지며 다양한 위계를 갖는다. 신과 같은 전능한 능력을 가진 자이기도 하고 단순하게 행정적으로 기록하는 자이기도 한 것이다. 그러나 무엇보다 그렇게 전기를 쓸 수 있는 권리 자체가 사회적 규범으로부터 외부적으로 주어진다는 점이 고대와 중세의 가장 주된 특징이다. 다시 말해 '전기를 쓰는 자'는 자기 자신의 전기를 가지지 않지만(자신이 누구이고 어떤 생각을 하고 있으며 어떤 가치관과 세계관을 가지고 있느냐에 따라 자신이 쓰고 있는 전기의 대상을 선별하고 쓰고 있는 전기에 자신의 전기를 아로새길 수 없다는 뜻에서), 전기를 쓸 수 있는 성스러운 의무를 신으로부터 부여받았다거나 혹은 국가나 교회로부터 그 권리가 보장되었다는 식으로 자격을 부여받는 것이다. 그는 전기를 쓰는 자(오늘날의 관점에서 보면 어쨌든 창조하는 자라고 말할 수 있다)이지만 자기 자신만의 어떤 행위를 하거나 선택할 수 있는 여지가 없고 단지 진실한 사실만을 전달하고 있다는 암묵적 전제하에 존재한다. 그는 전기를 쓸 수 있는 권리를 외부의 권위로부터 부여받았고 그가 쓰는 것은 어떤 의심에 처할 수 없는 진실인 것이다. 그 진실성은 쓰는 대상뿐만 아니라 외적 형식에 의해서도 보장된다. 이를테면 돌이나 청동, 양피지에 쓰거나 교회 슬라브

36 Ю. М. Лотман, 위의 책, с. 806.

37 위와 같다.

어로 쓰는 형식 자체가 진실성을 보장해 줄 수 있다. 그는 작가가 아니라 매개자로서 보다 높은 어떤 힘으로부터 텍스트를 부여받아 그것을 독자나 청중에게 전달하는 봉사자일 뿐이다.

전기의 대상과 형식이 사회적으로 규정될수록 전기를 쓰는 자의 개인적인 특성이 발현될, 즉 전기를 가질 기회는 줄어든다. 반면 전기의 대상과 형식에 대한 사회적 규정이 동요하고 의심에 처해질수록 그것을 쓰는 자가 자신의 전기를 가질 가능성은 점점 증대한다. 사회가 발전하고 개인의 역할이 증대됨에 따라, 즉 근대의 사회적 조건이 형성되어 감에 따라 전기를 쓰는 자는 자동적으로 진리를 담지한 자로서의 수동적 성격을 점차 상실한다. 그는 말 그대로 '창조자'의 지위를 획득하여 선택의 자유를 받고 적극적인 역할을 부여받기 시작한다. 따라서 그는 왜 쓰는가라는 의도의 문제와 어떻게 그것을 쓸 것인가라는 집필의 방향, 무엇을 쓸 것인가라는 선택의 문제 등등을 스스로 해결해 나가야 한다. 다시 말해 그는 행위를 부여받게 되고 게다가 이 행위는 특별하고 예외적인 것으로 평가된다. 다른 한편 그에 의해 창조된 텍스트는 이제 외부적으로 자동적으로 진실한 것으로 인정되거나 수용되지 못한다. 오류의 가능성, 혹은 직접적 거짓의 가능성, 또 그에 대한 책임성이 선택의 자유와 더불어 발생하게 되는 것이다.

이 두 상황은 전기를 쓰는 자로서 작가가 '전기를 가질 권리'를 받기 위한 자극제들이다. "첫째, 텍스트 창조 자체는 개인적 활동성의 작용이며 결과적으로 작가를 개인들의 보편적인 코드로부터 떨어져 나온, 그리하여 고유하게 전기를 가지는 그런 부류로 바꾸어 놓는다. 둘째, 작가에 의해 창조된 작품들은 이미 청중의 자동적인 신임을 얻을 수 없으며, 정보의 진실성의 기준들은 몹시 예민하고 당면한 성격을 띠게 된다. 만일 이전에는 진실성이 텍스트 창조자의 문화적 지위에 의해 보장되었다면 이제는 그에 대한 신뢰가 그의 개성에 달려 있게 된다. 작가의 개인적·인간적 정직성과 무오류성은 그의 정보(알림)의 진실성의 척도가 된다."[38]

로트만은 전기를 쓰는 자가 매개적·중간적·수동적 지위를 가진 시기에서부터 창의적·개인적·적극적 지위를 가진 시기로의 이동을 중세에서 근대로의 이전이라는 역사적 상황 속에서 파악한다. 러시아에서 이런 변화의 기점은 18세기 초로 상정된다. 18세기 트레디아코프스키와 로모노소프, 수마르코프 사이에, 그리고 그들의 지지자들 사이에 일어났던 수많은 논쟁들은 바로 새로운 상황에 처한 저자들의 필연적 운명이었다. 그들의 논쟁은 대부분 개인적인 모욕을 가하거나 상대의 도덕적 자질과 성격을 문제 삼고 있는 격렬한 논쟁들로, 아주 개인적인 성격을 띠고 있다. 하지만 그것은 그들이 문학적 능력이 미숙하기 때문이라기보다 누가 무엇을 어떻게 왜 쓰느냐에 대한 외부적 규범이 약화되는 과정에서 필연적으로 발생할 수밖에 없는 작가의 자기 검증이었다. 즉 이들의 문학논쟁은 작가의 전기에 대한 문제를 함축하고 있었던 것이다.

18세기 과도기를 거쳐 이제 19세기 초 러시아 작가들은 자기 스스로의 전기 창조로 나아간다. 자신이 누구이며 어떤 자격으로 어떤 전기를 쓰는지에 대해 자기 스스로 증명해야 하는 역사적 상황에 대한 대응이었다. 자신의 작품 앞머리에 작가의 초상화를 덧붙이는 단순한 형태로부터 자신이 어떤 텍스트를 쓸 수 있는 권리가 어디에서 오는지 스스로 정당화하기 위한 다양한 기법들이 나타난다. 그런 노력 속에서 많은 작가들의 역사적 위대함이 가공되고, 그들의 삶에 대한 신화화가 이루어지기도 한다. 하지만 작품 외부에서 나타나는 그런 작가 전기에 대한 세

38 Ю. М. Лотман, 위의 책, с. 809.

부적인 논의는 여기서의 과제가 아닐 것이다. 그보다 그런 노력들이 작가의 자의식 형성에 어떤 영향을 미치고 그것이 작품 내에서 저자 형상으로서 어떤 결과로 나타나는지가 우리의 주된 관심사이다. 로트만은 푸시킨을 비롯하여 러시아 근대 문학의 작가들이 근대 문학을 창조함에 있어 이런 자의식을 어떻게 형성하고 어떻게 작품에 반영하는지를 고찰하면서 의사 전기(псевдобиография)의 출현에 주목한다. 작가들이 어떤 작품을 창작할 때 그것을 쓰는 작가의 실제 전기는 매우 한정될 수밖에 없다. 즉 그가 아무리 자신에게 믿을 만한 전기를 부여하고 작가로 인정된다 하더라도(즉 쓸 수 있는 권리를 인정받는다고 하더라도) 실제 살아 있는 존재로서 그는 특정한 개인적 면모, 개인적 경험과 세계관에 제어되지 않을 수 없다. 이런 제한적 상황을 극복하기 위해 작가는 실제 자신의 전기와는 다른 전기를 가진 자, 의사 전기를 가진 자를 창조해 내고 그의 입을 통해 작품을 이야기하는 형식을 취하게 된다. 이를테면 야코블레프(П. Л. Яковлев)의 『러시아 철자법에 대한 고찰과 그 자신이 집필한 전기가 수록된 고 클레멘티 아키모비치 하바로프 씨의 원고. 초상화 부록과 이 저명한 사람의 필체를 모사함』[39]이란 책은 "떠돌이 서적상 예브게니 트레테이스키가 출판하다"라는 단서가 붙어 있다. 합법적인 신비화이다. 전기, 초상, 진짜 같은 필적의 복사 등은 전혀 존재하지 않는 가상의 작가의 실재를 믿게 만든다. 이런 식의 유사 전기는 이제 푸시킨의 이반 페트로비치 벨킨이나 고골의 루드이 판코 등과 같은 가공의 전기적 인물의 탄생으로 이어진다. 작가들은 전기적 요소의 진실성과 가공의 인물들의 실재를 증명하기 위해 원고의 보관 장소와 출판자

39 *Рукопись покойного Клементия Акимовича Хабарова, содержащая рассуждение о русской азбуке и биографию его, им самим написанную, с присовокуплением протрета и съёмка с почерка сего знаменитого мужа*(М.: 1828)

의 이름을 꾸며 대거나 의사 전기적인 학력과 경력을 내세우곤 하는 것이다.

전기와 의사 전기, 서술자 등의 문제를 역사적 맥락에서 고찰하는 로트만의 견해는 자연스럽게 근대 서사문학에서 저자 형상의 구현이라는 러시아 문예학의 주된 문제의식과 결합될 수 있는 것으로 보인다. 로트만 자신이 직접 언급하지는 않았지만, 그것은 근대 소설에서 작가를 대체하는 저자 형상이 생성될 필요성을 강조하는 것으로 이해할 수 있고 그 저자 형상은 화자의 다양한 모습(의사 전기)과 깊은 연관을 가지기 때문이다. 이렇게 보면 의사 전기는 문학 속에서 저자 개인의 면모가 형상화되는 양상, 그리고 그 수준과 동의어라고 말할 수 있다. 로트만이 바라보는 전기와 전기 저자의 유형학, 그리고 그 결과로서 얻어진 화자 출현의 필연성은 바로 저자 형상의 개인적 단초들이 작품에 구현되는 역사적 과정과 다르지 않다.

역사적으로 문학이 장르적 저자 형상으로부터 개인적 저자 형상으로 점진적으로 변화되어 왔다는 것은 분명하다. 이를테면 중세에는 저자의 형상이 개인화되어 작품에 들어오는 수준이 매우 낮고 장르 자체의 규범에 의해 결정되었다. 즉 저자가 어떤 성격의 사람인지, 어느 정도 교육을 받았는지, 어느 지역 어느 계층 출신인지, 어떤 취향을 가지고 있고 어떤 생각을 개인적으로 하고 있는지 따위가 중요한 의미를 지니지 못하고, 그가 어떤 장르의 작품을 쓰고 있는지에 따라 작품 속의 저자 형상이 이미 결정되었다. 설교문학을 쓸 때는 설교자로서의 저자, 성자전을 쓸 때는 성자전기자, 연대기를 쓸 때는 연대기 기록자로서 저자의 형상이 결정되고 거기에 저자의 개인적 면모가 끼어들 수 있는 여지가 매우 제한되었다. 러시아 문학에서는 18세기에서 19세기 초까지도 저자의 이런 장르적 형상이 매우 강했다. 풍자적 송가(сатирическая ода)의 저자는 엘레기야(элегия) 저자와 달랐고 또 우정서한(дружеское послание)의 저자와도 달랐다. 각각의 저자는 유리 만(Юрий Манн)의 표현대로 "자기 장르의 빛 속에서 움직"였고 "각각의 저자에게는 장르별로 안정된 특징들이 존재"[40]했다. 하지만 이미 이 시기에 저자의 개인적 단초들이 이런 장르적 형상 사이로 스며들기 시작한다. 불가피하게 각 장르에서 사용되는 진부한 표현과 문구들이 여전히 존재하지만 그 사이사이에, 혹은 그 이면에 조금씩 저자의 개인적 단초들이, 개인적 형상들이 끼어들거나 배어들기 시작한 것이다. 특히 낭만주의적 우정서한은 이미 그 장르의 특성 자체가 저자의 일상생활과 문학 활동에 관한 것으로, 불가피하게 저자의 개인적 문학 활동과 교우관계, 집안의 대소사 등등이 다루어질 수밖에 없었다. 편지를 보내는 저자가 곧 주인공이거나 중심적인 시야를 가진 인물이 아닐 수 없기 때문이다. 이 경우에 저자의 공간 속으로 사적 생활의 세세함들, 매일매일의 시간 보내는 이야기, 친구들이나 이웃들(실재든 생각 속에서든)과의 교제 등등이 끼어들게 되며 그리하여 저자는 작품 속에 더 이상 익명으로, 혹은 장르적 형상으로만 남아 있을 수가 없게 된다. 푸시킨이 유리에프에게 보낸 서한을 분석하며 티냐노프가 말한 바처럼 이제 저자는 "삶의 형상(образ жизни)"과 더불어 "주소를 가진 시인(поэт с адрессом)"[41]이 된 것이다.

유리 만은 이런 관점에서 러시아 근대 문학의 초기, 즉 낭만주의 시대로부터 푸시킨과 고골, 레르몬토프, 투르게네프와 도스토예프스키, 톨스토이, 체홉에 이르기까지 저자 형상의 변화 과정을 추적한다. 그가 이렇게 역사적 고찰을 통해 얻어내는 관점은 비교적 명확하다. 저자의 개인

40 Ю. Манн, "Аврор и повествование", П. А. Гринцер(от. ред.), *Историческая поэтика - Литературные эпохи и типы художественного сознания*, М.: Наследие, 1994, с. 431.

41 Ю. Тынянов, *Пушкин и его современники*, М.: 1968, с. 136.

적 형상이 부각되면서 시작된 러시아 소설은 점차 그 형상을 뚜렷하게 부각시켜 나간다. 그러나 작품에 저자 형상이 뚜렷해질수록 타자와 세계에 대한 묘사의 가능성은 축소되지 않을 수 없다. 따라서 낭만주의 시대를 거쳐 리얼리즘 문학으로 전이되기 위해서는 다시 저자 형상의 직접적 개입을 제한할 필요가 발생한다. 이에 따라 저자 형상을 직접적으로 대변하는 화자로부터 보다 객관적인 서술자의 형상을 지향하지 않을 수 없게 된다. 투르게네프와 톨스토이 문학에서 대표적으로 나타나는 이 객관적 서술자의 전지성은 저자 자신의 전지성을 전제하는 것임에 분명하고 따라서 독백적이라는 한계와 비판에 처한다. 이에 따라 저자의 주관적이고 전지적인(객관적 서술자 형상을 지니고 있지만) 형상에 대한 통제(한편으로 그것은 화자에 대한 통제이기도 하다)와 등장인물의 시각과 말에 서술의 지배권을 넘겨 주는 서술체계가 요구되는데, 이에 대한 실험적 대응양식이 체홉 문학에 나타나기 시작한다. 유리 만의 역사시학적 구도는 대략 이러하다.

이 책은 로트만의 저자 전기론과 유리 만의 저자 형상 발전론의 주요 개념을 활용하며 구체적인 작품 분석을 통해 러시아 근대 소설의 서술 형식, 특히 화자 형식의 변화 과정을 추적해 갈 것이다. 이 책에서는 19세기 초반 푸시킨과 고골, 레르몬토프 소설은 '나-화자' 형식의 구축기로, 19세기 중반 투르게네프와 도스토예프스키, 톨스토이의 소설은 '서술자-화자'로의 통합적 발전기로, 19세기 후반 체홉과 고리키 문학에서는 새로운 실험적 모색기('등장인물-화자')로 설정한다. 하지만 이런 설정은 화자 형식을 지나치게 역사적으로 도식화하고 있다는 비판을 감수해야 한다. 사실 화자 형식은 작가의 개인적 취향일 수도 있고 작품의 대상과 내용에 따라 선택적인 것이라는 점은 부정할 수 없다. 그러나 그런 공시적 설명 속에서는 화자 형식이 단순히 형식적 장치로서의 의미를 크게 벗어나기 힘들다. 반면 화자 형식의 역사적 발전 과정을 근대적 주체의 끝없는 자기 모색 과정과 조응하는 것으로 고찰하는 것은 저자성을 고수하는 러시아 문예학의 전통을 생산적으로 수용하는 것이면서, 동시에 현대의 새로운 주체를 모색하는 과정과 긴밀한 맥락을 형성한다는 장점을 지닌다.

제 2 장

근대 소설로의 진입과 '나-화자'

제2장

1. 낭만주의의 병렬주의

18세기 말에서 19세기 초 러시아 문학은 18세기 고전주의 문학의 강한 전통에서 서서히 깨어나고 있었다.

칸테미르(А. Канцемир)와 트레디아코프스키(В. Тредьяковский), 그리고 로모노소프(М. Ломоносов)는 러시아 문학어의 표준을 정하고 새로운 작시법을 소개하는 등 18세기 러시아 고전주의를 이끌었다. 수마로코프(А. Сумароков)나 데르자빈(Г. Державин), 폰비진(Д. Фонвизин) 등이 그 전통을 이어받아 문학의 각 장르로 확산한 인물들이다. 이들은 장엄한 수사법이나 수사학적인 서사를 통해 보다 고상한 것을 담아내는 것을 문학의 이상으로 삼았다. 고전주의는 현실과 인간의 삶을 안정된 형식으로 포착해 낼 수 있다는 믿음의 반영이다. 또한 존재하는 현실을 불변의 것으로 상정한다는 점에서 보수적인 정치성의 표현이기도 하다. 18세기는 러시아 국가체제와 귀족 지배체제, 농노제적 생산체제가 강화되는 시기이면서, 다른 한편 그와 같은 체제가 불가피한 변화에 직면하는 근대적 도전의 시기이기도 했다. 그런 점에서 보면 고전주의는 내적으로 여러 가지 모순적인 측면을 지니고 있다. 한편으로는 종교적 세계관을 극복하고 인간적 이성과 인간적 질서의 수립을 지향하면서, 다른 한편으로는 현존 세계 질서를 수긍하고 기득권적 지배질서를 불변의 것으로 전제하는 보수성을 지향한다. 그리고 그 보수성은 현실의 유지와 보호를 넘어 새로운 근대적 변화에 저항하는 반동적 성격을 내포하지 않을 수 없는 것이었다.

그러나 18세기 말에 이르러 새로운 감수성과 새로운 문학적 시도들이 나타난다. 사회의 성장과 변화, 그리고 프랑스 혁명의 영향하에 보다 강력한 문학운동이 시작된 것이다. 이 운동의 중심에는 카람진(Н. Карамзин)이 있었다. 카람진은 로모노소프의 고전주의적 삼문체론을 와해시키는 언어 개혁을 이룩한다. 그는 교회슬라브어에서 사용되던 많은 단어들을 버리고 당시 상류 사회에서 즐겨 사용하던 프랑스어 어법에 어울리는 러시아어 표현들을 도입하기 시작했다. 카람진의 언어 개혁은 러시아어의 지위를 높이고 근대 언어의 기초를 닦는 개혁이긴 하였으나 결과적으로 "지식인 계층과 민중, 새로운 러시아와 구러시아 사이의 간격을 많이 벌려 놓았다."[1]는 비판을 받기도 한다. 하지만 어쨌든 이러한 언어 개혁이 실제 언어 생활과 거리가 있던 고전주의의 형식적 틀을 깨는 데 기여하고, 이후 푸시킨의 근대적 언어 개혁의 발판을 마련한 것은 분명하다. 새로운 시대적 기류를 형성한 카람진은 문학에서도 새로운 물결을 일으킨다. 인간의 감정과 내면 심리, 정서적 충동에 집중함으로써 고전주의적 이성주의에 반기를 든 감상주의가 바로 그것이다. 감상주의는 인간의 본질을 덕이나 선에 기반해 있다고 생각하는 고전주의적 세계관을 완전히 극복한 것은 아니지만 인간의 개인성, 감성, 내면성 등을 강조함으로써 근대적 낭만주의가 성장할 수 있는 문학적 자양분이 되었다.

1 D. S. 밀스키, 『러시아문학사』, 이항재 역, 써네스트, 2008, 82쪽.

카람진이 일으킨 감상주의 문학운동은 작품 속의 저자 형상에도 당연히 커다란 변화를 초래한다. 고전주의에서는 저자가 외부적 존재로서 엄격하게 구분되어 있었다. 저자의 개인적 세계관이나 개인적 특성 등이 작품에 반영될 수 없었던 것이다. 하지만 감상주의 문학은 보다 뚜렷하게 개인적인 저자의 형상을 도입하고 있다. 카람진의 전설적인 영웅이야기 「일리야 무로메츠(Илья Муромец)」(1794)에서 글을 쓰는 작가를 나타내는 '저자-나'는 독자와 직접적인 대화를 시도하는 특정한 개인으로 작품의 전면에 등장한다. 이 저자의 형상은 개인적이면서 매우 다양한 모습으로 나타난다. 그는 무엇보다 자신의 생각을 주저 없이 드러내며 이제까지와는 다른, 외국의 것이 아닌 '자신들만의 이야기를 하고 싶다'는 새로운 시학을 지향하고 있는 것이다.

> 우리는 그리스인도 로마인도 아니다.
> 우리는 그들의 전설을 믿지 않는다.
> 우리에겐 다른 이야기가 필요해,
> 우리는 돌아가신 우리네 어머니들에게서
> 다른 이야기를 들었어.[2](Карамзин 45)

그리고 그는 감상적인 집필자로서 한적한 벽지의 외로운 수도원으로 독자를 초대한다.

> 나는 오랜 옛날의 말로 여러분께
> 옛이야기 하나를 들려주고 싶다.
> 친애하는 독자 여러분, 만일 여러분이 시간이 날 때

2 Н. М. Карамзин, *Избранные сочинения в двух томах*, Т. 2, М.— Л.: Художественная литература, 1964. 이 책에서의 인용은 이후 본문 속에 (Карамзин 쪽수)로 표기한다.

러시아 우화에서, 러시아 기록 이야기에서,
밑도 끝도 없는 공상과 뒤섞인 역사 이야기에서,
기꺼이 즐거움을 찾으신다면 (……)(Карамзин 46)

나의 허름한 오두막집 근처에
맑고 깨끗한 강가에
아주 오래된 작은 참나무 숲이 있어
한낮의 햇빛을 가려 주고 있다.
그곳에는 연로한 나의 할아버지가
무더운 한낮이면 언제나 휴식을 취하신다,
사랑스런 할머니 무릎을 베고.(Карамзин 46)

이야기를 하는 저자는 이렇게 직접 마주하고 이야기하듯이 독자에게 말을 건넨다. '연로한' 할아버지와 '사랑스런' 할머니라는 표현에 감상주의적인 음조가 묻어나고 다소 가볍게 할아버지와 할머니를 놀리는 듯한 억양도 들려온다.[3] 저자는 자기의 집과 할아버지, 할머니까지 있는 특정한 개인의 형상을 취하고 있는 것이다. 이처럼 저자의 어조와 표현은 단순하게 이야기를 전달하는 중립적이고 비개인적인 매개자가 아니다. 저자는 때로 객관적이고 냉담한 전지적 입장을 취하는가 하면, 주인공에 적극적인 공감을 표하기도 한다.

그렇게 우리의 주인공은 혼자 상념에 빠져 들었다.
그리고 여기저기 시선을 던지다가

3 Ю. Манн "Автор и повествование", 앞의 책, с. 432.

저 앞에 작은 숲 너머
빠르게 흘러가는 강물 너머
푸르스름한 천막을 바라본다,
용사의 본진을 바라본다,
황금빛 둥근 원형 지붕을 가진.
그는 작은 숲 쪽으로 접근하여
창으로 쇠 방패를 두드렸다.
그러나 그의 무기 소리에
용사의 대답은 들려오지 않았다.
안장도 싣지 않고 마구도 차지 않은
백마가 초원을 돌아다니며,
향기로운 풀을 뜯고
은빛 말굽의 자국들이
꽃잎 이슬 위에 남는다.
용사가 용사에게 나아가지 않고
인사를 올리지도, 아는 체도 하지 않는다.(Карамзин 49)

이렇게 저자 형상의 직접적 개입을 통한 개성적 특성이 이전에 고전주의 작품에 비해 양적으로 대단히 증가하고 있어 483 시행 중에 200 시행 이상을 차지한다.[4] 그러나 이와 같은 저자 형상이 근대적 의미의 개성을 획득하고 있다고 평가하기에는 이르다. 감상적으로 고양된 수준의 저자 형상은 여전히 고전적 송가의 고양된 감정의 저자 형상으로부터 완전히 벗어난 것은 아니다.

4 Ю. Манн, 위의 책, с. 433.

감상주의적 저자 형상은 짧았던 감상주의 시대를 지나 낭만주의가 본격화되면서 훨씬 더 개인적이고 당대적이며 구체적인 저자 형상으로 모습을 드러낸다. 이를테면 푸시킨의 『루슬란과 류드밀라(Руслан и Людмила)』(1820)에서 저자는 『일리야 무로메츠』에서와 마찬가지로 독자를 직접적으로 호명하고 냉소적 어조를 부가하거나 서정적으로 일탈하는 등 자신의 모습을 직접적으로 드러내기를 서슴지 않는다. 그러나 푸시킨의 저자는 카람진의 저자에 비해 훨씬 더 적극적이며 개인적인 속성을 지니고 있다. 그는 이야기하는 주체로서 과거와 현재를 넘나들고 우화적인 비유와 진지한 성찰을 보여 준다. 그는 정확하고 분명하게 이야기를 묘사하고 전달하려는 서사적 화자이기도 하고, 상류사회에 속한 수다쟁이이기도 하며, 생각 없이 여자의 꽁무니나 쫓아다니는 한량인가 하면, 진정한 사랑에 빠져 신비로운 사랑의 추억을 경험하는 인물이기도 하다.

낭만주의 포에마(서사적 시)에서 저자 '나'는 이처럼 매우 가변적이며 "포에마가 지속되는 가운데 소재에 따라"[5] 이리저리 입장이 변모한다. 저자 입장의 이런 가변성은 저자의 변덕이라거나 구성의 비일관성을 드러내는 오류가 아니라 작품의 구성적 역할을 수행하는 적극적인 요소로서 낭만주의의 중요한 특징 중의 하나이다. 루슬란과 류드밀라의 운명과 별개로 저자 형상 자체가 작품의 주요한 주제 중의 하나인 것이다. 열정적인 사랑에 빠졌던 저자는 냉정한 아이러니를 체험하고 그런 체험은 다시 우아한 장난기로 지워져 버린다. "한 측면에서 다른 측면으로 마치 그 스스로 움직이듯이 교체하고 전이하는 것에 그 (저자의) 일탈의 힘이 존재한다."[6] 바로 이와 같은 어조의 유동성과 가변성 자체가

5 Ю. Тынянов, *Пушкин и его современники*, М.: 1968. с. 137.

6 Ю. Тынянов, 위의 책, с. 138.

일종의 서사적 기능을 수행하는 것이다.

이런 점에서 『루슬란과 류드밀라』과 『일리야 무로메츠』의 저자 형상은 양적 측면보다 내용적 측면에서 구별된다고 말할 수 있다. 푸시킨 작품의 저자 형상은 단순히 묘사되는 과정이나 대상에 관련된 것일 뿐만 아니라 저자 자신의 동시대적 삶과 현실, 즉 저자 자신을 향한 것이다. 물론 작품을 다 쓴 뒤 나중에 덧붙인 것이지만 에필로그는 이러한 저자 형상의 특성을 선명하게 드러내 보여 준다.

> 이렇게 하여, 무심한 세상에 사는 나
> 한가로운 정적의 품 안에서
> 리라를 타며
> 태곳적 전설을 찬미하였다.
> 노래하면서 나는 잊었다.
> 눈먼 행복과 적들의 모욕을
> 바람둥이 도리아의 변심을
> 어리석은 자들의 시끄러운 헛소리를.
> (……)
> 시는 사라졌다, 운문의 시절도
> 사랑과 즐거운 꿈의 시절도
> 진정한 영감의 시절도 모두 가 버렸다!
> 환희의 짧은 날은 흘러가고
> 조용한 노래의 여신은
> 나로부터 영원히 숨어 버렸다.[7]

7 А. С. Пушкин, *Собрание сочинений в десяти томах*, М.: ГИХЛ, 1960, Т. 3, с. 85, 86.

여기서 포에마를 이끌어 가는 저자는 보다 안정적이고 통합적인 정체성을 가진 형상이다. 그는 "눈먼 행복과 적들의 모욕"에 맞서고, 사랑하는 이의 배신("바람둥이 도리아")을 경험했을 뿐만 아니라, 운명의 "보이지 않는 뇌우"에 일격을 당하여 "네바 강변에서 먼 곳으로" 유형 온 신세이다. 그에게 "사랑의 시절, 즐거운 꿈의 시절, 진정한 영감의 시절", "환희의 짧은 날"은 과거로 흘러갔다. 이러한 저자는 매우 구체적이고 세부적인 삶의 형상, 즉 개인적인 특성과 이력이라는 자신의 '전기'를 보여 준다. 바로 이제 아주 새로운 저자, 즉 앞 장에서 말한 바와 같은 '주소를 가진 시인', '전기를 가진 사람'으로서의 형상이 드러나고 있는 것이다.

이런 저자 형상은 본격적인 낭만주의 포에마에서 더욱 뚜렷하게 자리 잡는다. 이를테면 낭만주의의 본격적인 시작을 알리는 푸시킨의 『카프카스의 포로(Кавказский пленник)』(1820-1821)는 구체적인 저자의 전기를 보여 주면서 동시에 등장인물인 '러시아 포로'도 보다 구체적인 상황 속에서 그려 낸다. 『루슬란과 류드밀라』의 성공 이후 푸시킨의 명성을 더욱 드높게 했던 이 작품은 『일리야 무로메츠』나 『루슬란과 류드밀라』와 마찬가지로 '시로 쓴 서사시', 즉 포에마이지만 그 묘사적 특성이 매우 뛰어나 거의 산문에 가깝다고 말할 수 있다. 크림 지역과 카프카스 풍경, 그리고 카프카스인들의 호전성에 대한 묘사는 "여행자들의 사실적인 기록에 가까울 정도"[8]이다.

이후 이 책은 본문 속에 (Пушкин 권수:쪽수)로 표기한다. 번역은 『청동기마상』(A. 뿌쉬낀, 석영중 역, 열린책들, 1999) 132-133쪽을 참조하였다(번역은 필요에 따라 필자가 수정함). 이후 이 책은 본문 속에 (뿌쉬낀b 쪽수)로 표기한다.

8 D. S. 밀스키, 앞의 책, 114쪽.

마을의 몇몇 집 대문가에
체르케스인들이 환담을 나누며 앉아 있다.
카프카스의 이 아들들은
피 끓는 죽음의 전투와
멋들어진 자기네 말들과
거친 애무의 환희를 이야기하며
지난날을 회상한다.
막아 내기 힘들었던 적의 공세와
교활한 수령들의 수탈과
그들이 휘두르는 잔인한 군도와
백발백중 날아오는 화살과
잿더미만 남은 부락의 모습과
잡혀 온 처녀들의 아름답고 검은 눈동자를.(Пушкин 3:89) (뿌쉬낀 b 141)

『카프카스의 포로』에서는 체르케스 마을의 모습과 그들의 생활상이 세부적으로 그려진다. 그리고 포로로 잡힌 러시아인과 체르케스 처녀의 사랑과 이별, 사랑 없는 결혼 대신 자살을 택하는 정열의 체르케스 여인과 자유를 찾아 떠날 수밖에 없는 러시아인의 모습이 하나의 소설처럼 이야기된다. 그 사이에 체르케스인들의 풍속과 노래가 그려지며 주인공은 비록 적이지만 체르케스인들의 삶과 영혼에 일정한 공감을 표하고 있다. 다른 한편 저자 형상 역시 그와 같은 진화를 겪는다. 무엇보다 포에마의 전면에는 중심인물이, '다른' 사람이 활동하고 있기 때문에 양적으로 저자의 형상이 지배적이라고 말할 수는 없을 것이다. 그러나 저자는 포에마의 시작을 알리는 헌시, 그리고 마지막에 에필로그를 통해 자신의 운명과 주인공의 운명을 함께 노래한다.

우린 서로 다른 길을 걸었다. 안식의 품 안에서
겨우 꽃피자마자 그대는 영웅인 아버지를 따라
빗발치는 적군의 화살 속을, 피 어린 전쟁터를
선택받은 소년이 되어 당당하게 달렸다
조국은 그대를 다정하게 보듬어 주었다
귀여운 희생양인 듯, 진실한 희망의 빛인 듯.
그러나 일찌감치 슬픔과 박해가 내게 닥쳤으니
나는 증상과 복수심에 불타는 무뢰한들의 희생자였다.
그러나 자유와 인내로 마음을 다잡고
  밝은 날이 오기를 담담히 기다렸다,
  내 벗들의 행복이
  내겐 달콤한 위안이었다.(Пушкин 3:88) (뿌쉬낀b 138-139)

이 헌시에는 주인공의 운명과 더불어 '슬픔과 박해', '증상과 복수심의 희생자'인 저자 자신의 운명이 함께 제시된다. 이렇게 저자 자신의 운명에 대한 언급은 주인공의 운명의 진행과 더불어 병렬적으로 드러나기도 한다. 포로가 된 주인공과 행로는 다르지만 저자 자신이 겪는 박해와 희생이라는 경험이 이들을 서로 묶어 주고 있는 것이다. 이를테면 "우리의 청춘이 한순간 시들거나/ 환희가 우리를 갑자기 버리는 건 아니니/ 생각지도 않았던 기쁨이/ 몇 번이고 우릴 찾아오는 법"(뿌쉬낀b 148)과 같이 주인공의 운명을 그리면서 저자 자신의 운명을 동시에 드러내는 것이다. 등장인물과 작가의 운명은 이렇게 독특하게 병렬적으로 제시된다.

등장인물과 저자의 운명이 병렬적으로 그려진다고 해서 실제 작가의 전기적 요소가 정확하게 주인공의 운명과 일치한다거나 역사적 사실을 공동으로 체험한다고 단언하기는 힘들다. 그들 운명의 병렬성은 그들의 운명의 동질성에서 찾아야 할 것이다. 즉 처음에 그들은 모두 조화로운 상태로 작품에 등장한다. 그러나 이윽고 조화로운 상태가 깨지고 그들은 모두 거기에서 벗어나 도주한다. 즉 각자 처한 조화로운 상태로부터 소외되는 운명을 동일하게 겪고 있는 것이다. 저자는 자신과 동질적인 운명을 겪는 등장인물을 통해 바로 자기 자신의 운명을 성찰하고 있다. 저자는 타자 속에서 자신을 발견하는, 다시 말해 자신의 객관화된 모습을 관조하는 능력을 획득하는 것이다. 바로 이런 점은 낭만주의 포에마가 근대적 소설 형식으로 발전해 갈 수 있는 중요한 계기라고 말할 수 있다. 등장인물이 단순히 저자의 피조물에 머무르지 않고 독자적인 운명과 개성을 지닌 모습으로 그려지고, 저자 역시 자신의 운명을 드러내며 타자의 운명 속에서 자신의 객관적인 모습을 성찰한다는 점, 이 두 계기는 문학이 자신과 세계를 보다 넓고 보다 깊게 담아낼 수 있는 동력이 되는 것이다.

낭만주의 포에마의 병렬주의는 저자가 자신을 근대적 개성으로 형상화하고 동시에 다른 등장인물과 사건을 객관적으로 형상화하기 위해 선택하는 역사적 형식이다. 이 형식 속에서 저자는 고전주의적인 장르 형상이 아니라 작품을 창조하는 개인으로서의 자의식을 형상화하면서(자기 개인의 운명을 객관화된 시선으로 그려 내면서) 동시에 세계를 보다 객관적으로 담아내는 능력을 구축하게 된다. 바로 이런 특징이 근대 문학의 주체의 성격과 깊은 연관을 가지는 지점이다. 하지만 그 모든 것은 여전히 시적 운문 속에서 불완전하고 불충분하며 모호하다. 그런 능력이 새로운 단계의 소설적 수준으로 구현되는 것은 『예브게니 오네긴』에서이다.

2. 푸시킨의 근대적 자의식과 '나'

1) 『예브게니 오네긴』의 '나'와 세계

시로 쓴 소설

예브게니 오네긴(Евгений Онегин)』(1823-1831)은 러시아 근대 소설 발전의 기점으로 평가된다. 이 작품은 많은 점에서 시 장르의 특성을 풍부하게 가지고 있지만 주인공의 성격화와 사건의 구성, 인물들의 다면적 형상화 등 그 내용적 측면에서는 완연한 근대 소설의 면모를 보여 준다. 이는 시로서의 장점과 소설로서의 장점을 가졌다는 의미이기도 하지만, 반면 소설이라고 하기에는 너무 시적이고, 시라고 하기에는 너무 소설적인 한계를 가졌다는 의미이기도 하다. 푸시킨 자신이 '시로 쓴 소설(роман в стихах)', 혹은 '자유 소설(свободный роман)'이라고 이름 붙인 이 작품은 시라는 특성과 소설이라는 특성을 공유하고 있는 과도기적인(소설의 발전이라는 측면에서) 작품인 것이다. 이런 과도기적인 특징은 근대 초기의 문학이 직면한 문제들을 다양하게 반영하는 것으로, 실험적이고 창조적인 시학적 모색들을 풍부하게 살펴볼 수 있게 해 준다.

이 작품은 8년 이상을 집필하여 1831년에 완성되었다. 무엇보다 이 작품은 모스크바, 페테르부르크를 비롯한 대도시와 지방의 세태를 놀라울 만큼 정확하게 재현하고 있다. 당대 최고의 평론가 벨린스키가 이 작품을 두고 러시아 삶의 백과사전이라고 일컬을 만큼, 운문이면서도 그 산문적인 묘사적 특징이 아주 빼어나다. 그러나 이 작품의 문학사적 의미는 세태와 풍속에 대한 묘사의 양적 크기에 있는 것만은 아니다. 그러한 묘사를 관통하는 러시아 사회의 정신적 토대에 대한 통찰과 그에 대한 작가의 태도, 그리고 그 사이의 갈등 양상이 이 작품을 하나의 근대 소설로 읽을 수 있게 만드는 핵심이다.

무엇보다 푸시킨이 파악하고 묘사해 내는 당대 러시아 정신의 핵심은 뿌리 깊은 보수주의였다.

허나 그들에게서 변화는 보이지 않는다
모든 것이 옛날 틀 그대로다
공작부인 옐레나 아주머니는 여전히 예전하고
똑같은 레이스 장식 벙거지를 썼고
루케랴 르보브나는 여전히 하얗게 분을 발랐고
류포프 페트로브나는 여전히 똑같은 거짓말을 하고
이반 페트로비치는 여전히 어리석고
세묜 페트로비치는 여전히 노랭이고
펠라게야 니콜라예브나에게는 여전히
똑같은 정부, 뮤슈 핀무슈하고
똑같은 삽살개, 똑같은 남편이 있고
그는 여전히 클럽의 성실한 멤버로 여전히
온순하고 귀먹었고 여전히
이인분을 먹고 마신다.(Пушкин 4: 7:45)[9]

'옛날 틀' 그대로 '여전히' 살아가는, 변화를 모르는 보수성은 러시아 사회의 대다수의 구성원들에 의해 느껴지지도 인식되지도 않는다. 그것을 깨닫기 위해서는 다른 사고의 층위가 필요하다. 작가 푸시킨 역시 귀

9 『예브게니 오네긴』 인용은 이후 괄호 속에 (장:절)로만 표기하는데 7장 45절을 의미한다. 번역은 최선 역(A. 푸슈킨, 『예브게니 오네긴』, 서울대학교출판부, 2006)을 참조하였다. 장절로 쉽게 찾을 수 있기 때문에 이후 번역본의 표기는 생략한다.

족계층 내부에서 그것을 발견하지만, 소설에서 언급되는 모든 인물들 중에서 겨우 세 명의 주인공, 즉 오네긴과 렌스키, 타티야나에게만 그 특성을 부여한다. 이를테면 그들에게 귀를 기울여 무언가를 듣고 싶은 타티야나에게 들려오는 것은 모두 다 속물적이고 빛바랜 시시한 이야기들일 뿐이다. 그들에게는 단 한 번도 뜨겁게 열정적인 감정과 사상이 불타오른 적이 없는 것이다.

> 타티야나는 대화나 공통의 이야기들을
> 귀 기울여 듣고 싶었지만
> 객실의 모든 사람들을 사로잡는 건
> 밑도 끝도 없는 저속한 이야기들
> 그 모든 건 빛바랜 시시한 이야기들
> (……)
> 단 한 번 사상이 불타오른 적 없고
> 민감한 이성이 웃거나, 농담으로라도
> 한 번, 심장이 떨리는 법이 없고
> 그대 속에서는 웃기는 어리석음조차도
> 만날 수가 없다, 공허한 사교계여.(7:48)

그렇다면 타티야나가 갈망하는 새로운 삶과 사고는 어디에서 오는 것인가. 그녀의 새로운 삶과 사고는 러시아의 들판과 숲이 지닌 아름다움에 대한 감각으로부터 생겨난다. 문학도 중요한 영향을 미친다. 문학은 지식과 경험과 현명함과 감정의 보고이다. 오네긴과 렌스키와 타티야나 세 주인공이 문학에 예민하게 반응하고 그것을 통해 삶과 사회를 새롭게 바라보는 장면이 많은 것은 바로 그 때문이다. 그러나 뿌리 깊은 보수적 사회 분위기에 대응하는 세 주인공의 의식과 행동은 서로 다르다. 푸시킨은 세 주인공의 의식의 다양한 갈림을 통해 동시대 귀족 지식인들이 지닌 의식의 다양한 유형을 볼 수 있게 해 준다. 그리고 서로 다른 그 의식들은 극적인 갈등관계를 형성한다.

소설의 거의 첫 부분부터 오네긴과 렌스키와 타티야나는 정신적으로 빼어난 성품을 지닌 인물로 그려진다. 하지만 왜 이런 그들이 갈등을 일으키게 되는 것일까. 왜 이들은 행복하게 서로의 생각과 소망을 나누며 하나가 되지 못하는 것일까. 렌스키는 자신에 대해, 그리고 자신의 약혼녀의 정신세계에 대해 제대로 이해하지 못한다. 그리고 오네긴에게 호의를 보이는 것 같지만 그는 오네긴의 회의주의와 냉소주의를 끝까지 이해하지는 못한다. 반면 오네긴은 자신에게 호의적인 렌스키를, 다음으로는 타티야나를 이해하지 못한다. 오네긴은 다른 사람의 감성적 세계에 대한 존중이 결여되어 있다. 그런 한편 타티야나 역시 오네긴에 대한 오해와 몰이해를 피하지 못한다. 타티야나는 오네긴이 아주 풍부한 정신세계를 지니고 있는 것으로 상정함으로써 오네긴의 허상을 사랑하면서 오히려 자신의 고독이나 소망은 오네긴으로부터 이해받을 수 없을 것이라고 생각한다. 바로 이러한 서로 간의 몰이해와 소외가 작품 속 갈등의 근원이다.

푸시킨은 『예브게니 오네긴』에서 러시아 사회의 보수성을 묘사하고 그에 반하여 새로운 정신의 가능성을 가진 인물들을 그려 내면서 그 인물들을 단순하게 낭만적으로 이상화하지 않는다. 인물들의 복잡다단한 의식과 행위를 탐구하고 묘사한다는 점에서 이 작품은 본격적인 근대 소설의 수준을 보여 준다. 오네긴은 고도의 지성을 소유하고 있고 동시대의 학문과 윤리에 대해 깊이 알고 있다("학문의 열매들, 선하고 악하다"). 그리고 러시아의 현실에 대해 데카브리스트에 가까울 정도의 비판적인 태도를 지니고 있는 인물이다. 그러나 데카브리스트의 지적 수준과 현실비판의식을 가진 주인공을 그리면서 푸시킨은 그를 적극적인 현실 참여자로 그리지 않는다. 오네긴은 정신적으로나 이념적으로 높은 가능성을 가진 인물이지만 타인의 삶과 고통에 대해서는 무관심하거나 냉소적이다. 바로 이런 도덕적 불감증에 오네긴의 비극이 있다. 그런 인간에게서 데카브리스트 봉기를 주도한 인물들이 보여 준 희생정신과 영웅적 행동을 기대하기는 어려울 것이다. 반면 타티야나는 학문적 논리와 이론에 대한 관심이 부족한 대신에 도덕적 감각과 의식은 오네긴에 비해 매우 강하다. 그녀는 오네긴에 대한 감정을 몰래 감추면서 그런 감정을 내면적으로 고결하게 끝까지 간직하고 있다.

작품 전체에서 오네긴과 타티야나, 두 세계의, 두 유형의 의식의 대비와 대화는 타티야나의 고백으로 마무리된다.

> "행복은 그렇게 가능했고 그렇게도
> 가까이에 있었지요!… 그러나 제 운명은
> 이미 결정되었어요. 아마도
> 제가 조심성 없이 행동했는지도 몰라요.
> 어머니가 애원의 눈물로 제게 간청했지요.
> 불쌍한 타냐에게는 어떤 운명도 마찬가지…
> 그래서 저는 결혼했어요. 부탁해요,
> 당신은 저를 이대로 두셔야 합니다.
> 저는 알고 있어요. 당신의 가슴속에 자존심도 있고
> 강직한 명예심도 있다는 것을.
> 당신을 사랑합니다(무엇 때문에 거짓말을 하겠어요?)
> 그러나 저는 다른 사람에게 주어졌어요.
> 저는 한평생 그에게 충실할 겁니다."(8:47)

사랑하지만 결혼을 했기 때문에 남편에게 충실해야 한다는 타티야나의 도덕적 결정은 보수적인 러시아 사회에서 새로운 정신의 가능성을 보여 주었던 타티야나가 도덕적으로 도달할 수 있는 최대한이었다. 그녀 역시 오네긴과 마찬가지로 일정한 시대적 한계를 넘어설 수 없는 인물이었던 것이다. 오네긴과 타티야나의, 사랑하지만 맺어질 수 없다는 이런 아이러니한 운명은 근대적 인간의 삶과 운명에 대한 극적인, 그리고 매우 사실적인 탐구의 결과가 아닐 수 없다. 낭만주의적 영향을 완전히 떨쳐 내지 못한 운문소설이지만 이 작품이 왜 오늘날까지도 하나의 소설로서 충분한 가치가 있는지를 말해 주는 부분이다. 그러나 다른 한편 이 부분을, 이를테면 톨스토이의 『안나 카레니나』에서 안나가 브론스키에 대해 느끼는 사랑과 번뇌, 그리고 행동으로 나아가는 장면들과 비교하면 소설적 상황과 심리 묘사가 현저히 부족함을 쉽게 알 수 있다. 두 작품 사이에 상당한 시간적 거리가 있고 장르의 차이가 있지만 이런 비교만으로도 우리는 『예브게니 오네긴』의 '시로 쓴' 작품으로서의 한계를 쉽게 이해할 수 있을 것이다.[10]

'저자-화자'의 특성

작가가 작품 내에서 자신의 위치를 어떻게 설정하느냐 하는 문제는 소설 형식의 안정화에 가장 일차적인 문제이다. 근대 초기 소설의 작가는 텍스트 속에서 자신의 정체성에 대한 문제에 직면하게 되는바, 이는 글을 쓰는 주체로서 자신을 작품 내에 직접적으로 드러내는 '저자 드러

10 이런 지적은 소설 발전이라는 관점에서만 말한 것이다. 오히려 많은 연구자들은 이런 특징을 『예브게니 오네긴』의 독창성으로 고찰하기도 한다. 시와 산문의 독특한 결합을 통해 달성된 예술적 수준이 푸시킨 문학의 범접할 수 없는 독창성인 것은 분명하다. 하지만 시와 산문의 그와 같은 결합이 문학사상 지속적으로 독립적인 장르를 구축하지는 않는 것으로 보아, 문학사 발전 과정의 한 과도기적 양상이라는 사실도 부정하기 힘들다.

내기'의 방식으로 나타난다. 그것은 무엇보다 근대적 삶과 현실에 대응하는 소설의 형식화를 위해 불가피한 선택이다.

『예브게니 오네긴』의 이야기를 이끌어 가는 주체는 스스로의 존재를 두려움 없이 밝히는 '나'이다. 게다가 작품의 '나'는 분명히 시인 푸시킨과 매우 유사한 형상을 지니고 있다. '나'는 독자들에게 직접 이야기하고 있으며 등장인물인 오네긴과 관계하고 있는 작품 속의 '인물'임을 감추지 않는다. 물론 그 이름이 작품에서 직접 호명되지 않지만 '나'는 주인공의 친구이며 동시대를 함께 살고 있다는 공동 체험과 그에 대한 가치 판단을 지닌 구체적 개인이다. '나'는 이야기를 이끌어 가면서 자기 자신의 예술관이나 이야기를 선별하는 창작적 의도와 원칙을 밝히는가 하면 인물들과 사건, 상황에 대한 평가를 내리기 주저하지 않는다.

이렇게 '나'는 작품에 직접 등장하여 자신이 보고 들은 바를 이야기해 나간다는 점에서 '나-화자'이고 저자인 푸시킨의 실제 삶과 가치관을 공유한다는 점에서 '나-저자-화자'라고 유형화할 수 있다. 이 화자는 등장인물들과 안면이 있는 작품 속 실제 인물로 제시되고 등장인물들의 삶과 운명 속에 동참하고 있다. 아울러 그는 자신이 쓴 작품을 열거함으로써 자신이 바로 푸시킨이라는 사실을 암시하는 데 주저함이 없다.

> 류드밀라와 루슬란의 친구들이여!
> 머리말 없이 곧바로 이어서
> 내 소설의 주인공을 그대들에게
> 소개하는 걸 허락해 주게.
> 내 친구 오네긴은 말이지
> 네바 강변에서 태어났네,(1:2)

화자는 주인공 오네긴과 페테르부르크에서 만나 함께 시간을 보낸 인물이다. 오네긴이 수도에서 보낸 사교계의 삶과 행태, 그리고 거기에서 느낀 공허와 환멸은 곧 화자 자신의 것이기도 하다.

> 사교계 관습이라는 짐을 벗어 버리고
> 그처럼 번잡으로부터 초연하게 되었을 때
> 나는 그와 친구가 되었다. 그때
> 나는 저도 모르게 공상에 빠지고
> 모방할 수 없는 특이함을 보이는
> 날카롭고 냉담해진 지성으로 두드러지는
> 그의 성격을 퍽이나 좋아했다.
> 나는 분노하고 있었고 그는 음울했다.
> 우리 둘은 열정의 장난을 알고 있었고
> 삶은 우리 둘을 고통스럽게 짓눌렀고
> 둘의 가슴속에 불은 꺼졌고
> 눈먼 운명과 사람들의 심술이 언제고
> 우리 둘을 기다리고 있었다,
> 우리 생애의 신새벽이었는데.(1:45)

이렇게 화자는 주인공과 공통의 체험을 하고 나름의 견해를 가지고 있으며 주인공과 유사한 삶의 변화를 겪는다. 둘 다 처음에는 일정한 조화로움을 느끼며 살아가다가 '현재'에는 사교계 관습을 벗어 버리고 삶의 무게에 고통스러워하며 무엇일지 모르는 삶의 운명을 기다리고 있다. 물론 '나'는 분노하고 있고 주인공은 음울하여 서로 차이가 있다. 그리하여 화자와 주인공은 자기 환경과의 결별을 꿈꾸기 시작하는바 그것은 전형적으로 낭만주의적인 행동이다. 그들이 꿈꾸는 곳은 '아드리아 해안이고, 황금의 이탈리아의 젊은 베네치아 여인들이 사랑을 속삭이는 곳이고, 멀리 적도의 아프리카'이다. 즉 낭만주의 문학이 언제나 그렇듯이 이국적이다.

아드리아의 파도여,
오 브렌타여, 그대를 보면 나
다시 영감으로 가득하여
그대의 마력의 목소리 들으리라!
(……)
황금의 이탈리아, 그 밤의 달콤함을
나 젊은 베네치아 여인과 단둘이
신비로운 곤돌라를 타고서
(……)
페트라르카의 혀와 사랑의 언어를 얻으리.(1:49)

내 자유의 시간은 다가오는가?
때가 되었다, 때가 되었다! 자유를 부르노라.
(……)
나 언제 시작할까나, 자유로운 도주를?
(……)
저 멀리 적도의 물결 가운데서
내 아프리카의 하늘 아래에서(1:50)

오네긴과 나는 떠날 준비가 되었다,
낯선 나라를 보러 떠날(1:51)

그러나 화자와 주인공의 운명은 그렇게 낭만적이지 않다. 오네긴은 낭만적인 이국으로의 탈주가 아니라 숙부의 임종과 유산 문제를 해결하기 위해 권태로운 시골로 떠나는 운명이다. 오네긴은 숙부의 유산을 받아 러시아 시골에 머무르며 지주가 되지만 금세 권태와 우울함에 빠져버린다. 그러나 화자인 저자는 이제 주인공과 다른 입장에 선다. 저자-화자는 오네긴과 다른 운명의 길을 걸은 다음(남쪽 카프카스로 유형을 떠나야 했던 시인 푸시킨 자신의 운명을 암시하고 있다), 이제 오네긴과 달리 시골의 아름다움과 정신적 가치, 자유, 평온함을 더욱 사랑하며 거기에서 시의 영감을 얻는 사람이다. 즉 오네긴과 시인 푸시킨은 닮은 듯 다른 인물이다.

주인공 오네긴과는 다른 정신적 수준을 지닌 화자는 자신과 다른 오네긴에 대한 이야기를 써 나간다. 이제 화자는 오네긴을 비롯하여 다른 인물들의 성격과 삶과 갈등에 대한 이야기를 일정한 거리를 두고 전지적으로 관찰하고 서술하는 서술자로서의 지위에 서게 되는 것이다. 그는 모든 사건을 직접 보고 느낀 것처럼 서술한다. 러시아 시골의 풍경이나 삶의 모습, 오네긴과 타티야나, 렌스키와 올가 등의 만남과 일상, 그리고 그들 사이의 갈등이 우리 눈앞에 펼쳐진다. 하지만 등장인물과 사건의 전개 과정에서 '화자-나'는 전지적이고 객관적인 전달자의 입장을 취하지만 여전히 적극적인 자기 생각과 자기 묘사, 자기 변화를 동시에 보여 준다.

이러한 '나-저자-화자' 형상이 작품 속에 주인공의 전기와 더불어 병렬적으로 저자의 전기를 드러내는 낭만주의적 영향 속에 있다는 점은 분명하다. 그러나 『루슬란과 류드밀라』와 같은 포에마의 낭만주의적 병렬주의에 비해 『예브게니 오네긴』의 '나-화자'는 훨씬 구체적이며 개인적인 저자의 전기를 담고 있다. 벨린스키가 "『예브게니 오네긴』 속에 푸시킨의 개성이 비치는 듯하다. 그 속에는 작가의 전 생애, 온 영혼, 그리고 그의 모든 사랑이 있으며, 또한 그의 모든 감정, 관념, 사상이 담겨 있다."[11]라고 말할 수 있었던 것은 바로 이렇게 작가의 전기적 요소가 직접적으로 드러나 있었기 때문이다.

'나-화자'의 불안정한 가변성과 유동성은 작가 푸시킨의 실제 삶의 변화 과정과도 유사하다. 작품을 쓴 기간이 8년으로 시간적 거리가 있기 때문이기도 하지만 푸시킨이라는 저자는 이 작품의 초기에 드러난 형상에서 작품이 끝나는 형상에 이르기까지 다양한 내면적, 세계관적 변모를 드러낸다. 특히 화자는 등장인물들의 운명과 사건의 서사와는 별개로 자신의 시인으로서의 관점 변화를 드러냄으로써 저자 푸시킨의 내면적 변화를 반영하기도 한다. 이런 일탈은 작품 곳곳에서 발견되는바, 이 작품이 주인공들의 운명을 그리는 것일 뿐만 아니라 시인 자신의, 화자 자신의 이야기일 수도 있다는 것을 잘 말해 준다. 이를테면 화자는 타티야나의 사랑이 익어 가는 모습을 묘사하고 곧바로 시인으로서의 자기인식을 털어놓는다.

허나 요즘은 모든 정신이 안개 속에 있고
도덕은 졸리게 할 뿐이다.
소설 속에서 악덕은 사랑스럽고
승리까지 구가한다.
이제 소녀들의 꿈을 흔드는 것은
영국 시혼의 허황된 이야기,

11 В. Г. Белинский, "Статьи о Пушкине", *Полное собрание сочинений*, Т. 7., М.: 1955, с. 440.

(……)
이들이 바로 소녀들의 우상으로
바이런경은 변덕을 부리며 멋대로
절망적 이기주의에 제대로
음울한 낭만주의의 옷을 입혔던 것이다.(3:12)

친구들이여, 이게 대체 무슨 짓들인가?
아마도 나 하늘의 뜻에 따라서
시인노릇을 그만두게 될 거야,
새로운 악마가 내 안에 들어와서
둥지를 틀면 나 펩의 경고를 경멸하고
시시한 산문으로 몸을 낮출 거고
그땐 옛날풍 소설이
내 즐거운 석양길을 점령할 테지.
난 악행의 감추어진 고통을
무시무시하게 그리기보다는
러시아 가정에서 펼쳐지는
보다 더 소박한 일들을,
매혹적인 사랑의 꿈과
우리나라의 옛 관습을 그릴 거라네.(3:13)

나 전할 것이네, 아버지나
늙은 숙부의 소박한 말투를,
보리수 고목나무 그늘 아래나
시냇가 풀밭 위의 자식들의 밀회를,

불행한 질투의 고통과
이별과 화해의 눈물과
새로운 다툼을, 그리고 마침내
나 그네들을 혼인식장으로 데려갈 거네…
나 기억해 낼 거네, 사랑의 말을,
지난날 아름다운 애인의 발치에서
내 혀에 떠올랐던, 이제는 내게서
잊혀져 버린 사랑의 말을,
애타는 사랑의 말,
그 열정적인 사랑의 말을.(3:14)

서정 시인으로 아름다운 시의 여신을 추구하던 '나-저자-화자'는 이제 그런 '소녀들의 꿈을 뒤흔드는' '바이런적인 음울한 낭만적인 시'를 써 대는 '시인노릇'을 그만두고 싶다. 대신에 그는 '시시한 산문으로 몸을 낮춰' '러시아 가정에서 펼쳐지는 소박한 일'과 '옛 관습'과 '아버지와 숙부의 소박한 말투'와 일상, 러시아 자연을 노래하고 싶다. 그에게 그것이 바로 '잊고 있던 열정적인 사랑의 말'이었던 것이다. 마침내 화자는 낭만적인 조화의 시기를 거쳐 소외와 방황의 시기, 그리고 또 다른 삶으로의 출발이라는 과정을 거치면서 낭만주의 시인에서 '냉담한' '러시아적인' 산문가로 변모한다.

이처럼 이야기가 진행되는 중간중간 화자는 자신의 변화된 내면, 변화된 예술관을 직접 토로한다. 마치 등장인물들과 별개로 늘 화자이자 시인인 '내'가 살아서 옆에 존재하면서 시간에 따라 변화하는 자신의 모습을 말해 주는 것만 같다. 이런 자기 변화를 이야기해야 할 때면 화자는 주인공들을 제쳐 놓고 서둘러 자신을 묘사해야만 한다. 그만큼 작가에게도 '저자-화자' 형상의 내면의 변화가 주인공들 못지않게 중요한 것이다.

그러나 지금은 아니다. 나 비록
진심으로 나의 주인공을 사랑하지만,
그에게로 물론 다시 돌아갈 것이지만
지금은 그를 생각할 겨를이 없으니 어쩌나.
세월이 메마른 산문에 기울고
세월이 어리석은 각운을 쫓아내니
나도 -한숨 쉬며 고백하는데- 애쓰고
각운 맞추는 데 게을러졌으니
펜이 예전처럼 기꺼이 종이 위에다
날개 돋친 듯 쓰지 않는다.
다른 차가운 상상들이
다른 심각한 근심들이
사교계의 소음 속에서도 고요함 속에서도
내 영혼의 꿈을 동요시킨다.(6:43)

나 다른 욕구들을 알게 되었고
나 새로운 슬픔을 알게 되었다
처음의 욕구들은 이제 흥미가 없고
예전의 슬픔은 유감스럽다
꿈이여, 꿈이여, 어디에 있나, 그대의 달콤함은?
또 '달콤함'과 각운을 이루는 단짝 '젊음'은?
정말로 청춘의 화관은, 어쩌나,
시들고 말았나? 결국 시들고 말았나?

아무런 비가적인 과장도 없었는데
내 인생의 봄은 실제로
날아가 버렸단 말인가, 정말로?
(여태까지 농담 삼아 자주 썼던 말인데)
그 봄은 아마 다시 돌아오지 않겠지?
나 이제 곧 30세가 되겠지?(6:44)

그렇다, 내 한낮이 다가왔다.
이 점 인정해야 한다는 것, 나 안다
그러니 우리 사이좋게 작별하자,
오 내 가벼운 청춘이여, 자,
나 이제 모든 것에 감사한다.
즐거움, 슬픔, 사랑의 고통,
소동, 향연, 반란의 폭풍.
그대가 준 이 모든 것에 감사한다.
나 그대에게 감사한다. 그대는 내게
소란 속에서도 고요 속에서도
즐거움을 주었다… 그것도 차고 넘치게.
이제 그만 됐다! 밝은 정신으로
나 이제 새로운 길로 내려간다,
지난 삶에서 휴식을 취하려고.(6:45)

한번 돌아보고, 이제 안녕, 내 안식처여,
벽지에서 내 나날들이 흘러갔던 곳,
열정과 여유에 가득 찬 곳이여,

생각에 잠긴 영혼의 꿈들로 가득 찬 곳,
그리고 그대, 청춘의 영감이여,
내 상상력을 설레게 해 다오, 그대여
심장의 꿈을 되살려 다오
내 방으로 더 자주 날아와 다오
시인의 영혼이 딱딱하게 굳어서
가혹해지고 거칠게 메말라 버려서, 오,
마침내 돌이 되지 않도록 해 다오!
사교계의 독약 같은 환락 속에서,
나와 그대들이 함께 헤엄쳤던
이 늪 속에서, 사랑하는 친구들이여!(6:46)

시인 화자의 영혼은 이제 '어리석은 각운'을 쫓아다니지 않고 '다른 차가운 상상, 다른 심각한 근심'에 흔들리고 '다른 욕구, 새로운 슬픔'을 알고 있다. '달콤한 청춘의 화관'과 '인생의 봄'은 사라져 갔지만 이제 30세가 된 나이, 오히려 인생의 한낮이니, 지난날의 '가벼웠던 청춘, 소동과 향연'과 작별하고 '밝은 정신으로 새로운 길'을 가야 한다. 그것은 시인이 머물렀던 '영혼의 안식처'를 떠나 새로운 산문적 상상력으로 나아가는 길이다. 화자의 예술관의 이런 변화는 이 작품을 집필하는 8년 동안 작가 푸시킨의 변화와 일치한다. 화자는 주인공들의 이야기를 전개하면서 자기 자신의 변화 또한 중요한 형상으로 그려 내는데, 이렇게 변화한 화자는 드디어 자신의 주인공들에게도 작별을 고한다. 변화된 화자의 내면은 더 이상 이 주인공들의 이야기를 따라가지 않고 독자와 자신의 작품에게도 작별을 고하는 것이다.

이제 모두 안녕! 내 기이한 동반자도,
그리고 그대, 내 진정한 이데알도,
그리고 그대, 비록 작긴 했어도
생생하고 변함없는 내 작업도!
나 그대들과 함께 시인이라면 누구나 다
진정 부러워할 만한 모든 것을 알았다
사교계의 비바람 피해 현실을 잊는 것,
친구들과 진정 어린 대화를 나누는 것을.
나 젊은 타티야나와 오네긴을
몽롱한 꿈속에서 처음 보고
마술의 수정구를 눈에 대고
자유로운 내 소설의 먼 길을
아직 희미하게 보던 때부터
많은 날이, 정말 많은 날이 흘렀다.(8:50)

그러나 다정한 만남 속에서 내가
첫 연들을 읽어 주었던 이들…
'이들은 이제 없거나 멀리 있다', 언젠가
사디가 말했듯이. 잊지 못할 이들…
이들 없이 오네긴이 끝까지 그려졌다
그리고 타티야나라는 사랑스런 이데알을
이루는 데 함께한 그녀는… 오! 많은 것을,
정말 많은 것을 운명은 앗아갔다!
가득 찬 술잔을 끝까지 마시지 않고
삶이라는 축제를 일찌감치 끝내고

떠난 사람은 축복받은 자이다. 그리고
삶의 소설을 끝까지 읽지 않고
내가 내 오네긴과 그런 것처럼 갑자기
소설과 작별할 수 있는 사람은 축복받은 자이다.(8:51)

이제 화자는 자신의 의지와 상상력으로 창조된 '마술의 수정구'를 통해 바라보았던 '나의 오네긴'과 작별하고 타티야나와도 이별하고자 한다. 끝을 정해 놓지 않고 '자유로운 소설'의 먼 길을 달려온 그는 그 과정에서 '진정 부러워할 만한 많은 것'을 알았고 사교계의 현실을 잊었으며 친구들과의 진정한 대화를 얻었다. 그는 이제 변했다. 하지만 그 변화한 자신의 끝, 자신의 운명을 더 이상 알 수는 없다. 화자인 '나'는 마치 실재 인물처럼(알아볼 수 있는 수많은 전기적 푸시킨의 실재 사실들을 지닌), 그리고 예술적으로 구성된 인물처럼 등장하여 다른 주인공들과 더불어 소설의 끝에서 그 형상을 마감하는 것이다. 동시에 무대에서 떠남으로써 비존재로 넘어가는 주인공도, 그 저자도 소설 속의 주인공이었다는 점을 새삼 드러내 준다.

그러나 독립적 개성을 지닌 저자 형상으로서 '화자-나'의 서사적 기능과 역할은 작가 푸시킨과 동일시되는 낭만주의적 병렬주의에만 머물지 않는다. 만일 그러한 병렬주의에 머물렀다면 『예브게니 오네긴』은 '시로 쓴 소설'이지만 여전히 낭만주의적 '포에마' 장르를 넘어서지 못했을 것이다. 이 작품을 하나의 소설로 읽을 수 있는 것은 무엇보다 화자 '나'의 구성적 역할과 서술적 역할 때문이다. 앞서 말한 바와 같이 '화자-나'는 독립적인 저자 형상을 대변하면서 소설 속의 등장인물과 사건의 진행을 담당하는 서술자이다. 그는 사건에 직접 참여하고 목격한 사람이면서 동시에 객관적인 전지적 시점으로 서사를 진행하고 있다. 이런 특성을 지닌 화자는 '저자-화자'의 독립적 형상을 보여 주면서 그와는 별도로 객관적 세계를, 즉 화자의 개인적 체험의 폭을 넘어서는 객관적으로 더 폭넓은 세계와 삶을 제시할 수 있는 소설적 기능을 수행한다.

또 하나 특징적인 것은 객관적이고 전지적인 서술자이면서 화자는 여러 가지 방식으로 자신의 소설 구상과 기법, 예술적 가공과 전달 방법을 그대로 노출시키고 있다는 점이다. 그것은 화자 형상의 개인성과는 별개로 작품 창조자로서의 저자 형상을 구축한다. 그것은 묘사 대상과 재료, 구성에 대해 판단과 스스로의 답변을 통해 나타난다. 이를테면 묘사를 거부하는 기법(오네긴의 화장실에 대해 자세한 묘사를 거부하는 것), 장면 묘사나 세부 묘사들의 선택의 자유를 과시하는 기법("우리는 이제 대상에 머물러 있지 않다. 우리는 서둘러 홀로 나가는 편이 나을 것이다…"), 자기의 창작 가능성에 대한 의심의 표현("나는 이 장면에서 바르게 묘사하고 있는가. 고독한 서재에서…"), 그리고 독자의 허락을 묻는 것("나의 독자여, 내게 허락하시기를…/ 나이 많은 누이에 빠지는 것."), 어떤 단편이나 장을 끝내는 기법("…어떻게든 나중에 끝낼 것이다"), 이야기의 축소나 생략하는 기법("그러나 예기치 않은 만남의 결과들/ 오늘, 친애하는 친구들이여,/ 전달해서 말하는 힘이 내게는 없다오./ 내게는 오랜 만남 이후에 말해야 하는 것이어서/ 그리고 좀 산보하고 쉬고 나서…") 등등은 독립적인 개성적 화자 형상 자체와는 또 다른, 일종의 익명의 서술자 형상 같은 것이라고 말할 수 있을 것이다. 이를테면 타티야나에 대한 부분에서("…처음 그런 이름으로/ 부드러운 소설들/ 우리는 제멋대로 명명식을 올린다"), 혹은 작품의 전체 구상을 상상하면서("나는 이미 구상의 형식에 대해 생각했다/ 그리고 내가 주인공을 부르듯이…") 이 서술자는 예술적 상상력과 소설 구성의 과정을 노출시킨다. 또한 서술자는 등장인물의 생생한 현장을 포착하고 전달하기 위해, 즉 소설을 보다 생생한 삶의 현장으로 만들기 위해 직접 눈앞에 있는 사실을 보고 말하듯이 묘사한다. 즉 마치 실제 존재하는 사람을 대하듯이("내 앞에 있는 타티야나의 편지는…", "여기 여러분 앞에 그(오네긴)의 편지가 그대로 있다") 묘사하는 것이다. 이런 점은 낭만주의적 병렬주의의 영향에도 불구하고 이 소설이 보다 넓고 다양하게 세계를 담아내고자 하는 소설적 지향을 담고 있다는 점을 분명하게 말해 준다.

푸시킨이 여러 서술 상황 중에서 선택의 가능성을 가지고 있었다는 점을 인정하더라도 오늘날 우리의 관점에서 푸시킨이 선택한 '나-저자-화자'라는 서술 상황은 일정하게 문학사적 필연으로 이해된다. 근대 작가에게 부여된 근대적 정체성의 확보와 그에 대한 책임의식은 작품의 사건과 인물에 대한 작가의 직접적인 관계성을 확보하도록 요구하기 때문이다. 작가는 자신이 글을 쓰는 이유와 쓰는 대상에 대한 근거를 부단히 확보해야 하고 쓰는 과정에 대해 스스로 정당성을 확보함으로써 자신의 저자성을 증명하고자 했다. 그 과정에서 작가 자신의 전기적 요소는 필연적으로 작품에 산입되고 드러나게 된다. 그리고 그 전기적 요소는 집단의 한 성원으로서의 저자가 아니라 작품 주인공 못지않게 개성을 가진 개인으로서의 저자이다. 그리하여 푸시킨의 『예브게니 오네긴』은 개성을 가진 근대 작가의 소설적 형식화의 초기 단계에 속하는 화자 양상을 대표적으로 보여 주고 있는 것이다.

2) 『벨킨 이야기』의 이중 화자

푸시킨이 보여 준 러시아 근대 소설 초기의 화자 양상은 그가 시에서 산문으로 창작의 중심을 옮겨 가는 과정에서, 그리고 당대의 삶과 인간에 접근해 가는 과정에서 그의 창조활동의 극대화된 양상을 반영하고 있다. 물론 이전의 여러 포에마에서도 저자 드러내기로서 '나-저자-화자'의 적극적인 활용이 나타나고 있지만 『예브게니 오네긴』에서의 '나-저자-화자' 형상은 동시대의 현실과 동시대의 인간을 그리기 위해 활용되는 소설발전의 새로운 단초와 깊게 연관되어 있다. 『예브게니 오네긴』을 통하여 낭만적 시인에서 '냉담한 산문가'로 변화한 푸시킨은 진정한 산문가로 거듭난다. 이제 '나-화자' 형식에서 훨씬 더 폭넓은 가능성을 지닌 산문 세계를 향해 나아가는 것이다. 『예브게니 오네긴』의 화자가 '자유로운 소설'을 지향하지만 운문이라는 틀 내에서 인물과 성격의 제한성을 가지고 있다면 이제 본격적인 산문 속에서 오히려 훨씬 더 '자유롭게' 인물과 성격을 탐색할 수 있게 되는 것이다. 『벨킨 이야기(Повести Белкина)』(1831)는 푸시킨의 이런 산문적 발전을 잘 보여 준다.

『벨킨 이야기』는 『예브게니 오네긴』의 '자유로운 화자-나'보다 형식적으로 까다로운 화자 형식을 보여 준다. 우선 이 작품의 화자는 저자와 철저하게 분리된 자로 설정된다. 푸시킨은 저자와 분리된 화자를 도입하기 위해 '간행자의 말'을 통해 자신을 드러내면서 감추는 이중 서사 전략을 세운다.

> 바야흐로 독자 대중에게 소개될 I. P. 벨킨의 이야기들을 간행하려는 이 시점에서 우리는 간략하나마 고인이 된 저자의 전기를 수록함으로써 우리나라 문학 애호가들의 지극히 당연한 호기심을 부분적으로라도 만족시켜 주길 희망하였다. 우리가 이반 페트로비치 벨킨의 가장 가까운 친척이자 상속녀인 마리야 알렉세예브나 트라필리나와 연락을 취한 것도 그러한 의도에서였다. 그러나 애석하게도 그녀는 고인과 일면식도 없었기 때문에 그에 관한 어떤 정보도 우리에게 제공해 주지 못했다. 대신 그녀는 이 문제와 관련하여 우리에게 이반 페트로비치의 친구였던 한 존경받을 만한 신사분을 찾아보라

고 조언을 해 주었다. 우리는 그녀의 조언대로 했고 우리가 보낸 편지에 대해 다음과 같은 만족할 만한 답신을 받았다. 그리하여 여기에 그 편지를 감동적인 우정과 고상한 이해의 소중한 기념비로서, 그리고 동시에 지극히 적절한 전기적 자료로서 일체의 수정이나 주석 없이 그대로 싣는 바이다.(Пушкин 5:38)[12] (뿌쉬낀c 39-42)

푸시킨은 이 작품을 쓴 저자가 죽은 이반 페트로비치 벨킨이고 자신은 단순히 작품을 전달하는 '간행자'라고 밝히면서, 벨킨이라는 인물에 대해 말해 주는 벨킨의 한 지인으로부터 받은 편지를 그대로 싣는다. 벨킨에 대해 푸시킨 자신이 설명하는 것이 아니라 벨킨의 지인이 한 말을 그대로 전할 뿐이라는 것이다. 벨킨의 지인은 푸시킨에게 보낸 편지에서 벨킨의 생활방식, 직업, 성격, 외모 등에 대해 소상하게 알려 준다.

이반 페트로비치 벨킨은 1798년 고류히노 마을에서 고상한 가문의 정직한 부모 밑에서 태어났습니다. (……) 그는 1815년에 경기 보병연대에 입대하여 1823년까지 복무하였습니다. (……) 이반 페트로비치는 영지를 관리하기 시작했습니다만 경험 부족과 여린 마음 때문에 얼마 못 가서 경영을 소홀히 하게 되었고 선친께서 세워 놓으신 엄격한 질서를 허물어뜨렸습니다. (……)

귀하가 서신에서 언급하신 단편 소설들 외에도 이반 페트로비치는 많은 원고를 남겼습니다. 그것들 중 일부는 제가 소장하고 있고 일부는 그의 창고지기 노파가 잡다한 집안일에 사용하였습니다. (……)

12 번역은 석영중 역(A. 뿌쉬낀, 『벨낀이야기』, 열린책들, 1999)을 참조하였다. 이후 이 책에서의 인용은 본문 속에 (뿌쉬낀c 쪽수)로 표기한다.

> 서신에서 언급하신 단편 소설들은 그의 첫 번째 창작 시도가 아니었나 생각됩니다. 이반 페트로비치의 말에 따르면 그것들은 대부분이 실화이며 여러 사람들한테서 직접 들은 이야기라고 합니다. 그러나 등장인물들의 이름은 그가 지어낸 것이며 촌락과 마을의 이름은 우리 고장에서 따온 것이어서 어딘가에는 저의 동네 이름도 언급되었을 겁니다. (……)
> 이반 페트로비치는 1828년 가을에 감기에 걸려 열이 심했는데 그것이 그만 열병으로 도지는 바람에 우리 마을 의사의 끈질긴 노력에도 불구하고 유명을 달리했습니다. (……)
> 이반 페트로비치는 중키에 눈은 회색이고 머리는 붉은색이었습니다. 오뚝한 콧날에 뺨은 홀쭉 여위고 안색은 창백했습니다.(Пушкин 5:39-42) (뿌쉬낀c 18-22)

푸시킨이라는 작가의 말에 따르자면 작가 푸시킨은 벨킨이라는 인물이 쓴 원고를 우연히 손에 넣어 출판하는 간행자일 뿐이다. 게다가 벨킨이 썼다는 단편 소설들 역시 실제로 그가 여기저기서 들은 이야기이다. 벨킨은 이름과 지역 등 아주 사소한 부분을 바꾸기만 했다는 것이다. 이러니 앞으로 전개될 단편 소설 속의 이야기들은 푸시킨도 벨킨도 경험하지 못한, 그러나 '실제로 있었던' 인물과 사건이라는 설정이 가능해진다. 앞으로 게재할 단편들의 '실제 저자'에 대한 간행자의 이런 '정직한 알림'은 물론 푸시킨의 소설적 장치이다. 어쩌면 불필요할 수도 있는 이런 거리 두기가 작가 푸시킨에게 꼭 필요했던 이유가 무엇일까. 이 '간행자의 말'이 없다면 소설은 다른 소설이 되는 것일까. 어떻게 보면 다소 유치해 보이기도 하는 이런 이야기 방식이 지닌 소설적 효과와 의미는 무엇일까.

우선 단편들 속에서의 화자 역할을 살펴보자.

『벨킨 이야기』의 다섯 편의 단편들에서 '나-화자'가 하는 역할은 다양하다.

이를테면 「그 일발」에서 실비오와 백작이라는 두 인물의 극적인 대결과 그를 통한 대립적 성격의 탐구는 '나-화자'가 보고 들은 내용으로 구성되어 있다. 작품 속 인물과 사건을 바라보는 시선이 '나'에게 국한되어 있기 때문에 두 주인공의 사건은 '나'의 시간적 경과에 따라 전해진다. 즉 '나'는 실비오를 만나 그의 성격을 체험하고(A) 그로부터 백작과의 과거사건(B)에 대해 전해 듣는다. 그리고 '나'는 실비오와 헤어지고 이후 농촌에 살다가 우연히 백작을 만나게 된다(C). 그리고 백작으로부터 실비오가 찾아와 벌어졌던 사건(D)을 전해 듣는다. 이렇게 이 단편은 'A-B-C-D'의 순서로 구성되어 있다. 그것은 '나-화자'의 자연적 시간의 흐름에 따른 것이다. 그러나 실은 작품의 모든 사건, 특히 중심이 되는 실비오와 백작의 사건을 중심으로 보면 그 자연적 흐름은 'B-A-D-C'이다. 즉 실비오와 백작이 먼저 만났다가 헤어진 후, 실비오가 '나-화자'와 만나고, 다시 실비오와 백작이 만났다가 '나'와 백작이 만난 것이다. 중심 사건의 실제 진행이 '나-화자'의 개입으로 인해 극적으로 재구성되어 작품에 그려지는 것이다. 따라서 이야기는 작품이 끝날 때까지 두 주인공의 성격의 극적 대립과 긴장을 긴박하게 유지하게 된다. 이런 점에서 '나-화자'는 두 주인공의 사건을 더욱 극적으로 독자에게 전달하는 구성적 역할을 수행한다.

「그 일발」의 '나-화자'는 두 주인공에 대한 객관적 묘사와 그들의 말을 전달해 주는 매개자로서 저자와 화자, 독자 사이의 거리를 형성하는 역할도 수행한다. 작품에서 우리는 두 주인공의 만남을 직접 보지는 못한다. 실비오와 백작이 독자의 눈앞에서 직접 마주하는 경우는 없다. 그 사건은 오직 '나-화자'의 입을 통해 우리에게 전해질 뿐이다. 실비오와 백작의 첫 만남은 실비오의 입을 통해, 그리고 두 번째 만남은 백작의 입을 통해 우리에게 전해진다. 보다 원론적으로 말하자면 사실 그들의 만남은 '나'를 통해, 그리고 벨킨을 통해, 그리고 다시 간행자라는 푸시킨을 통해 독자에게 전해진다. 독자가 이야기를 듣기 위해서는 이렇게 겹겹이 여러 사람의 입을 통해야만 한다. 이 경우 자연히 '나-화자'의 진실성의 문제가 제기되지 않을 수 없다. 이 이야기가 정말 사실인가, 있는 그대로인가라는 의문이 제기될 수 있는 것이다. '나-화자'가 저자와 일치하는 경우, 우리는 신뢰성의 문제를 작가와 연결시키게 된다. '그래, 이 이야기는 푸시킨이란 작가가 하고 있는 것이니 그의 이야기는 믿을 만해.'라든가, '아니 푸시킨이 언제 저 나이에 저곳에서 저런 이야기를 들을 수 있었지? 꾸며 낸 것 아냐?'라는 신뢰의 문제를 작가 푸시킨에게 던질 수 있는 것이다. 하지만 『벨킨 이야기』의 화자는 저자가 아니다(아니라고 전제되어 있다). 저자는 간행자의 역할을 하고 있다고 말한다. 따라서 독자는 이야기의 진실성을 작가 푸시킨에게 제기하기도, 또는 벨킨에게 제기하기도 힘들다. 푸시킨은 단순한 간행자일 뿐이고, 벨킨 역시 우연히 들은 이야기들을 옮겨 놓았을 뿐이다. 게다가 벨킨이라는 사람은 이미 죽었고 또 그의 일생에 대해서는 몇 가지 전기적 사실 외에 알려진 바가 별로 없는, 거의 익명에 가까운 인물이기 때문이다. 그러니 소설 이야기의 진실성 여부를 누구에게 물을 것인가.

결국 이제 소설의 진실성 문제는 저자로부터 독립하여 소설의 내부에서 찾아져야 한다. 저자와 전혀 무관한 '나-화자'가 전달해 주는 이야기의 진실성은 우선 '나-화자'의 성격이나 지위, 가치관, 사회적 태도, 언어습관 등등을 통해 간접적으로 살펴볼 수 있을 것이다. 그러나 「그 일발」의 '나-화자'는 아주 평범하고 다소 진부한 인물이다. 그는 실비오를 관찰하여 그의 모습을 전달해 주지만 "외모만 봐도 벌써 그런 의심을 품을 수 없는 그런 사람들이 있는 법"이라는 편견을 가지고 있고, "태어날 때부터 소설적인 상상력을 가진 나는 다른 누구보다도 또 무엇보다도 수수께끼 같은 삶을 살고 있으며 소설의 무슨 비밀스런 주인공처럼 보이는 사람에게 끌리곤" 하는 다소 비현실적인 감각을 가지고 있다. 이런 '화자-나'와 『예브게니 오네긴』의 '화자-나'를 비교해 보면 화자의 매력적 특성과 진실성의 차이를 어렵지 않게 확인할 수 있을 것이다. 『예브게니 오네긴』의 화자는 매우 매력적인 개성을 가지고 그 예술가적인 내면의 변화를 전해 주며 등장인물과 버금갈 정도로, 그리고 때로는 삶과 사회에 대해 등장인물보다 우월한 견해를 가진 인물로서, 독자는 그의 이야기에 거의 전적인 신뢰를 보낼 만하다. 하지만 그에 비하면 「그 일발」의 '나-화자'는 상당히 제한적인 시야를 가진 평범한 장교이자 평범한 시골 지주에 불과하다. 그가 전달하는 이야기의 진실성 자체(실비오와 백작의 극적인 대립과 대단원)는 의심할 바 없다 하더라도 그 인물과 사건들에 대한 평가는 그렇게 신뢰할 만하지 못하다. 바로 그 때문에 우리는 '나-화자'에 의지하여 사건을 알게 되면서도 '나-화자'와 일정한 거리를 느끼며 사건을 접하지 않을 수 없다. 그 결과 '나-화자'로서는 알 수 없고 판단할 수 없었던, 그리하여 작품에 서술되지 않았던 주인공 실비오라는 인물의 비극적 운명에 대해 독자 스스로, 화자의 태도와 거리를 두고 판단할 수 있게 된다. 게다가 '작가-간행자-벨킨-화자'로 이어지는 다중적 서술 장치는 사건 B와 D의 화자가 실비오와 백작이라는 점에서 더욱 복잡해진다. 실비오와 백작이 말해 주는 이야기를 '나-화자'가 독자에게 들려주는 형식적 장치를 가지고 있지만 사건 B와 D는 '화자-나-실비오'와 '화자-나-백작'에 의해 직접 진술되고 묘사되고 있는 것이다. 작품 속에 또 다른 화자가 존재하는 형식이다. 이와 같은 다중적 화자 구조는 이야기되는 사건에 대해 저자로부터 화자, 주인공, 독자 사이의 거리를 더욱 확대하면서 소설적 세계의 구축에 기여하는 것이다.

『벨킨이야기』의 또 다른 단편 「역참지기」 역시 「그 일발」과 유사하게 이중 화자의 구조를 가진다. '나-화자'는 역참지기 노인을 만나 그의 이야기를 통해 페테르부르크의 한 기병 대위가 노인의 딸 두냐를 유혹해 간 이야기를 듣는다. '나'는 처음에 역참을 방문하여 두냐를 만난 적이 있었는데 두 번째 방문에서 두냐의 운명에 대한 이야기를 역참지기 노인의 입을 통해 듣게 된다. 그리고 이후 다시 방문했을 때 역참지기 노인의 죽음에 대한 이야기를 듣는다. 이렇게 '나-화자'는 다른 사람으로부터 이야기를 듣는 역할을 수행하여 「그 일발」의 화자와 동일한 형식적 역할을 수행하고 있다. 딸의 이야기를 전하는 역참지기 노인도 자기 이야기 속에서는 화자의 역할을 수행한다. 그것은 실비오와 백작이 자기들 이야기를 직접 말하는 구조와 유사하다. 그러나 이 역참지기 노인의 뒷이야기는 죽은 지 일 년 뒤에 양조업자 아내의 입을 통해 '화자-나'에게 전해짐으로써 노인은 중요한 사건의 화자이면서 다른 사람의 이야기의 대상이 되고 있다. 황량한 공동묘지에 묻혀 있는 모습, 그리고 딸 두냐로 추정되는 귀부인이 그곳을 방문했었다는 어린아이의 전언을 통해 작품의 가장 극적인 사건을 이야기하는 화자인 역참지기가 일정한 거리 속에 객관화되는 것이다.

또 다른 작품 「눈보라」에서는 화자가 '우리'라는 집단적인 시선 속에 가려져 그가 어떤 사람인지, 어떤 성격을 가지고 있는지 뚜렷하게 드러나지 않는다. 여기서 화자는 '우리'라는 복수형 표기 외에는 특별히 개성적인 형상을 지니고 있지 않기 때문에 마치 이야기가 객관적인 전지적 시점에서 진행되는 것만 같다. 하지만 다음에 이어지는 「장의사」에서는 그나마 이런 형식적 연관도 사라진다. 「눈보라」에서는 어쨌든 '우리'가 보고 들은 것이라는 상황을 통해 화자에게 최소한의 참여자 자격이 부여되어 있었다면 「장의사」에는 사건에 동참하거나 연루된 화자에 대한 위치 설정이 전무하다. 다만 우리는 "교양 있는 독자들은…", "우리가 웃지 않고는 들을 수 없는…" 등의 표현을 통해 화자의 존재를 최소한으로 인식할 수 있다. 물론 독자를 부르는 화자는 형식적으로 벨킨이지만 그는 이 단편 속에서 그 이상의 어떤 개입도 하지 않고 장의사 주인공의 생각과 환영까지를 묘사하는 객관적 서술자처럼 기능한다. 「귀족아가씨-시골 처녀」의 화자 역시 이런 화자 유형에 속한다.

우리는 『벨킨 이야기』가 온전히 '나-화자'의 이야기라고 믿을 수는 없을 것이다. 당연히 모든 것은 작가 푸시킨의 창작이기 때문이다. 작가 푸시킨은 벨킨이라는 가상 저자를 통해, 그리고 그의 입을 통해 이야기를 전달하면서 뒤로 물러나 숨어 버린다. 하지만 그런 서술 상황을 완벽하고 일관되게 실현할 수 있을까. 정말 푸시킨은 작품 속에 자신의 개인적 흔적을, 자신의 창조적 개성을 남겨 두지 않을 수 있을까. 모든 이야기는 벨킨이라는 인물의 개성으로 완전히 위장되어 있는 것인가. 이런 경우 진짜 창조자인 푸시킨의 저자적 특성은 어떻게 찾을 수 있을까.

화자의 뒤로 사라진 저자는 보다 간접적인 방식으로 그 형상을 유지한다. 물론 때로 저자의 것으로 판단될 법한 가치관을 발견하거나 저자의 전기적 요소의 영향을 발견함으로써 저자의 형상을 느낄 수도 있다. 이를테면 상당히 객관화된 전지적 서술처럼 진행되는 「눈보라」에서도 전후의 상황을 묘사하면서 "잊을 수 없는 시기! 영광과 환희의 시기! 조국이라는 말 앞에 러시아인의 심장은 얼마나 강하게 뛰었는지! 재회의 눈물은 얼마나 달콤했는지! 얼마나 한마음이 되어 우리는 민족의 자존심과 황제에 대한 애정을 결합했었는지! 그리고 황제에게는 또 얼마나 멋진 순간이었던가!"와 같은 부분은 이야기의 전개에 반드시 필연적인 것은 아닌, 서정적 일탈로서 분명히 저자의 입김을 담고 있는 것이라고 말할 수 있다. 「역참지기」의 서두에서 역참지기 계층에 대한 묘사와 동정 어린 시선 역시 화자의 것이면서 동시에 저자 푸시킨의 숨결을 담고 있다는 느낌을 지울 수 없다. 하지만 이런 흔적만을 저자 푸시킨의 것이라고 배타적으로 규정할 수는 없다. 보다 정확한 저자 형상은 작품의 사건과 인물의 취사선택, 언어화, 구성 등 매우 정교한 시학 분석을 통해 찾아야 한다. 왜 이런 사건과 인물을 취하여 이런 형식으로 작품을 창작하는가, 묘사와 대화 등 언어를 구성하는 저자의 능력과 취향이 말해 주는 것은 무엇인가 등에 대한 종합적인 판단 속에서 푸시킨이라는 작가의 작품 속 저자 형상이 드러날 수 있는 것이다.

푸시킨은 왜 이렇게까지 장황할 정도로 가상의 저자를 설정하고 복잡한 화자 구조를 선택하고 그를 통해 자신의 형상을 매우 간접적으로 구현하고 있는 것일까.

보통 자신의 저작을 타인의 것으로 위장하는 형식은 정치적 억압이나 탄압, 혹은 비평적 공격이나 비난을 피하고자 할 때, 혹은 작가 개인의 사생활을 드러내고 싶지 않을 때, 혹은 일종의 유머나 유행으로 사용되곤 한다. 그러나 푸시킨에게 가상의 저자 벨킨이 필요했던 것은 무엇보다 산문작가로의 성장 과정에서 '제3의 작가적 인물', 혹은 '제3의 화자'가 필요했기 때문이다. 우리는 『예브게니 오네긴』에서 '저자-화자-나'가 『벨킨 이야기』의 '제3의 화자'(혹은 로트만의 '의사 전기' 개념을 가진 저자 벨킨)로 변모해 가는 것을 소설 발전의 일반적 과정으로 이해해도 좋을 것이다. 다시 말해 『예브게니 오네긴』에서 푸시킨은 자신이 알고 있는 오네긴의 삶과 운명을 직접 자신이 우리(독자)에게 들려주고 있다면, 『벨킨 이야기』에서는 자신의 모습을 감추고 자신의 시야를 훨씬 넘어서고 자신의 전기와 무관한 벨킨이라는 화자를 내세움으로써 표현 영역의 확장을 꾀하고 있는 것이다. 자신의 이력이나 경험과 무관한, 그리고 독자적인 전기와 내면을 가진 화자를 등장시킴으로써 작가는 '쓸 수 있는 권리'를 유지하면서 '쓸 수 있는 대상'의 영역을 마음껏 확장해 낼 수 있다. 그 이야기들은 작가인 '나'가 아니라 '벨킨-나'가 듣고 보고 체험한 이야기이기 때문이다. 이를 통해 푸시킨은 소설 속의 이야기에 작가가 연루되었다는 시선과 그 부담을 덜어 내면서 보다 넓은 객관 세계와 인간 내면의 풍경을 우리에게 제시한다.[13]

이처럼 「벨킨 이야기」는 소설 형식 발전의 다양한 가능성을 함축하고 있다. 하지만 이 작품은 단편 모음으로, 다루고 있는 소재와 주제가 제한적이라는 점에서 완전한 근대 소설적 형식 발전을 달성했다고 말하기는 힘들다. 러시아 문학에서 그 실험적 구조가 장편 소설의 형식으로까지 나아가기 위해서는 레르몬토프와 고골의 소설적 시도들을 경유해야 한다.

3. 레르몬토프의 『우리 시대의 영웅』의 소설성

러시아 소설의 초기 발전 과정에서 푸시킨의 작품과 더불어 주목해야 할 것은 레르몬토프(M. Лермонтов)의 『우리 시대의 영웅(Герой нашего времени)』(1840)이다. 이 작품은 『예브게니 오네긴』에 비해 구성적으로나 인물 형상 방법에 있어 훨씬 소설적이다.

『우리 시대의 영웅』은 『벨킨 이야기』처럼 먼저 작가가 직접 작품에 대해 소개한다. 그러나 작가는 단순한 간행자를 표방하지 않고 자신을 저자라고 제시하고 '서문'에서 독자와 대중에게 자신의 입장을 표명한다.

---

13 이에 대한 자세한 연구와 여러 견해에 대해서는 김진영의 「산문작가의 탄생: 푸쉬킨과 벨킨」(『슬라브학보』, 1995)을 참조하라.

> 서문
>
> 모든 책에서 머리말은 시작이자 마지막이다. 그것은 저작의 목적을 설명하는 데 기여하거나 비평에 대한 해명과 답변을 제공해 준다. 그러나 대개 독자들은 도덕적 목적이나 잡지의 비난에는 관심을 두지 않는다. 유감스럽게도 머리말을 읽지 않기 때문이다. 우리 대중들이 아직 젊고 순진한 까닭에 만일 이야기의 마지막 부분에서 교훈을 발견하지 못한다면, 비유적인 이야기를 이해하지 못한다. (……) 우리 독자는 마치 두 적대국의 외교관들이 나누는 이야기를 엿듣고 나서, 그들이 서로 간의 뜨거운 우정을 위해 자국 정부를 배반할 것이라고 믿어 버리는 시골뜨기와 같다.
>
> 최근에는 일부 독자층과 잡지들도 이 책의 말을 글자 그대로 쉽게 믿어 버리는 불행스런 경향을 보여 왔다. 어떤 사람들은 자신들을 『우리 시대의 영웅』 같은 비도덕적인 인간의 한 예로 들었다고 정색을 하며 몹시 화를 냈다. 또 어떤 사람들은 저술자가 자신들과 친지들의 초상을 그렸다고 아주 날카롭게 지적하기도 했다. (……)
>
> 『우리 시대의 영웅』은 분명히 초상화이긴 하지만 한 특정한 인간의 초상화는 아니다. 그것은 우리 시대 모두의 모습을 그린 것이다. (……)
>
> 그러나 그렇다고 해서 이 책의 저자가 인간의 죄악을 교정하려는 자가 되려고 오만한 공상을 한다고는 생각하지 마라. (……) 저자는 다만 병을 지적한 것만으로 충분하며, 그것을 치유하는 방법은 오직 신만이 알고 있다! [14] (Лермонтов 647-648) (레르몬또프 i, ii)

14 M. Лермонтов, *Собрания сочинений в 4-х томах*, T. 4, M.: Правда, 1969. 이후 이 책에서의 인용은 본문 속에 (Лермонтов 쪽수)로 표기한다. 번역은 문석우 역(M. 레르몬또프, 『우리 시대의 영웅』, 조선대학교출판부, 2001)을 참조하였다. 이후 이 책에서의 인용은 본문

작가는 이렇게 서문에서 작품에 대해 미리 그 의도를 밝히고 자신의 창작 원칙을 밝힌다. '저자는 다만 병을 지적'할 뿐 그 치유의 방법은 '신'에게 있다는 것은 작품 내용의 도덕적·정치적·종교적 문제 등을 작가와 직접 연결시키지 말라는 뜻이다. 이런 창작 원칙과 예술관을 통해 레르몬토프는 이미 근대적 소설의 핵심적인 미학적 입장에 도달하고 있다고 말할 수 있을 것이다. 이 '서문'은 단순히 책을 발간할 때의 간행사가 아니라 『벨킨 이야기』처럼 이미 작품의 한 부분이다. 하지만 레르몬토프는 적어도 벨킨과 같은 가상의 저자를 꾸며 대지 않고 자신을 지칭하되, 대신 자신에게 작품의 내용에 대해 도덕적 비난의 잣대를 들이대지 말라고 미리 요구한다. 이렇게 작가가 직접 서문까지 부가하면서 소설을 쓰고 있으니 독자는 이후 진행되는 작품의 '나'를 작가가 아니라고 생각할 여지가 없다. 그리고 바로 이어지는 소설은 과연 '나'의 시선으로부터 이야기된다.

> 나는 역마차를 타고 티플리스에서 출발했다. 짐이라곤 그루지야의 여행에 관해 쓴 원고들로 절반이나 채워진 별로 크지 않은 가방이 전부였다. 이 여행수기의 대부분은 여러분들에게 다행스럽게도 분실되었으나 나머지 물건들이 든 가방은 내게 다행스럽게도 내 수중에 남아 있었다.(Лермонтов 648-649) (레르몬또프 1)

'나-화자'는 여행기를 쓰듯이 담담하게 여행의 과정을 묘사한다. 화자는 약간의 감상도 덧붙이고 다른 사람의 말에 대해 간접적인 평가를 덧붙이기도 하지만 저자 자신의 말처럼, '소설이 아니라 여행기를 쓰고 있

속에 (레르몬또프 쪽수)로 표기한다.

다'는 듯이 이야기한다. 그러나 물론 제1부에서는 화자 자신의 개성적 요소들이 등장하기도 한다. 이를테면 풍경을 묘사하다가 화자는 자신의 개인적 소회를 덧붙이는데, 그것은 작가 레르몬토프의 전기적 요소로 평가해도 무방할 정도이다.

> 끊임없이 피가 머리로 솟구쳤으나 동시에 무언가 기쁜 감정이 내 몸의 혈관을 따라 퍼져서, 내가 이렇게 세상 위에 높이 올라와 있다는 사실이 왠지 즐거워졌다. 어린아이 같은 감정 같다고 해도 난 반박하지 않을 것이다. 그저 세상으로부터 멀리 떨어져 자연에 가까이 다가갈 때 우리는 저절로 아이가 되는 것 아니겠는가. 우연히 얻은 모든 것은 정신으로부터 이탈하고, 정신은 언젠가 그랬던 것처럼 다시 돌아가는 것이다.(Лермонтов 665) (레르몬또프 32)

이런 문구에는 시원적인 조화로서 '어린아이 같은' 상태에 대한 지향이 묻어난다. 환멸과 위기를 경험하고 다시 미래의 새로운 시대를 갈망하는 작가 레르몬토프의 강한 기대가 울리고 있는 것이다. 이런 특성으로 인해 레르몬토프 소설에서도 상당 정도 저자와 주인공의 운명의 병렬주의가 드러난다고 말할 수 있다. 하지만 그는 여행기의 저자로서 소설의 주인공의 성격과 행동과는 무관한 국외자이다. 무엇보다 그를 사로잡고 있는 것은 보고 알게 된 모든 것을 전달하고 이야기하고 기록하려는 열망이다. '화자-나'는 소설에 직접 등장하여 일정한 체험(여행과 막심과의 만남과 대화, 페초린의 수기를 읽고 소설에 게재하는 역할)을 하는 등장인물로서의 기능과 더불어, 절대적인 거리 속에서 페초린의 성격과 행동을 작품에 그대로 수용하는 순수한 구성의 기능을 수행한다.

소설은 '나-화자'에서 막심 막시므이치의 이야기로, 그리고 그의 이야기 속에 나오는 페초린으로 점차 시점을 옮겨 간다. '화자-나'는 마침내 페초린이라는 인물과 우연히 마주치게 되고 그의 외모와 어투를 잠시 관찰할 수 있는 기회를 얻는다. 그러나 페초린은 무심히 떠나고 막심은 페초린에게 전해 주려던 페초린의 수기를 '화자-나'에게 건네준다. 이렇게 하여 페초린이 직접 쓴 이야기가 제2부로 제시된다. '화자-나'는 이 수기에 자신의 머리말을 써넣는다. 이제 이 부분은 『벨킨 이야기』의 화자와 동일한 형상을 띤다.

> 최근에 나는 페초린이 페르시아에서 돌아오는 길에 죽었다는 소식을 들었다. 이 소식은 나를 몹시 기쁘게 했다. 그것은 나에게 이 수기를 게재할 수 있는 권리를 주었고, 또 내가 남의 작품에 내 이름을 붙일 기회를 주었기 때문이다. 원컨대 독자들께서는 이런 악의 없는 사기극에 대해 나를 비난하지 않기를 바란다.(Лермонтов 684) (레르몬또프 72)

이제 페초린이 직접 쓴 일기 형식의 사건들은 당연히 화자인 '나-페초린'의 일인칭 시점으로 기술된다. 이렇게 하여 소설은 '소설 속의 소설', 액자소설 형식을 띠게 된다. 『우리 시대의 영웅』은 기본적으로 페초린이라는 주인공의 내밀한 성격에 대한 탐구이고 그 핵심적인 사건의 진행은 바로 페초린 자신의 일기를 통해 전해진다. 페초린이 직접 겪은 이야기들은 당연히 작품 속의 '저자-화자-나'와 절대적인 거리에 있다. 이제까지 나타났던 '화자-나'는 그 사건에 전혀 참여하거나 논평할 수 없고 자신과 전혀 무관한 시공간에서 벌어진 페초린의 이야기를 편집한 사람에 머무르게 된다. 그러니 페초린이라는 인물의 성격에 대해 '나도 모르겠다'고 말할 수밖에 없다.

『우리 시대의 영웅』에서 '나-화자'의 입을 통해 저자의 형상이 병렬적으로 드러나고 있지만 전반적으로 푸시킨의 『예브게니 오네긴』에 비해 저자 형상은 상당히 축소되어 있다. '나'는 자신을 작가가 아니라 여행자로, 우연하게 막심과 페초린을 만나 그들의 이야기를 전해 주고 수기를 받아 전해 주는 사람으로 제한한다. '나'는 막심과 만나고 페초린과도 우연히 스치듯 만나게 되지만, 막심의 이야기와 페초린의 수기에 들어 있는 사건이나 인물에는 절대 간여할 수 없는 절대적 거리를 유지하고 있다. 그것은 막심의 이야기와 페초린의 수기에 나오는 인물과 사건들, 그리고 페초린 자신의 내면들에 보다 독립성을 부여해 주는 효과를 제공한다. 게다가 '페초린의 수기'라는 설정은 '벨킨'의 설정과 유사하지만, 페초린은 자신을 직접 기록하고 있다는 점에서 인간의 내면세계를 보다 극화할 수 있는 가능성을 보여 주고 있다. 이런 이중 화자의 설정은 형식적으로 푸시킨의 『벨킨 이야기』의 「그 일발」이나 「역참지기」를 언뜻 떠올리게 하지만 『우리 시대의 영웅』의 페초린은 『벨킨 이야기』의 주인공들보다 훨씬 다면적이고 복잡한 내면을 가지고 있고 활동하는 시공간도 훨씬 넓다. 그 성격과 시대 공간으로 치면 페초린은 차라리 오네긴에 가깝다. 하지만 오네긴에 비해 페초린은 훨씬 더 동적이고 적극적이다. 오네긴은 밋밋하고 평면적이라면 페초린은 모순적이며 극적이고 입체적이다.[15] 이런 점에서 레르몬토프는 소설 형식의 발전에 있어 푸시킨과 동일한 단계에 있지만 그 형식적 실험의 좀 더 진전된 모습을 보여 주고 있다고 말할 수 있다.

하지만 레르몬토프가 이와 같은 구성적 기법을 사용할 수 있었던 것은 푸시킨에 비해 다루는 재료가 동시대 현실로부터 어느 정도 괴리된 공간이었기 때문이 아니었을까. 푸시킨이 보다 직접적인 당대성을 확보

15 J. Garrard ed., *The Russian novel from Pushkin to Pasternak*, Yale Univ. Press, 1983, p. 19.

하고 당대적 삶과 환경에 관계하고 있다면 레르몬토프는 이국적 환경이라는 설정 속에서 사실성이나 현실성과 같은 내용적 압박으로부터 자유로웠을 것이다. 이 점에서 『예브게니 오네긴』이 시와 소설, 작가와 인물, 주체와 현실 사이에서 유동하는 불안정한 양상을 보여 준다면 『우리 시대의 영웅』은 비현실적 공간에서(저자가 직접 개입하거나 공동으로 경험할(해야 하는) 가능성이 없는) 제한된 인물의 내면세계를 보여 줌으로써 상대적으로 '소설적인' 구성적 안정을 획득할 수 있었다고 평가할 수 있다. 아마도 『예브게니 오네긴』에서 다루어지는 동시대적 현실과 동시대적 인물들에 대한 이야기가 『우리 시대의 영웅』의 '상대적으로 안정된 형식' 속에 담기기는 소설 형식의 발전 단계상 아직 어려웠을 것이다.

4. 고골의 『죽은 혼』의 넓은 세계와 좁은 세계

푸시킨, 레르몬토프와 더불어 고골(Н. Гоголь)은 러시아 소설 형성의 '삼각 받침돌'[16]이라고 할 수 있다. 고골 역시 개인을 통해 세계를 보여 주는, 즉 개인과 사회의 변증법적 상호관계에 최대한 밀착해야 하는 근대 소설의 형식적 완성의 경계지점에 위치해 있는 것이다.

푸시킨과 레르몬토프는 근대 초기 사회에서 작가로서의 자기 정체성에 대해 풍부한 자의식을 중요한 문제로 사고하지 않을 수 없었을 것이다. 이들은 스스로 자신들의 저자로서의 자의식을 구성하기 위해 노력했고 이 '구성된' 자의식에 입각하여 세계를 수용하는 최선의 형식으로 '나-화자'의 형식을 발견해 냈다. 그러나 이런 형식적 실험의 축적을 거

16 Ю. Манн, "Автор и повествование", 앞의 책, с. 438.

친 러시아 소설사에서 이제 고골에게는 근대 작가로서의 저자성 자체가 심각한 일차적 문제는 아니었다. 오히려 고골에게는 '나-화자' 형식의 극복을 통해 새로운 소설 형식으로 나아가야 하는 문학사적 과제가 부과된다.

러시아 사회 현실은 산문 발전의 토대를 확대시켰고 지적 전통도 이미 포에마와 시의 세계로부터 근대 소설적 전통을 자연스럽게 받아들일 만큼 성장해 있었다. 고골이 본격적으로 문학 활동을 시작한 1830-40년대 러시아 사회는 상업적 출판이 허용될 수 있을 정도로 출판과 인쇄업이 발전하였으며, 새로운 지식층이 대두됨에 따라 문학에서도 번역 외국소설이 아니라 당대 자신들의 삶의 이야기를 담은 문학에 대한 수요가 크게 성장하였다.[17]

이런 사회적 배경하에 고골은 자신의 글쓰기를 자연스러운 운명으로 받아들일 수 있었다. 푸시킨처럼 저자로서의 자격을 정당화하기 위해 스스로 저자 형상을 구축해야만 하거나 어디 다른 곳에서 듣거나 다른 사람을 통해 습득한 이야기라는 설정 자체가 더 이상 고골에게는 필요해 보이지 않았던 것이다. 대신 고골이 접하고 반응해야 했던 세계는 보다 복잡다단하고 거대해진 세계로서, 인간의 삶과 존재 조건이 보다 일상화, 세속화된 세계였다. 푸시킨과 레르몬토프가 경험했던 세계는 귀족적 세계관과 귀족적 풍속이 민중적 풍속과 엄연한 경계를 가지고 있었던 세계라면, 고골이 접한 세계는 이 양 세계가 본격적으로 서로 접촉하고 중첩되며 모순과 갈등을 야기하기 시작한 세계라고 말할 수 있다(물론 상대적인 의미에서!). 귀족의 세속화와 민중의 계급적 분화(잡계급의 성장)는 도시 속에서 새로운 삶의 양상을 초래하였고 그 속에서 고골은

---

17 J. Garrard ed., 앞의 책, pp. 13-15.

인간과 인간의 삶에 대한 새로운 면모를 읽어 내야만 했던 것이다. 고골이 접한 세계는 근대 '초기의 끝 무렵'으로, 새로운 사회현실이 전개되고 있지만 여전히 전근대적 '세계관'이 잔존하는 세계였다.

고골은 『죽은 혼(Мёртвые души)』(1838-1852)에서 '전 러시아'를 그려 내겠다는 열망을 적극 드러낸다. 그는 『죽은 혼』의 집필에 대해 "몹시 거대하고 몹시 독창적인 사건을 다룬"[18] 아주 긴 소설로 전 러시아를 담아내고 싶다고 여러 차례 공공연하게 밝힌다. 이를테면 주콥스키에게 보낸 편지에서 고골은 "나는 이 소설에서 비록 한 측면에서지만 전 러시아를 보여 주고 싶습니다."(Гоголь 7:129)라고 말한다. 전 러시아를 보여 주겠다는 고골의 말은 그 외에도 여러 곳에서 언급되고 있다. "그 속엔 전 러시아가 나타날 겁니다.(Вся Русь явится в нем!)"(Гоголь 7:144), "전 러시아가 그 속에서 응답할 것입니다.(Вся Русь отзовется в нем.)"(Гоголь 7:147) 물론 고골이 보여 주고자 하는 그 러시아는 정교와 전제주의의 통일 속에서 구원되는 러시아였다. 당연히 그것은 객관적인 것이라기보다 고골 자신의 주관적 이상에 입각한 것이었다. 따라서 그런 러시아는 현실적으로 이루어지기 힘든 것이었고 고골의 소설에 담긴 러시아 현실조차 그런 이상과는 현격한 거리가 있었다.

고골이 전 러시아를 보여 주겠다는 것은 전 러시아에서 전개되는 인간의 삶과 현실을 객관적으로 묘사해 내겠다는 열망에 다름 아니다. 그러나 현실과 현실 속 인간의 삶은 어떠한가. 황제(차리) 전제주의와 정교, 농노제 등의 폭압적 지배방식은 근대화로 발걸음을 내딛고 있는 러시아의 사회 발전에도, 사람들의 의식의 성장에도 걸맞지 않은 것이었

18 Н. В. Гоголь, *Собрание сочинений в 8 томах*, М.: Художественная литература, 1984, т.7., с. 144. 이후 이 책에서의 인용은 본문 속에 (Гоголь 권수:쪽수)로 표기한다.

고, 그 충돌의 삐꺽거림이 이미 곳곳에서 불거져 나오고 있었다. 일반적으로 서유럽 근대화 과정은 정치적 민주주의와 자본주의적 산업화가 동시적으로 이루어지는 역사적 필연성을 가지고 있었다. 자본주의의 성장을 위해서는 왕권과 같은 중세적 지배방식의 변화가 필요했고 이는 자연스럽게 민주적 정치질서로 연결되었던 것이다. 그러나 러시아 전제주의는 오히려 사회발전의 자연스러운 흐름을 억압하는 방향으로 나아갔고, 러시아 정교 역시 자기 갱신을 통한 근대화를 거부한 채 전제주의 정치 질서와의 결탁을 통해 보수적 지배질서의 강화에 매몰되어 있었다. 이런 러시아의 모든 모습을 목도하면서, 거기서 러시아의 '정교적 부활과 구원'을 그려 내려는 고골의 열망은 분명 비극적 모순으로 귀결되지 않을 수 없었을 것이다. 고골 문학이 새로운 도시 현실을 배경으로 새로운 형태의 삶을 그려 내면서도 항상 일정하게 환상과 풍자, 유머 등과 같은 작가의 직접적 평가를 드러내는 장르로 나아가는 것은 본질적인 최종 충돌을 피해 가려는 고골의 불가피한 선택이었다고 해도 과언이 아니다. 물론 고골의 유머나 풍자 등이 독특하고 개인적인 예술적 재능의 소산인 것 역시 분명한 사실이지만 모든 재능의 발현에는 문학사적·사회역사적 의미가 내재되어 있는바, 고골 시학의 특성은 바로 그가 처한 시대의 모순적 상황과 결코 무관하지 않다. 바흐친은 고골의 비극이 서사시적 지향과 소설적 현실의 충돌이라고 지적하면서 "고골은 기억과 친숙한 접촉 사이의 어딘가에서 혼란 상태에 빠졌다. 거칠게 말하자면 그는 자기가 쓰고 있는 쌍안경의 초점을 제대로 맞출 수 없었던 것이다."[19]라고 고골 문학의 모순적 운명을 정확하게 포착한다.

그러나 고골은 자신의 내부에 존재하는 본질적 최종 충돌을 언제까

19 M. 바흐찐, 『장편 소설과 민중언어』, 전승희 외 역, 창작과비평사, 1988, 47쪽.

지 유보할 수만은 없었다. 『죽은 혼』을 창작하면서 고골은 바로 이런 본질적 최종 충돌을 완전히 극복하고자 했다. 전 러시아를 그려 내겠다는 그의 의지는 있는 그대로의 인간의 현재적 삶을 그려 내겠다, 그러나 그 삶은 러시아적 정교의 구원의 삶이어야 한다는 것이다. 만일 그것이 가능하다면 현실의 모순, 그리고 그 모순으로부터 발생하는 자신의 시학은 새로운 출구를 찾을 수 있을 것이었다. 어떻게 해야 그런 러시아를, 더구나 구원을 향해 나아가는 러시아를 그려 낼 수 있을 것인가. 이미 오네긴과 페초린의 형상과 그 형상화 방법을 잘 알고 있었던 고골은 그러한 방법으로는 자신의 작품을 이끌어 갈 수 없다는 것을 잘 알고 있었다. 우선 전 러시아를 객관적으로 그려 내기 위해서는 작가 자신의 시야를 제한하는 '나-화자' 형식은 협소하다. 초기 중편에서 즐겨 사용하는 스카스 화자로도 긴 호흡의 이야기를 이끌어 가기는 쉽지 않다. 게다가 전 러시아라는 매우 폭넓은 현실을 역사적으로 보여 주기에는 스카스 화자로는 역부족이다. 고골은 어떤 선택을 해야만 했을까.

『죽은 혼』의 화자는 일단 객관적 서술자의 형상을 띤다. 작품은 이렇게 시작된다.

> 지방 도시 N에 있는 한 여인숙의 문으로 보통 독신 남자들이 타고 다니는, 상당히 아름답지만 그다지 크지는 않은 용수철 달린 반개(半開) 사륜마차가 들어왔다. 그런 마차를 타고 다니는 사람들은 보통 독신 남자들로서, 주로 퇴역한 육군 중령이나 2등 대위, 아니면 2백여 명의 농노를 거느린 지주들인데, 한마디로 중류급 신사라 불리는 사람들이다. 반개 사륜마차에는 용모가 빼어나지는 않지만 추하지도 않고, 너무 뚱뚱하지도 너무 마르지도 않은 한 신사가 앉아 있었다. 그는 늙었다고 하기도 그렇다고 아주 젊다고 하기도 뭣했다.

> 또한 그의 방문으로 도시에 소란이 일거나 어떤 특별한 사건이 일어난 것도 아니었다. 다만 여인숙 맞은편 주막의 문가에 서 있던 러시아 농민 두 명이 뭐라고 촌평을 했는데, 그것도 마차에 앉은 사람에 대해서가 아니라 마차에 대한 것이었다. "이봐!" 한 명이 다른 쪽에게 말했다. "저 바퀴 좀 봐! 어때, 혹시 모스크바에 갈 일이 있으면 저 바퀴로 갈 수 있을까, 어떨까?" "갈 걸…." 다른 쪽이 대답했다. "그럼 카잔까지는? 못 갈 것 같은데?" "카잔까지는 어림없지." 다른 쪽도 맞장구를 쳤다.(Гоголь 5:6)[20] (고골 9-10)

도입부에서 이야기를 시작하는 화자는 관찰자이다. 그는 마차를 타고 있는 인물의 출현과 외모에 대해 제법 상세하게 묘사한다. 그리고 지켜보던 농민들의 대화도 들은 대로 옮겨 놓는다. '들은 대로'라고 평가할 수 있는 이유는 농민들의 대화가 작품 진행에 반드시 필요한 장치가 아니라 그저 상황에 요구되는, 있을 법한 무대장치 정도이기 때문이다. 즉 화자의 특별한 의도에 의해 왜곡되거나 평가될 수 있는 것이 아니라는 점에서 최소한 화자가 '들은 대로' 옮겨 놓은 것이라고 간주할 수 있다. 그러나 마차 하나를 보고도 어떤 부류의 사람들이 타고 다니는 것인지를 알고 있고 특별히 도시에 소란이 일지 않았다는 전체적인 상황도 파악하고 있다는 점에서 화자는 단순한 관찰자나 묘사자 수준을 넘어서서 꽤 높은 수준의 전지성(사건과 인물에 대해 자신의 견해를 가지고 이야기하는 능력)을 지니고 있다는 것을 알 수 있다. 화자는 마차에 타고 있는 사람이나 농민들보다 더 많은 것을 알고 있는, 즉 서사적 우위를 차

20 번역은 이경완 역(N. 고골, 『죽은 혼』, 을유문화사, 2010)을 참조하였다. 이후 이 책에서의 인용은 본문 속에 (고골 쪽수)로 표기한다.

지하고 있는 것이다. 그러나 '들은 대로' 옮기는 화자와 전지적인 화자는 분리되어 있지 않다는 것을 쉽게 포착할 수 있다. 첫 번째 문장부터 '상당히 아름답지만 그다지 크지는 않은 용수철 달린 반개 사륜마차가 들어왔다'라는 관찰자로서의 묘사와, 그런 마차는 '보통 독신 남자들이 타고 다닌다'는 화자의 서술적 태도가 함께 섞여 있다. 이렇게 세계와 인물을 작품에 들여오는 복합적 태도는 화자의 이야기 기법의 특성이다. 조금만 더 소설을 읽어 나가면 화자의 이런 특성이 더욱 확연히 드러난다.

> 그을린 샹들리에는 똑같이 유리 조각들이 잔뜩 매달려 있고, 급사들이 똑같은 찻잔들을 바닷가 새들처럼 잔뜩 포개 놓은 쟁반을 요령 있게 흔들면서 닳아 빠진 방수포를 따라 잽싸게 가로질러 달릴 때마다 금속성 소리를 짤랑거린다. 벽에는 유화 물감으로 그린 같은 그림들이 걸려 있다. 한마디로 모든 게 어디서나 똑같다. 차이라고는 개중 한 그림에 독자가 결코 본 적 없는 큰 가슴의 요정이 그려져 있다는 것뿐이었다. 그러나 그와 같은 자연의 유희는 다양한 역사화들에서 가끔 볼 수 있으니, 그것이 언제 어디서 누구에 의해 우리 러시아에 들어오게 됐는지는 알려지지 않았다. 우리의 고명하신 예술 애호가 나리들이 간혹 이탈리아인 여행 안내인의 조언에 귀가 솔깃해져 사 오기는 하지만 말이다.(Гоголь 5:7) (고골 12)

화자는 샹들리에 모양이라든지 급사들이 쟁반을 나르는 모습을 묘사하다가 벽에 걸린 유화 물감을 보고 독자를 불러내며 자신의 생각을 펼쳐 놓는다. 어떤 그림을 말하는 것인지 상세하게 묘사하기보다 다소 비아냥거리는 투로 도대체 어디서 그런 류의 그림들이 러시아에 들어온 것인지 모르겠다고 말한다. 그리고 한발 더 나아가 '우리의 고명하신 예술 애호가 나리'들이 '여행 안내자의 조언'에 사들인 것 같다고 말한다. 명백히 냉소적인 아이러니가 작동하는 부분이다. 이는 한 인물이 여인숙 응접실에 지금 막 들어선 상황과 무관한 화자의 일탈이 아닐 수 없다.

이처럼 『죽은 혼』의 화자는 객관적인 관찰자적 특성과 개성적인 언어와 문체를 지닌 이야기꾼으로서의 특성을 동시에 지니고 있고 그것은 매 순간, 매 장면마다 다양하게 변주되어 다소 종잡을 수 없는 화자 형상을 만들어 낸다. 화자는 때로 아주 정교한 관찰력과 묘사력을 선보이고 인물들의 대화를 직접화법으로 전달하는가 하면, 때로는 그로테스크하게 대상을 일그러뜨리고 희화화하는 악의 어린 장난기를 유감없이 발휘한다. 그런가 하면 예언적인 파토스에 사로잡혀 작품의 진행으로부터 멀리 일탈하기도 한다.

그 유명한 트로이카와 러시아 운명에 대한 묘사를 살펴보자.

> 헤이, 트로이카여! 새와 같은 트로이카여. 누가 널 생각해 낸 거냐? (……) 말들이 회오리바람처럼 내달리고, 바퀴살은 하나의 둥근 원으로 뒤섞이고, 길은 전율하고, 놀라서 걸음을 멈춘 행인이 고함을 질렀지! 그리고 트로이카는 저 멀리 쏜살같이 날아올랐어, 날아올랐어! 그리고 저 멀리, 뭔가가 먼지를 일으키고 공중에 회오리가 이는 게 보인다.
>
> 그래, 루시여, 너는 민첩하고 아무도 따라올 수 없는 트로이카처럼 질주하고 있지 않는가? 그대 앞길에 먼지가 일고, 다리들은 쿵쾅거리며 모두 뒤처져 뒤에 남는다. (……) 루시여, 넌 대체 어디로 질주하는 거냐? 대답하라! 답이 없다. 종은 신비로운 종소리를 내고, 조각조각 부서진 대기는 천둥소리를 내며 옆으로 비켜서 루시에게 바람으로 변한다. 땅에 있는 모든 것이 스치며 날아가자, 곁눈질을 하

며 옆으로 비켜서 루시에게 다른 민족들과 국가들이 길을 내준다. (Гоголь 5:248-249) (고골 345-346)

러시아 고유의 트로이카를 찬미하고 그것을 다시 조국 러시아의 운명과 그에 대한 예찬으로 연결시키는 화자의 어조는 거의 시적으로 고양되어 있다. 여기에서는 어떤 냉소나 비애, 아이러니 같은 것은 보이지 않고 민족주의적인 애국심에 사로잡힌 작가 고골의 육성이 들려오는 것만 같다.

이처럼 『죽은 혼』의 다양한 형상의 화자는 수시로 독자를 부르며 이야기하는 화자로서의 자신의 존재를 감추지 않는다. 화자는 어느 순간 자신을 '나'로 지칭하며 '나-화자'로서 작가적 전기를 끌어들이기도 한다. 이를테면 제1부 제6장은 이렇게 시작된다.

예전에, 그러니까 아주 오래전 내가 아직 어렸을 때, 이제는 되돌릴 수 없이 사라진 어린 시절, 내겐 낯설고 새로운 곳을 처음 지나는 것이 즐거웠다. 작은 마을이든, 가난한 벽촌 읍내든, 아니면 농촌이든, 작은 거주 지역이든 상관없이 어린아이의 호기심 어린 시선은 호기심을 채우는 것들을 거기에서 많이 찾아냈다. 온갖 건물이, 자기만의 고유한 특징들이 새겨져 눈을 끌어당기는 것이면 무엇이든지 내 발걸음을 멈추게 하고 나를 감동시켰다.

(……)

이제는 어떤 낯선 마을이든 무심하게 지나가고 그것의 흔해 빠진 외양을 무심하게 바라본다. 내 차가워진 시선에 더 이상 아늑하지 않고, 내겐 웃기지 않으며, 예전에는 내 얼굴을 활기차게 움직이게 하고 웃음과 끊임없는 이야기가 흘러나오게 했을 모든 것이 이제는 곁을 스쳐 지나갈 뿐이고, 내 입술은 미동도 않고 무심히 침묵만 지킨다. 오, 내 어린 시절이여! 오, 내 풋풋함이여!(Гоголь 5:109) (고골 154-156)

이제까지 누군가(자신을 '나'로 지칭하지 않는) 어떤 화자가 직접 이야기하듯이 말해 왔기 때문에 독자들은 이렇게 화자가 바로 작가 자신이라는 사실을 분명히 드러내며 자신을 '나'로 표기한다 하더라도 크게 당황하지는 않을 것이다. 그러나 화자 형상이 아주 다양하게 나타나고 있기 때문에 과연 이 화자의 개성과 입장이 어떤 것이냐에 대한 단일한 형상을 포착하기란 쉽지 않다. 그런 상황에서 화자는 독자들에게 분명 작가 고골로 인식될 수 있는 '나'로 지칭하며 자신의 형상을 분명하게 드러내고 있다. 그렇다면 결국 이것은 저자와 등장인물의 낭만주의적 병렬주의를 답습하고 있는 것인가. 하지만 어린 시절의 호기심 어린 시선과 활기와 풋풋함이란 특별히 '나-화자'만의 것은 아니다. 보통 일반적으로 모든 사람이 모두 자신의 어린 시절을 그렇게 상상하며 추억한다. 흘러가 버린 시절에 대한 '오, 내 어린 시절이여!' 정도는 특별한 개성적 특성을 화자에게 부여하는 것이 아니다. 그런 점에서 '화자-나'의 개인적 전기가 갑자기 개입되어 있다는 점은 형식적으로 부인할 수 없지만 그것이 이 작품 전체의 화자의 단일한 형상이라고 말하기는 어렵다. 따라서 이런 부분은 대체로 제6장의 이야기를 꺼내기 위한 도입 모티프로서, 일반적으로 사람들이 가지고 있는 어린 시절의 감성을 '화자-나'의 것으로 대변하는 것으로 보아도 크게 무리가 없을 것이다. 하지만 화자가 고골 자신이라고 판단할 수 있는 보다 분명한 부분도 나타난다. 화자는 제1부 제7장을 시작하며 작가란 어떤 사람이어야 하는지에 대해 먼저 이야기하기 시작한다.

따분하고 혐오스러우며 자신의 슬픈 현실로 주위 사람들을 당혹스럽게 하는 인물들을 지나쳐 인간의 숭고한 가치를 보여 주는 인물들에게 다가가는 작가는 행복하다. 그는 날마다 소용돌이치며 맴도는 형상들 속에서 오직 몇몇의 예외적인 인물들만 선별하고, 한 번도 자신의 리라의 고양된 선율을 바꾸지 않고, 정상에서 가난하고 초라한 동포들에게 내려오지 않으며, 발을 땅에 대지 않고, 땅에서 멀리 떨어져 찬미를 받는 형상들에게 애정을 기울인다. 그의 행복한 운명은 배로 주위의 부러움을 산다. 그는 그들 속에서 마치 자기 가족 안에서처럼 편안하고, 그러는 사이에도 그의 명성은 멀리 우렁차게 울려 퍼진다. 그는 황홀한 연기를 피워 사람들의 시야를 가리고, 삶의 슬픈 사연은 덮고 아름다운 사람만 보여 주는 식으로 놀랍게 그들의 비위를 맞춘다. (……) 그 힘에 있어 그와 어깨를 나란히 할 자가 없으니, 그는 신이다! 그러나 매 순간 눈앞에 있으나, 무관심한 시선으로는 알아보지 못하는 것을 감히 밖으로 불러내는 작가의 운명은 그와 다르다. 그는 우리 삶을 뒤죽박죽으로 만드는 온갖 끔찍하고 충격적인 자질구레한 일상사들과, 이 땅에서의 때때로 고통스럽고 지루한 삶을 가득 채우는 온갖 차갑고 조각조각 분열되고 일상적인 인물들의 영혼의 밑바닥을 불러낸다. 그는 그들을 감히 조각칼로 가차 없이 힘차게 돋을새김하여 모든 이들의 눈앞에 선명하게 드러낸다. 그는 민중의 박수갈채를 받지 못하고, 자신에 의해 고양된 영혼들이 그에게 흘리는 감사의 눈물과 그 영혼들의 혼연일체가 된 흥분을 보지 못한다. 머리가 어찔해지고 영웅의 매력에 흠뻑 빠진 열여섯 살 소녀들이 그에게 달려 나오지 않을 것이다. 그는 자신이 뽑아내는 말들의 달콤한 매력에 스스로 매료되는 일도 없다. 마침내 그는 동시대의 재판, 위선적이고 몰인정한 동시대의 재판을 피하지 못한다. 그 재판은

> 그가 애정을 담뿍 갖고 있는 창조물을 무의미하고 저급하다고 부르고, 그에게 인류를 수치스럽게 하는 작가들 속에 경멸스러운 구석 자리를 하나 배정하고, 그가 묘사한 주인공들의 자질들을 그에게 붙이며, 그로부터 가슴도, 영혼도, 신성한 재능의 불꽃도 떼어 낼 것이다. (……) 그는 정당한 자리도, 대답도, 연민도 없이 집 없는 떠돌이처럼 길 한가운데 홀로 남겨질 것이다. 그의 활동 영역은 가혹하고, 그는 자신의 고독을 고통스럽게 통감할 것이다.(Гоголь 5:132-133) (고골 186-188)

화자는 이렇게 작가의 본분에 대해 자신의 견해를 적극적으로 개진한다. '가난하고 초라한 동포들의 현실'을 외면하고 '사람들의 비위'만 맞추는 작가와 작품에 대해 통렬하게 야유하고 비아냥거리면서, '이 땅의 끔찍하고 고통스러운 현실'을 선명하게 드러내지만 '위선적이고 몰인정한 동시대의 재판'으로 '고통과 고독 속에' 처한 작가의 운명에 대해 반어적으로 동조한다. 명백하게 작가 고골 자신의 창작적 원칙, 새로운 시대의 산문적 사고를 드러내고 있는 지점이다. 이런 점은 작품의 화자인 '나'가 왜 이런 소설을 쓰고 있는지에 대한 자기 합리화이기도 하다.

> 그리고 나는 오랫동안, 어떤 신비로운 힘에 이끌려 이상하기 짝이 없는 내 주인공들과 손에 손을 잡고 걸어가며, 큰 무리를 지어 흘러가는 삶을 관찰하고, 즉 세상에 보이는 웃음과 세상에 보이지도 알려지지도 않는 눈물을 삼키며 그것을 관찰하도록 예정되어 있다. 공포스러운 영감의 소용돌이가 그와는 다른 샘물로 성스러운 두려움과 광채에 에워싸인 머리에서 솟아오르고, 당혹스러운 전율 속에 다른 말들의 장엄한 굉음이 들리게 될 때는 아직 멀었다. (……)

길을 나서자! 이마에 깊게 팬 주름살과 엄격하고 어두운 얼굴은 저리 가라! 소리 없이 쉬지 않고 빠르게 재잘대는 소리와 방울 소리를 울리며 삶 속으로 단번에 갑자기 뛰어들어, 우리의 치치코프가 무엇을 하는지 살펴보자.(Гоголь 5:133-134) (고골 188-189)

이쯤 되면 이것은 완전히 오네긴을 묘사하는 푸시킨의 기법과 동일하다(푸시킨의 화자가 자신의 예술관을 토로하며 '메마른 산문'에 이끌린다는 대목을 떠올리자). 자신의 예술관을 직접 토로하고 자신이 이야기하고 있다는 사실과 과정 자체를 노출시키는 화자의 모습은 푸시킨과 마찬가지로 거의 작가 고골 자신인 것이다.

고골은 이전까지 자신이 구가해 온 스카스 화자의 유머와 풍자기법을 최대한 자제하면서 냉철한 관찰과 묘사에 보다 힘을 기울이고 있다. 하지만 고골은 자신의 이념에 반하는 현실에 직면하여 점차 예의 그 빼어난 개인적 재능을 감추지 못한다. 대상에 대한 풍자와 희화화, 그로테스크(일그러뜨리기), 인물 묘사와 대화에서 다중적 의미의 언어 활용 등, 고골은 묘사와 서술의 이면 속에 자신의 태도를 끝없이 개입시키고 있는 것이다. 물론 이러한 간접적 드러내기로도 만족할 수 없는 경우, 고골은 작품의 주인공들과 병렬적으로 글을 쓰는 자신의 임무와 과제를 과시적으로 직접 드러내기도 하며 작가 개인의 전기적 요소를 노출하기도 한다.

『죽은 혼』의 화자는 객관적이고 묘사적이면서 동시에 다양한 언어적 형상을 띠면서도 작가 자신일 수 있는 '나'로 호칭됨으로써 낭만주의적 병렬주의의 흔적을 완전히 지우지 못하고 있다. 하지만 이러한 저자 드러내기는 저자의 총체적인 면모가 결코 아니며, 작품 내 사건의 진행 자체에 영향을 주지는 않는 서정적 일탈이거나 상황에 대한 암시를 위해 동원된 가상의 면모라는 점에서 푸시킨과 레르몬토프에 비해 현저히 축소된 저자성이라고 평가할 수 있다. 그리고 『예브게니 오네긴』의 화자가 저자 형상으로 집약된다고 판단할 수 있다면, 『죽은 혼』의 화자는 다양하게 변주되는 특성으로 인해 하나의 집약적인 성격화를 이루지 못하고 있다는 점에서 저자의 단일한 형상이라고 판단할 수 없다. 더구나 『죽은 혼』이 펼쳐 보이고 있는 세계는, 그것이 고골의 희망대로 전 러시아는 아닐지라도, 『예브게니 오네긴』의 세계보다 훨씬 방대하고 구체적인 일상을 다루고 있으며 『우리 시대의 영웅』보다 훨씬 현실적인 러시아 당대 세계를 무대로 한다. 다시 말해 『죽은 혼』은 '나-화자-저자' 형식을 여전히 형식적으로 유지하고 있지만 다루고 있는 세계는 훨씬 더 넓고 구체적인 당대적 시공간이다. 그것은 이미 '넓어진 소설 세계'가 '추상적이고 좁은 나'의 세계에 더 이상 담기기 힘들다는 것을 말해 준다.

푸시킨과 레르몬토프, 고골의 소설에서 러시아 소설은 작가의 근대적 자의식에 대한 탐구와 현실에 대한 총체적 인식과 형상화라는 근대적 욕망을 분명하게 드러냈다. 그리고 그것은 '나-화자' 형식을 불가피하게 선택하도록 했으며, 다른 한편 현실의 변화와 소설적 저자의식의 성장과 더불어 그 형식의 극복을 또한 요구하였다.[21] 그 시작에 『예브게니 오네긴』이 있다면 그 끝에 『죽은 혼』이 있다. 근대 초기의 시작에서부터 새로운 시기로 넘어가기 직전까지 러시아 소설가가 현실에 지극히 다가가려는, 즉 소설 형식으로 세상을 담아내려는 노력은 결코 완결될 수 없었다. 그것은 근대 현실과 근대 작가의 모순을 보여 주는 것이다. 완결될 수 없는 것을 완결되지 않게 보여 주기 위해 그들의 소설은 부단히 여러 방향으로 동요하고 흔들리며 형식적으로 불안정성을 드러낸다. 그러나

21 J. Garrard ed., pp. 21-22.

바로 그런 능력 속에서 이들 작가의 뛰어남과 예술성을 읽어야 할 것이다. 그러한 불안정성은 현실과 그 현실에 대한 극대화된 대응을 통해 다음 시기의 소설 형식을 향한 강력한 전통을 마련해 주는 창조적 능동성의 표현에 다름 아니기 때문이다.

제3장

근대의 모순과 작가의 복화술(腹話術), '서술자-화자'

제3장

1. '서술자-화자'의 출현과 그 의미

앞서 살펴본 바와 같이 근대 초기 작가에게는 작가로서의 자신의 정체성과 관련하여 자유와 책임이라는 두 가지 핵심적인 문제가 제기되었다. 그리고 글을 쓰는 자유와 그에 대한 책임은 종종 긴장을 불러일으켰고 작가는 작품 속에 직접 등장하여 그 긴장을 감당하고자 했다. 쓰는 자와 쓰는 대상이 사회적 규범에 의해 전제되어 있던 시대로부터 누구나 무엇이든 쓸 수 있는 자유의 시대로 걸어 나온 작가는 우선 자신이 누구이고 왜 무엇을 쓰는지에 대하여 끝없이 질문하고 탐색해야 했다. '나는 이런 생각에서, 이런 이유로, 이런 이야기를 한다, 이 이야기의 의미는 이런 것이다, 이 이야기의 진실성과 도덕성은 이러저러한 것이다' 등등 근대 초기 소설가는 작가로서의 자신의 정체성에 대해 끝없이 되돌아보아야 했던 것이다.

'전기를 가질 권리를 가진 사람'과 '전기를 쓸 수 있는 권리를 가진 사람', 즉 글을 쓰는 사람, 쓰는 대상에 대한 사회적 규정과 장르적 규범이 엄격하던 시대에 작가는 정체성이나 정당성을 되물을 필요가 없었다. 그것은 이미 주어진 것으로 그 누구도 그가 작가라는 사실에 의문을 제기하지 않았고 무엇을 어떻게 써야 하는지는 이미 사회적으로 규정되어 있었기 때문이다. 하지만 외부로부터의 그런 자격이 더 이상 부여되지 않았던 근대 초기에, 작가는 자신이 왜 작가인지, 그리고 무엇을 왜 쓰는지에 대해 스스로 묻고 정당화해야만 했고 바로 이런 질문과 탐색의 과정을 작품 속에 드러내지 않을 수 없었던 것이다. 앞에서 살펴본 푸시킨과 레르몬토프, 고골의 소설에서 작가로 추정되는 '나'의 흔적이 그렇게 끈질기게 나타나는 이유가 바로 여기에 있다.

하지만 작품 속에 등장하는 '나'는 작가와의 밀접한 관련 속에서 작품 내 인물과 사건, 상황 등에 직접적으로 개입하게 됨으로써 불가피하게 주관적 시야에 갇히지 않을 수 없다. 모든 것이 늘 '나'의 시야에서 이루어지기 때문에 '나'의 개성과 식견을 넘어서기 어렵다. 근대 소설로 성장하기 위해서는 이 '나'의 주관성이라는 한계를 넘어 보다 객관적인 세계상을 작품에 도입해야만 한다. 우리가 살펴본 푸시킨과 레르몬토프, 고골의 '나-화자'는 작가나 저자와의 관계를 드러내 주는 것일 뿐만 아니라 '나' 자신을 극복해 가는 과정을 보여 주는 것이기도 하다. 불가피하게 '나'를 끌어들이고 있지만 이 '나'를 극복해야만 한다는 아이러니한 과정이 소설 발전 과정의 동력인 것이다.

이제 근대 작가는 자신의 전지적 지배를 강화하면서 동시에 보다 폭넓게 현실을 수용하기 위한 새로운 진전을 이루어야 한다. 러시아에서 이런 새로운 진전은 19세기 중반의 사회 현실과 깊은 연관 속에서 이루어진다. 이 시기 러시아는 착취제적 농업에 여전히 의존하고 있었지만 도시 상공업과 공업이 점차 발전하는 등 자본주의 경제의 맹아가 싹트고 있었다. 도시가 확대되었고 다양한 중간계층(러시아에서는 보통 잡계급으로 불린다)이 형성되었으며 근대적 산업이 눈에 띄게 성장하고 있었다. 하지만 기존의 사회체제와 지배집단의 성격이 이러한 현실의 변화에 조응하여 적절히 변화 발전되지 못함으로써 러시아 사회는 새롭게 형성되는 자본주의적 모순과 더불어 전근대적 모순을 이중으로 겪게 된다. 그리고 이러한 상황은 보다 복합적이고 심화된 사회 갈등을 만들어 가고 있었다. 이러한 현실에서 소설작가가 자신을 포함한 인간과 삶, 현실을 파악하고 형상화하는 작업은 보다 복합적이고 다면적이지 않을 수 없게 된다. 여기서 러시아 소설의 성숙한 전환이 요구된다.

보다 복합적이고 다면적인 세계, 보다 다층적이며 모순적인 인물들, 보다 복잡다단한 사건들과 행동들을 그려 내기 위해서는 무엇보다 먼저 '나'의 제한적 시야를 넘어설 필요가 있다. 이런 필요성에 대응하는 서술 형식이 바로 '서술자-화자' 형식이다. '서술자-화자'는 인물과 사건에 대해 그 이유와 정당성을 독자에게 직접 설명하지 않고 "일반화된 무인칭 형식으로, 서술자의 전기적 실재와의 어떤 연결도 지니지 않은"[1] 서술자이다. 그는 작품 내의 모든 사건과 인물에 대해 그들 자신보다 더 많이 알고 있고, 시공간을 초월하여 그들의 운명과 사건의 인과관계를 꿰뚫어 보는 전지적 능력을 가지고 있다. 이러한 전지적 서술 상황은 작가에게 복잡한 현실과 인간의 삶, 내면세계를 보다 깊이 있고 폭넓게 조망할 수 있는 가능성을 부여한다.

이제 저자와 주인공 운명의 낭만주의적 병렬성은 거의 완전히 사라진다. "직접적인 작가적 언급이나 간섭의 배제, 저자의 운명은 최소한으로, 흔적이나 있을 정도로 축소된다. 저자에 대해서는 아주 간접적인 요소들, 즉 인칭이 배제된 일반화된 판단들, 소재의 선별과 시점의 선택, 심리적 요소, 수준, 형식 등을 통해서만 판단"[2]할 수 있을 뿐이다. 저자

1 Ю. Манн, "Автор и повествование", 앞의 책, с. 450.

2 Ю. Манн, 앞의 책, с. 451.

가 엄연하게 존재하는 푸시킨과 레르몬토프, 고골의 소설에서도 사건과 인물이 저자로부터 일정하게 독립적인 세계를 형성하기 시작했다는 점은 분명하다. 그러나 이제 소설은 보다 넓고 복잡한 세계를 제시하기 위해 저자로부터 보다 객관적으로 독립하여 존재하는 전지적 서술자 화자를 필요로 한다. 우리가 보통 러시아 고전급 리얼리즘 소설이라고 부르는 투르게네프, 곤차로프, 레프 톨스토이, 도스토예프스키 등의 대서사 문학이 대체로 이에 속한다고 말할 수 있다. 물론 이들의 작품 모두가 이런 서술 상황을 보여 준다고 말할 수는 없다. 더구나 이 시기에도 이전 시기의 '나-화자-저자' 형식이라든가, 저자와 주인공의 병렬적 존재 경향이 공존하는 경우가 많다. 그러나 보다 폭넓은 현실인식과 인간탐구로 나아가는 과정이라는 문학사적 관점에서 보면, 즉 소설 형식의 발전이라는 관점에서 보면 삼인칭 전지적 시점을 갖춘 '서술자-화자' 형식은 이전 시기의 '나-화자' 형식의 극복과 지양의 과정에서 필연적으로 탄생하는 형식이다.

'서술자-화자'는 그러나 곧바로 모든 작가에게서 단번에 확립되는 것은 아니다. 일인칭 화자와 저자 형상은 여전히 강력한 영향을 유지한다. 이 시기 많은 작가들이 자신의 첫 작품에서 일인칭 화자 형식을 선호하는 것도 결코 우연이 아니다. 푸시킨, 레르몬토프, 고골 등으로 대변되는 러시아 소설 발전의 초기 단계와 투르게네프, 도스토예프스키, 톨스토이 등 19세기 중반 황금기 러시아 소설의 단계가 시간적으로 아주 가깝고 다소 중복되기 때문에 이러한 중첩적인 현상이 나타나는 것은 오히려 자연스럽다. 이런 이유로 '서술자-화자'의 전지적 서술이 나타나면서도 여전히 '나-화자-저자' 형식은 많은 작품들에서 관찰될 수 있다. 물론 그것은 단순히 형식을 선택하는 작가적 특성과도 관련되어 있지만 소설사적 관점에서는 '서술자-화자'로의 전이 과정에서 나타나는 일종의 과도기적 특징이라고 볼 수 있을 것이다.

투르게네프(И. Тургенев)의 『사냥꾼의 수기(Записки охотники)』(1847-1852)는 작가의 전기적 요소를 담지한 '나-화자-저자'로 서사가 진행된다. 그는 작품 속 등장인물인 '나-화자-저자'이다. '나'는 사냥을 다니면서 여러 농민들을 만나고 직접 대화도 하면서 자연에 대한 개인적 감상과 묘사, 인물들의 성격과 운명 등에 대해 독자들에게 이야기한다. 독자는 오직 이 '나-화자'의 묘사와 평가를 통해 저자의 농민들에 대한 이해와 공감, 귀족 지주들에 대한 비판적 태도 등을 공유하게 된다. 투르게네프는 이후 상당히 높은 수준의 '서술자-화자' 서술을 보여 주는 여러 장편 소설들에서도 여전히 작가의 직접적 개입을 감추지 않고 독자에게 직접 호소하는 글쓰기를 포기하지 않는다. 인물과 세계의 매우 객관적인 형상을 그려 내는 저자의 전지적 시점에도 불구하고 그 모든 것이 작가 자신으로부터 발원하는 것이라는 표식을 완전히 지워 내지 않는 것이다. 이를테면 『귀족의 둥지(Гнездо дворянства)』(1859)에서 리자와 라브레츠키가 마지막으로 만나는 장면을 묘사하면서 투르게네프는 "그 두 사람은 무엇을 생각했고 무엇을 느꼈을까? 누가 알 것인가? 누가 말할 수 있을 것인가? 삶에서 그러한 순간들과 그러한 감정들이 있는 법이다. (……) 그들을 가리키면서 그리고 옆으로 지나칠 수 있을 뿐이다."[3] 라고 말한다. 직접적으로 독자를 대면하고 작가 자신이 사건의 진행을 서술하고 있다는 점을 감추지 않는 것이다. 『전야(Накануне)』(1860)에서는 엘레나와 인사로프가 베네치아에서 산책하는 모습을 묘사하다가 이렇게 직접 나선다. "지치고 무너진 생명에게 베네치아를 방문하는 것

3 И. С. Тургенев, *Полное собрание сочинений и писем в тридцати томах*, М.: Наука, 1981. Т. 6., с. 158. 이후 이 책에서의 인용은 본문 속에 (Тургенев 권수:쪽수)로 표기한다.

이 무슨 쓸모가 있겠는가. 그 생명은 그에게 쓰라릴 것이다, 마치 처음 나날들의 이루어지지 못한 꿈들에 대한 기억처럼"(Тургенев 6:286) 물론 이런 언급은 일반화된 무인칭 서술로 이루어지기 때문에 '서술자-화자'의 어떤 전기적 실재를 느끼게 하지는 않는다. 그러나 그런 언급이 작가의 개인적 체험으로부터 연원하는 것이라는 분명한 느낌을 주는 것은 사실이다. 장편 소설 창작의 상당한 경험을 거친 후에 집필된 『아버지와 아들(Отцы и дети)』(1862)에서도 그런 작가적 일탈로 여겨지는 부분은 사라지지 않는다.

> 그의 생각이 어디를 떠돌고 있는지 누가 알 것인가. 하지만 단순히 지나간 과거만을 헤매고 있지 않다는 점만은 분명했다. 그의 얼굴은 뭔가에 심각하게 집중하고 있는 표정이었다. 추억에만 사로잡힌 사람은 그런 표정을 짓지 않는다.(Тургенев 7:21)

> 오딘초바와 바자로프는 그런 식으로 이야기를 주고받았다. 그러면서 두 사람 모두 진실을 말하고 있다고 생각했다. 그러나 과연 그들의 말 속에 진실이, 완전한 진실이 담겨 있는 것일까? 그들 자신이 그걸 알지 못하니 하물며 작가가 그걸 어찌 알 수 있을까.(Тургенев 7:162)

> 서늘함과 그늘 속에서 그녀는 책을 읽거나 일을 하거나, 혹은 완전한 적막함에 그저 빠져들곤 했다. 그런 기분은 아마도 누구나 한 번은 느껴봄 직한 것으로, 우리 주위나 우리 자신 속에서 끝없이 밀려왔다 밀려가는 막막한 생명의 물결을 반쯤 의식을 놓아 버린 상태에서 묵묵히 기다리며 느껴 보는 아주 매혹적인 것이다.(Тургенев 7:164)

전지적 시점에서 아들 세대와 아버지 세대의 갈등을 상당히 객관적으로 그려 가면서 이렇게 가끔씩 주인공들의 시야 너머에 존재하는 자신의 더 높은 관점을 간헐적으로 드러내던 화자는 작품 끝부분에 이르러 보다 직접적으로 소설의 전면에 나선다.

> 이제 이야기는 다 끝난 건가? 하지만 우리의 주인공들이 지금, 바로 지금은 어떻게 되었는지 늘 알고 싶어 하는 독자들이 있다. 우린 기꺼이 그런 독자들의 궁금증에 답해 줄 준비가 되어 있다.(Тургенев 7:185)

> 그들의 기도, 그들의 눈물은 모두 헛된 것인가? 사랑은, 이처럼 성스럽고 헌신적인 사랑은 아무 보람이 없는 것일까? 아니다! 아무리 이 무덤 속에 열정에 불타는 죄 많은 반역의 심장이 잠들어 있다 해도 무덤 위에 핀 꽃들은 순결한 눈으로 온화하게 우리를 바라본다. 그 꽃들이 우리에게 말하는 것은 영원한 안식, '비정한' 자연의 위대한 안식만이 아니다. 그 꽃들은 우리에게 영원한 화해와 무한한 삶에 대해서도 말해 주고 있다.(Тургенев 7:187)

『아버지와 아들』의 마지막 부분에서 작가는 고양된 어조로 자신의 감상을 펼친다. 바자로프의 무덤을 찾은 그의 부모가 올리는 기도와 눈물, 그리고 자연을 통해 영원한 화해와 무한한 삶이라는 작가의 이념이 작품 전체를 종합적으로 평가하고 있는 것이다.

톨스토이가 처음 발표한 『어린 시절』 역시 '나-화자-저자' 형식을 취하고 있다(이에 대해서는 톨스토이를 다루면서 상세하게 살펴볼 것이다). 곤차로프(И. Гончаров)의 『오블로모프(Обломов)』(1859)는 '서술자-화자' 형식을 질적으로 매우 높게 성취하고 있지만 여전히 곳곳에서 서술 형식상의 불완전성을 드러낸다. 이를테면 주인공을 묘사하다가, 서술자는 "우리가 그를 발견한 바로 그 방"[4] 등과 같은 표현을 삽입함으로써 결국 독자에게 말하는 누군가 어떤 '인물'이 존재한다는 것을 감지하게 만든다. '우리'라는 표현은 결국 '나-화자-저자'와 '독자'를 아우르는 말이다.

그러나 『오블로모프』에서 그런 서술자의 개인적 형상은 작품이 끝날 때까지 구체적으로 드러나지 않는다. 투르게네프나 톨스토이가 직접 '나-화자'를 설정한 것과는 질적으로 매우 큰 차이를 보이는 것이다. 그러나 특이하게도 작품의 마지막에 이르면 그 모든 이야기가 등장인물인 시톨츠로부터 들은 것이라고 설정된다.

> 어느 날 정오쯤에 브이보르그 방면의 보도를 따라서 두 신사가 걷고 있었다. 그들 뒤로는 마차가 조용히 따라오고 있었다. 그들 중 하나는 시톨츠고 다른 하나는 그의 작가 친구였다. 퉁퉁한 체격에 생각이 깊어 보이는 얼굴, 그리고 졸고 있는 듯 음침해 뵈는 눈을 가진 사람이다.
> (……)
> "오블로모프, 그 친구에 대해서라면 수도 없이 많이 얘길 했잖아."
> "응, 이름이 기억나. 자네 동료이자 친구라고 했지? 무슨 일이 있었는데?"
> "허망한 인생을 살다가 그렇게 떠났어."
> 시톨츠가 한숨을 내쉬고 생각에 잠겼다.
> (……)

4 I. 곤차로프, 『오블로모프』(1, 2), 최윤락 역, 문학과지성사, 2002, 제1권, 13쪽.

"왜? 원인이 뭐야?"

"원인이라… 원인은 무슨 원인! 오블로모프 기질!"

"오블로모프 기질이라!" 작가가 어리둥절해하며 반복했다. "그게 뭐야?"

"이제 얘기해 줄게. 생각과 기억을 정리할 시간을 주게. 자넨 적어. 어쩌면 필요로 하는 사람이 있을지도 몰라."

그리고 그는 여기에 적힌 것 전부를 그에게 이야기했다.[5]

이제까지 전개된 소설이 등장인물 중 한 사람인 시톨츠가 자신의 친구인 작가에게 들려준 이야기라니, 이건 또 무슨 말인가. 그 작가는 '나'가 아니라 "통통한 체격에 생각이 깊어 보이는 얼굴, 그리고 졸고 있는 듯 음침해 뵈는 눈을 가진 사람"으로, 삼인칭으로 묘사된다. 논리적으로는 시톨츠가 자신이 체험한 오블로모프의 운명을 친구인 작가에게 전해주고 그 친구는 그걸 그대로 받아 적은 것이 바로 이 소설이다. 그렇다면 화자는 시톨츠가 되거나 혹은 받아 적는 작가가 되어야 일관된 서술이라고 할 수 있다. 적어도 '그'로 지칭되는 '작가'가 '그'가 아니라 '나'여야 할 것이다. '나'는 작가인데, 친구인 시톨츠로부터 오블로모프 이야기를 듣고 소설로 재구성하여 여러분에게 들려주었다, 이렇게 되어야 서술적 논리가 성립되지 않겠는가. 하지만 다소 혼란스러워 보이는 이런 화자 형식은 이제까지 서술된 오블로모프의 생활과 사건과 운명이 너무나 방대하기 때문에 크게 문제시되지 않는 것 같다. 어찌됐든 이 소설에서도 남에게 원고를 받아 출판한다는 식의 의사 화자의 전통, '나-화자-저

5 И. А. Гончаров, *Собрание сочинений в 6 томах*, Т.4, М.: ГИХЛ, 1959, с. 409-412. 번역은 최윤락 역(I. 곤차로프, 『오블로모프』(1, 2), 문학과지성사, 2002) 제2권(344-345쪽)을 참조하였다.

자' 전통의 희미한 흔적이 여전히 남아 있다는 것은 의심의 여지가 없다.

이렇게 많은 작가들이 여전히 저자적 시점의 '나-화자' 형식을 완전히 벗어나지 못하는 것은 러시아 소설 형식이 여전히 안정되지 못했다는 점과 관련된다. 소설 창작의 상당한 경험을 갖춘 뒤에도 도스토예프스키가 『죄와 벌』을 집필하면서 그 시점을 어떻게 가져갈 것인지 거듭 고민하였다는 점은 잘 알려진 바이다. 그는 처음에 '나-화자' 시점으로 한 등장인물의 고백으로 소설을 써 나가다가 "마치 눈에 보이지는 않는 것 같지만 전지적인 존재로서의 저자 인칭으로의 이야기"[6]로 전면적으로 수정 집필한다. 도스토예프스키는 고백적인 이야기로는 살인의 장면이나 그를 둘러싼 외부의 시선과 다양한 사회 상황을 담아내기 불편했던 것이다.[7] 결국 도스토예프스키는 '눈에 보이지 않는' 모습으로 그 어떤 인물이나 상황에 대해, 심지어 인물들의 생각이나 꿈까지, 그리고 사회적 환경의 이면까지 모든 것을 알고 있는 전지적 시점을 택하고 있다. 그러나 에필로그에서 자신을 드러내는 '우리의 이야기'라는 작은 표현까지 지워 내지는 못했다. 하지만 그것은 무시해도 좋을 만큼의 사소한 신호에 불과하다. 더 중요한 것은 도스토예프스키의 전지적 시점 속에서도 주인공과 등장인물들이 독자적 시점을 가진 화자로 여겨질 만큼 새로운 특성을 지니고 있다는 점이다(바흐친의 개념과 관련된 이 새로운 특성에 대해서는 뒤에서 다시 자세하게 다룰 것이다).

실질적으로는 전지적 '서술자-화자'를 높은 수준에서 일관되게 유지하면서도 작가의 직접적인 개입이 완전히 사라지지 않고 끈질기게 그 흔적을 남기고 있다는 점은 러시아 소설 발전 과정의 중요한 특징 중의

6 Ф. М. Достоевский, *Преступление и наказание. Сер. "Литературные памятники"*, М.: 1970, с. 539.

7 Л. М. Розенблюм, *Творческие дневники Достоевского*, М.: 1981, с. 272-273.

하나이다. 마치 푸시킨과 레르몬토프, 고골에게서는 어떻게든 자신을 드러내 자신을 주장하고 자신의 자리를 만들어 내고자 하는 것이 주요한 목적이었다면 이후 작가들은 어떻게든 자신을 감추고 그 흔적마저 지워 버리려는 것만 같다. 그러나 그럼에도 불구하고 결코 그 흔적을 모두 지워 낼 수 없는, 아니 어쩌면 지워 내고 싶지 않은 러시아 작가들의 소설적 노력에 러시아 소설의 어떤 본질적인 특성이 숨어 있는 것은 아닐까.

이와 관련하여 흥미로운 것은 일관되게 적용된 '서술자-화자' 서술이 끝난 이후에 뭔가 더 말하고 싶은 화자의 욕망이 대부분의 소설에서 '에필로그' 형태로 덧붙는다는 점이다. 에필로그는 러시아 장편 소설 형식이 거의 정점에 도달한 이후에도 자주 나타난다. 투르게네프 소설의 대부분이 에필로그를 가지고 있고(반드시 에필로그라는 명칭이 붙어 있지 않더라도 마지막 장이 에필로그에 해당하는 경우도 많다. 이를테면 『아버지와 아들』이 그러하다.) 『죄와 벌』, 『전쟁과 평화』 역시 에필로그가 덧붙어 있다.

"에필로그는 새로운 로만의 전주곡으로 기능하거나 그 자체가 이미 새로운 로만의 모형이 되었다."[8]라는 말처럼 에필로그는 작가 자신의 새로운 생각 같은 것, 이제까지 소설에서 다루지 못한 작가의 잉여적 의식이 불가피하게 요구하는 형식이다. '자, 이야기는 끝났지만 주인공들은 계속 존재하고 있다, 그 인생 중에 단지 일부를 소설의 몇 장에 담았을 뿐이다, 이 인물들에 대한 나의 견해는 이러저러하다'는 것이다. 그것은 화자 형식과 관련된 우리의 관점에서 보면 일인칭 저자 시점이 삼인칭 전지적 시점으로 제한되면서 발생하는 부가물 같은 것일 수 있다. 다

8 И. Р. Дерин-Смирнов, И.П. Смирнов, *Очерки по исторической типологии культуры*, Зальцбург: 1982, с. 49.

시 말해 작가가, 비록 소설 속에서 부분적으로 다양한 수준으로 자신을 드러내기는 했지만, '서술자-화자'의 관점을 일관되게 지키기 위해 자신을 엄격하게 제어할 수밖에 없는데, 그 눌리고 억압된 의식을 소설의 마지막에 펜을 놓으며 에필로그 속에 풀어내고자 하는 것이다. 그것은 푸시킨과 레르몬토프, 고골 시대의 작가들이 에필로그가 아니라 '프롤로그'나 '제사(題詞)', '서문'을 선호한 것과 흥미로운 대조를 이룬다. 일인칭 저자 화자로서 작품에 얼마든지 자신을 노출시킬 수 있었던 작가들은 오히려 자신들이 앞으로 하게 될 말의 경계와 의미적 함의를 미리 제시하고 싶었을 것이다. 반면 자신을 최대한 자제하고 묘사되는 세계와 인물들에게 시점을 넘겨준 전지적 '서술자-화자'에게는 소설이 끝난 후, 작가로서 여전히 할 말이 남아 있지 않았을까. 다른 한편 러시아 작가들의 이념적·철학적 경향이 특히 강했던 것도 하나의 이유가 될 수 있을 것이다. 즉 소설이라는 형식에 담기지 못한 '잉여의' 철학과 이념을 드러내기 위한 욕망이 또한 에필로그 형식이 그토록 끈질기게 활용되도록 만든 것일지도 모른다.

일인칭 '나-화자-저자' 형식으로부터 전지적 '서술자-화자' 형식으로 넘어가면서도 작가들이 그 본질에 있어서 자기 자신을 쉽게 내려놓지 않는다는 사실은 여러 가지를 시사한다. 그것은 전지적 서술자 화자 형식의 전통이 온전하게 수립되지 않은 시기의 과도기적 현상이기도 하고 소설 형식에 제 몸과 마음을 쉽게 내주지 않는 러시아 작가주의의 강렬한 전통이라고 말할 수도 있을 것이다. 어찌되었든 그런 힘의 충돌이 러시아 소설의 형식적 안정성을 넘어 동태적인 모색을 추동하고 있는 것만은 사실이다.

이제 이런 모색이 전지적 '서술자-화자' 형식으로 어떻게 근대 소설의 정점을 형성하는지 구체적인 실례를 검토해야 한다. 하지만 수많은 작품과 개별 작가의 개별적 취향과 발전 과정 모두를 분석의 대상으로 삼을 수는 없다. 또한 그 모든 작품들에 일관된 보편적인 법칙으로 '서술자-화자' 형식을 적용한다는 것도 무리가 아닐 수 없다. 그러나 그럼에도 불구하고 황금기 러시아 소설문학을 대표한다고 볼 수 있는 도스토예프스키와 톨스토이 소설은 '서술자-화자' 형식의 전형적인 양상을 잘 보여 주고 있다는 점은 분명하다. 여기서는 작가의 문학사적 선후관계를 다소 벗어나 가장 전형적인 '서술자-화자' 형상을 보여 주는 톨스토이 소설을 먼저 살펴보고, '서술자-화자' 형식을 갖추고 있으면서도 내용적으로는 화자 유형의 새로운 지향을 모색하는 도스토예프스키를 그 뒤에 살펴봄으로써 절정기 러시아 장편 소설 형식의 대표적인 서술 상황을 보자.

2. 톨스토이의 전지성과 화자

1) 자전적 삼부작의 '나-화자'

19세기 중반 '서술자-화자' 형식의 가장 정점은 레프 톨스토이 소설에서 찾아야 할 것이다. 그런데 거듭 강조하자면 이 서술 형식은 작가의 근대적 자의식의 성장과 탐색을 넘어 작품에 담아낸 객관세계의 폭과 깊이를 더욱 확대하고자 하는 시대적 대응물이라는 점이다.

19세기 많은 러시아 작가들이 전통의 결핍과 형식 부재의 상황에서 대체로 일인칭 소설로 창작활동을 시작한 것과 마찬가지로 톨스토이도 첫 작품 자전적 삼부작 『어린 시절(Детство)』(1852), 『소년 시절(Отрочество)』(1854), 『청년 시절(Юность)』(1857)을 일인칭 시점으로 쓰고 있다. 자전 소설은 일인칭 화자 '나' 형식을 취하는 것이 일반적이고 자연스럽다. 하지만 화자 삼부작의 주인공이자 화자인 '나'의 이름은 니콜렌카 이르테니예프로, 작가의 이름은 아니다. 작가 톨스토이의 경험과 사실에 부합하는 작품이라는 점은 작품 속에 직접 드러나지 않으며 작품에 사용되는 구체적인 지명과 인명도 전기적 사실과 일치하지 않는다. 전기나 회고록에서 구체적 사실의 진실성 여부, 즉 어떤 일이 언제 어떻게 발생하였는지는 매우 중요하다. 그러나 소설이라는 형식을 취하는 자전 소설에서 톨스토이는 현재 시점에서 과거에 일어났던 수많은 사건들의 의미적 경중을 가르면서, 경우에 따라 다양한 사건들의 조합이나 배제, 혹은 극적 재구성을 서슴치 않는다. 『어린 시절』 원고를 받아 『동시대인』에 게재하면서 '나의 어린 시절 이야기'라고 제목을 붙인 편집자 네크라소프에게 톨스토이는 매우 화를 내면서 "'나의 어린 시절 이야기'라는 제목은 작품의 의미에 어긋납니다. 도대체 어떻게 '나의 어린 시절 이야기'로 된 겁니까."[9]라고 항의하였다고 한다. 즉 톨스토이 자신은 『어린 시절』이 구체적인 누군가의 자서전이라기보다 하나의 예술 작품으로, 인간의 영혼의 성장을 다룬 작품으로 받아들여지기를 바랐던 것이다.[10] '나-화자'의 초기 형태에서 저자가 직접적으로 자신을 감추지 않고 나타났던 것에 비하자면 자기 자신의 자전적 작품을 쓰면서도 작품의 내용과 작가 자신과의 거리를 확보하고자 하는 노력에서 소설 발전의 시대적 차이가 잘 드러나는 부분이 아닐 수 없다.

톨스토이의 자전적 삼부작은 일인칭 화자 형식을 취하지만 '나-화자-저자'의 형상이 엄격하게 두 개의 시간적 구도에서, 즉 '그 당시'와 '지금'의 화자로 구별된다는 점에서 이전 시대의 '나-저자' 형상과 질적으

9 Л. Н. Толстой, *Собрание сочинений в 22 томах*, М.: Худож. лит., 1978-1985, т. 1. с. 558. 이후 이 책에서의 인용은 본문 속에 (Толстой 권수:쪽수)로 표기한다.

10 그러나 톨스토이 자신의 증언이나 일기, 가족들의 증언에 비추어 볼 때, 삼부작의 많은 부분이 매우 '자전적'이라는 사실 또한 분명하게 입증된 주지의 사실이다.

로 매우 다른 특성을 보여 준다. 우선 '나-화자-저자'는 자신의 현재적 입장과 평가적 입장 등을 분명하게 드러낸다. 현재의 '나'는 과거의 자신, 그리고 작품에서 묘사의 대상인 어린이 '니콜렌카-나'의 심리상태나 정신적 성숙도와 무관하게 자신의 목소리를 가지고 도덕적 내면을 직접 토로하고 있다.

> 다시는 돌아오지 않을 즐겁고 행복했던 어린 시절! 어찌 그 추억을 자랑하지 않을 수 있으며 어찌 그 추억을 회상하지 않을 수 있으랴. 그 시절의 추억들은 내 영혼에 청신한 기운을 불어넣어 주기도 하고, 나를 보다 높은 곳으로 끌어올려 주기도 하고, 더없이 감미로운 열락의 세계에 잠기게도 한다.(Толстой 1:52)[11] (『어린 시절』 91)
>
> 이 회오감과 자아완성에 대한 나의 강한 욕구는 성장기인 이때 가장 중요한 새로운 정신적 감각이었다. 그리고 이 내면의 소리는 나 자신이나 타인, 세계에 대한 내 견해에 새로운 원칙을 가르쳐 줬다. 축복받을 환희에 찬 목소리여! 나의 영혼이 이 세상의 허위와 방종에 지배당하려 하는 우울한 때에 홀연히 그 목소리는 몇 번이나 모든 부정에 항거하여 분연히 일어나 과거를 고발하고 현재의 분명한 길을 제시하고 미래에 선과 행복을 약속해 주었던가? 그대는 그 목소리를 언제라도 과연 멈출 수 있을 것인가?(Толстой 1:195) (『청년 시절』 24)

이러한 장면에서 '작가-나'의 목소리는 직접적이고 권위적으로 드러나 '니콜렌카-나'와 확연한 경계를 가진다. 일정한 서사의 방향을 제시해야 할 필요가 느껴질 때, 혹은 '니콜렌카-나'의 행위와 반성을 현재 자

11 박형규 역의 『어린 시절』, 『소년 시절』, 『청년 시절』(이성과현실, 1993)에서의 인용은 본문 속에 (『제목』 쪽수)로 표기한다.

신이 도달한 이념적 수준으로 귀결시키기 불편할 때, 혹은 '니콜렌카-나'의 정신연령에 비추어 표현하기 어렵거나 인식 불가능한 내용을 진술할 때 '작가-나'는 분명하게 자신을 드러낸다. 따라서 톨스토이의 삼부작은 형식적으로 "이중적 시간 전망"[12]을 지니고 있으며, "독자들은 일어나는 일을 두 개의 시점으로 보는 것 같다. 안으로는 니콜렌카의 시선으로 눈앞에서 일어나는 것을 받아들이듯이 아주 선명하고 분명하게, 그리고 밖으로는 성장한 이르테니예프의 눈으로, 즉 자신의 과거를 다른 가치체계에서 회상하고 있는 것처럼."[13] 그러나 이러한 형식적 특징에 집착하여, "톨스토이의 이 작품의 이념은 전형적인 개별적 특성들을 지닌 어떤 개인의 심리적 발전을 그리는 것이 아니라 추상적인 강령으로 일반화시키는 것이다. 대체로 톨스토이에게는 이중의 규모가 필요하였다. 하나는 작은 것으로, 그 역할은 정신적·육체적 삶의 세부들을 규정하기 위한 것이다. 다른 하나는 거대한 것으로, 작품 전체를 포괄하는 것이다."[14]라고 보는 것은 이 작품을 지나치게 '작가-나'의 이념으로 단순화하는 것이다. 이런 관점에서라면 '니콜렌카-나'는 어떤 개성적 인물도 아니며, 철저히 성숙한 '작가-나'의 반성적 대상일 뿐이다. 이것은 주인공으로서 내면을 가지고 있고, 우리에게 자신의 눈과 내면을 통해 주변 인물들과 세계를 보여 주고 있는, 그리고 '나-저자'로부터 일정하게 독립되어 있는 '니콜렌카-나'의 형상을 너무 과소평가하는 것이다.

'나-저자'는 '나-니콜렌카'의 성장의 결과로서 존재하는 '나'로 한정되어 있다. 때때로 우리에게 작품을 쓰는 현재의 '나'의 심정과 판단, 서

12 Л. С. Дробат, *Проблема личности и "диалектика души" в трилогии Л.Н.Толстого*, Тула: 1979, с. 4.

13 Л. С. Дробат, 위의 책, с. 4-5.

14 Б. М. Эйхенбаум, *Молодой Толстой*, М., Петербург-Берлин, 1922, с. 72.

정적 일탈(그렇게 많지는 않지만)을 보여 주지만 '나-저자'는 어느 사이에 작중의 '나-화자-니콜렌카'에게 시야를 넘겨주고 사라져 버린다(혹은 주인공 등 뒤에 숨어 버린다). 따라서 '나-저자'는 결코 글을 쓰고 있는 성숙한 '나'의 현재적 사실이나, 현재의 저자의 면면을 알 수 있는 정보를 지닌 형상으로 존재하지는 않는다. 이를테면 『어린 시절』 제1장 「가정교사 칼 이바니치」에서, "18＊＊년 8월 12일 내가 만 열 살의 생일을 맞아 훌륭한 선물을 여러 가지 받았던 바로 그 다음다음 날 아침 일곱 시에 일어난 일이다."라고 시작될 때, 독자는 글을 쓰는 작가의 존재와 열 살이 된 '나'를 동일한 존재로 자연스럽게 받아들인다. 그리고 칼 이바니치가 파리채를 들고 '나'의 머리맡에서 파리를 때려 잠을 깨우는 행위에 대해 속으로 화를 내었다가, 칼 이바니치의 선량해 보이는 얼굴을 보고 마음의 가책을 느끼는 장면이 어린 '나'의 시각으로 묘사된다. 그런 가운데 우리가 현재의 '작가-나'를 명백하게 느끼게 되는 것은 "나는 다음 세 권의 책만을 기억하고 있다."(『어린 시절』 17), "그 한쪽 구석진 자리는 나의 기억에 깊이 새겨져 있다."(『어린 시절』19) 등과 같은 문장에서이다. 그러나 이러한 환기가 지금 현재의 작가의 면모를 인식할 수 있게 해 주는 것은 아니다. 여전히 독립적이고 일관된 인간적 내면의 세계를 가지고 등장하는 것은 '니콜렌카-나'이다.

작가가 자신의 감정을 드러내고, 이야기를 정리하고 방향을 선도하고 있는 것은 사실이지만, 작가는 "질문하고 반응하고 공명하는 작가적 기능을 아주 다양한, 반드시 (작가에게) 적당한 것은 아닌 주인공들에게 위탁하고 있다."[15] 직접적인 작가의 목소리라 할지라도 '니콜렌카-나'의 그

15 О. К. Евдокимова, Т. Ю. Морозова, *Приемы поэтики в повести Л.Н.Толстого "Детство"*, Чебоксары: 1986, с. 4.

당시의 무의식적인 느낌을 '나-저자'의 현재적 회상에 의해 의미부여하고 있다는 서사영역의 한계 속에 존재하는 것이다. 다시 말해 '나-저자'는 '나-니콜렌카'의 자연스러운 성장 과정 자체를 벗어나지는 않으며 여전히 '니콜렌카-나'의 시점 뒤에 숨거나 일치의 선상에 있고자 한다. 그리고 "그대는 그 목소리를 언제라도 과연 멈출 수 있을 것인가?"라는 문장에서는 독자의 시점까지를 일치시키고자 하는 서사전략적 의도가 엿보인다.

'나-저자'에 의해 이야기되는 '나-니콜렌카'는 그에게 중첩되어 나타나는 '저자-나'의 기능만 제거된다면 그대로 일인칭 소설의 주인공이다. 그는 '열 살이 지난 다음다음 날 아침 일곱 시에 잠에서 깨어난' 어린 시절에서부터 소년 시절, 청년 시절을 거치면서 열여섯 살 무렵 대학 초년생이 될 때까지 예민한 감수성을 통해 도덕적 영혼의 갈망으로 충만한 내면세계를 보여 준다. 그는 다양한 에피소드들을 통해 삼부작의 내용을 이끌어 가는 실질적 주인공이다. 성숙한 어른이 된 '나-저자'는 어느새 어린 '나'가 되어 어린 '나'의 눈으로, '나'의 내면으로, '나'의 수준에서 이야기를 이끌어 간다. 따라서 삼부작의 주요 사건과 사건의 진행을 이끌어 가는 것은 성숙한 '작가-나'가 아니라 주인공으로서 '니콜렌카-나'이다. 그는 자신의 눈으로 주변 세계를 관찰하고 그것을 자신의 내면을 통과시켜 우리에게 보여 준다. 이처럼 '작가-나'의 전망이 아닌 대부분의 경우에 '니콜렌카-나'의 전망은 다시 "두 측면에서, 즉 1) 작품의 고유한 주인공으로서, 2) 주인공-화자로서"[16] 동시적으로 기능한다.

『어린 시절』의 총 28개 장 중에서 제1장에서 제13장까지가 모스크바로 떠나기 전의 하루, 그리고 제16장에서 24장까지가 모스크바에서 할머니의 생일 파티로 보낸 하루를 그리고 있다. 대체로 에피소드들로 나

16 О. К. Евдокимова, 위의 책, с. 4.

누어져 있고 일관된 사건이나 인물에 의존하고 있는 것은 아니지만 니콜렌카의 어린 시절은 바로 이 이틀에 집약되어 표현되어 있다. 이것은 작가의 회상과 상념으로 에피소드들이 구성되는 것이 아니라, 주인공 니콜렌카의 이틀 속에 어린 시절이 '소설적으로' 재구성되어 있다는 것을 의미한다. 이 이틀 사이에 전개되는 에피소드와 관계 속에서 니콜렌카는 주인공이기도 하고 화자이기도 하다. 아침에 가정교사 칼 이바니치의 파리채 때문에 잠을 깬 주인공 '나'는 처음에 어린 자신을 가볍게 다루는 칼 이바니치에게 화가 났지만, 칼 이바니치의 순박한 행동과 선량해 보이는 얼굴을 보면서 그에게 화를 냈던 죄책감에 눈물을 흘리게 되고, 이 눈물을 무서운 꿈을 꾸었기 때문이라고 둘러댄다. 이 눈물은 모티프가 되어 '오늘 밤' 모스크바로 공부하러 떠나라는 아버지의 명령의 전조로 '나'에게 해석된다. 그리고 그날 벌어지는 일들에 '나'는 주인공으로 참여한다. 동시에 '나'는 '엄마'(2장), '아빠'(3장), '칼 이바니치'(4장), 그리고 형제들과 친구들을 묘사하고 성격화하는 관찰자-화자의 역할을 한다. 이를테면 3장 '아빠'에서, 집사인 야코프와 아빠가 서재에서 재정 문제를 논하고 있을 때, '나'와 형은 인사를 하러 서재에 들어선다. 그러나 '나'는 재빨리 인사를 하고 서재를 나오는 것이 아니라 거기에서 벌어지는 대화와 인물을 묘사하느라고 마치 자신을 잊어버린 듯하다.

> 아빠가 크게 성을 내면 낼수록 그(야코프)의 손가락은 더욱 잽싸게 움직이고 반대로 아빠가 입을 다물면 그의 손가락 놀림도 멈춘다. 그러나 야코프 자신이 무슨 말을 시작할 때면 손가락은 두려움에서 완전히 평정을 잃고 온갖 방향으로 아무렇게나 움직이는 것이었다. 이 손가락 끝의 놀림에 의해 야코프의 심중을 능히 짐작할 수 있을 것 같았다. 그렇지만 그의 얼굴은 언제나 태연하고 침착한 것이어

서 자기 자신의 높은 자존심과 동시에 복종의식을 아울러 나타내고 있었다. 이를테면 나는 옳다, 하지만 당신 뜻대로 하시라!는 듯했다. (Толстой 1:18) (『어린 시절』 26)

이런 경우 '나'는 자신의 내면을 보이지 않고 순수히 화자로서 묘사와 관찰에 충실하다. 완벽한 소설적 묘사로서 아빠와 야코프의 대화와 행동을 세부적으로 묘사함으로써 그들의 성격을 형상화하고 있는 것이다. '나'는 '엄마', '아빠', 칼 이바니치, '머리가 돈 예언자 그리샤', 형 볼로쟈, 류보치카와 카텐카, 나탈리야 사비시나, 드미트리 네흘류도프, 사교계의 여러 인물들과 친지들을 형상화할 때도 화자로서 다른 인물들의 내면과 외면을 형상화하는 관찰자 역할을 충실히 수행한다. 이 모든 인물들은 비록 '나'의 눈과 귀와 의식을 통하여 형상화되지만 결코 '나'의 주관성에 의해 일방적으로 왜곡되지 않는다. 이들은 모두 '나'의 시선을 통해 작품에 탄생하지만 결코 '나'의 내면으로 환원되지 않으며 각각의 특징적인 얼굴과 성격과 심리를 지닌 생생하게 살아 있는 형상인 것이다.

'니콜렌카-나'는 이처럼 주변 인물과 세계를 객관적으로 제시해 주는 매개자-화자의 역할을 수행하면서 동시에 자신의 내면을 충실히 드러내 보여 주는 또 다른 '내면적 주인공'의 역할을 한다. 사실 삼부작의 가장 중심적인 사건은 한 소년의 영혼이 성장해 가는 과정이다. 감수성이 매우 예민하고 선에 대한 지향이 강렬한 니콜렌카는 톨스토이 이후 주인공들의 원형이라고까지 말할 수 있다. 하지만 니콜렌카의 심리적 반응과 변화는 인간의 선과 악에 대한 도식적인 결론으로 귀결되지 않는다. '작가-나'는 궁극적으로 니콜렌카의 내면적 성장 과정을 현재의 작가 자신으로 동일시하고 있으며, 따라서 '작가-나'와 '니콜렌카-나'의 자기동일성이 전제되어 있다. 그러나 '니콜렌카-나'가 보여 주는 내면세계는 특정한 도덕적·이념적 결론을 지향한다기보다 보편적으로 인간이 체험할 수 있는 다양한 심리 과정 그 자체이다. 『어린 시절』, 『소년 시절』이 출간되었을 때 이 작품의 특징을 체르니셰프스키는 "톨스토이 백작은 무엇보다도 심리 과정 자체, 그 형식과 법칙들, 즉 어떤 용어로 말한다면 영혼의 변증법이라고 할 수 있는 심리분석을 보여 주고 있다."[17]라고 탁월하게 지적해 낸 바 있다.

그렇다면 톨스토이의 자전적 삼부작의 진정한 화자는 누구인가. 톨스토이 자전적 삼부작은 이념적 시점에 따라 크게, 1) '작가-나'의 시점, 2) '니콜렌카-나'의 시점, 3) 등장인물의 시점 등으로 분류할 수 있다. '작가-나'의 시점은 독자적으로 스스로를 드러내는 경우와 2)와 3)의 시점에 중첩되어 드러나는 경우가 있다. 그 기능은 이야기를 도입하고 에피소드를 이어 주며, 에피소드에 대해 일정한 분위기와 억양을 가지고 촌평하는 것이다. 그러나 1)의 시점은 2), 3)의 시점을 전일적으로 지배하지는 못하는 제한적 시점이다. 바로 2)의 시점이 엄존하고 있기 때문이다. 2)의 시점은 기본적으로 자기 자신의 내면을 아주 세밀하게 관찰하고 반성하는 내면적 시점이다. 동시에 2)의 시점은 자신을 포함하여 3)의 시점이 가능하도록 화자의 역할을 수행한다. 3)의 시점은 독립적인 성격화(묘사와 직접화법과 간접화법, 의사 직접화법 등)를 통해 자신의 시점을 실현하고 있으며 객관적인 세계상을 작품에 도입하는 역할을 한다.

이 다양한 이념적 시점들은 어떤 구조를 형성하고 있는가. 즉 글을 쓰고 있는 작가에게 과거나 미래나 모두 자신의 현존재 속에 존재할 뿐이다. 과거를 회상하는 것도 현재의 '나'이며, 그것을 비판하거나 긍정하거

17 Н. Г. Чернышевский, "Детство и отрочество. Сочинение графа Л. Н.Толстого", *Избранные статьи*, М.: 1978, с. 216.

나 회상하거나 하는 그 모든 것은 현재의 원근법에 의존해 있다. 그렇다면 자전 소설의 그 어떤 내용도 현존재의 원근법에 의해 포착된, 즉 작가의 가치체계로 순응하는 것 아닌가. 그러나 톨스토이의 자전 소설에서 '어린 나'와 주변세계와 인물들이 그렇게 쉽게 순응하지는 않는다.

> 나는 사물을 기억하는 능력이 생긴 그때부터 나탈리야 사비시나의 존재에 대한 것과 애정에 넘쳤던 그녀의 애무에 대하여 기억할 수 있다. 그러나 그 진가를 평가할 수 있게 된 것은 최근의 일이었다. 그 당시만 해도 나의 노파가 얼마나 소중하고 훌륭한 존재인가를 전혀 생각지도 못했었다. (……) 그녀는 과연 행복할까? 자기의 헌신적인 노예 생활에 만족하고 있을까?(Толстой 1:46) (『어린 시절』 80)

헌신적인 민중상인 나탈리야 사비시나에 대한 '저자-나'의 논평이다. '저자-나'는 여기서 '니콜렌카-나'가 너무 어리기 때문에 사비시나의 도덕적·인간적 가치를 평가할 수 없다고 판단하여 지금의 성숙한 시점에서 직접 논평하고 있다. 저자적 시점이 '어린 나'의 시점과 차이를 분명히 하면서 압도하고 있는 장면이다. 그러나 열 살이 갓 지난 '어린 나'는 "나탈리야 사비시나, 나한테 마구 반말을 하며 그 더러운 상보로 하인의 자식 놈에게 하듯 내 얼굴을 문질렀지… 어디다 대고 감히 그따위 짓을 하느냐 말이야!"(『어린 시절』 82)라고 화를 낸다. 어린 니콜렌카의 의식과 '저자-나'의 관점이 뚜렷한 차이와 갈등을 드러내는 장면이다.

영원한 순례자 그리샤의 형상을 보자. '나'는 형과 누나들과 함께 '광인 그리샤'가 잠을 자는 방을 엿보게 된다. 그리샤의 특이한 예배와 경건한 종교의식은 매우 생동감 있게 그려진다('내'가 보고 있다). 그리고 그리샤에 대한 인상과 감동에 대해 '저자-나'는 "아, 위대한 크리스찬이었던 그리샤! 당신의 신앙이야말로 신의 존재를 자기 신변에서 느낄 수 있었을 만큼 강렬했었고, 당신의 사랑은 당신 자신의 입에서 흘러나온 말처럼 그렇게 한량없이 넓은 것이었다. 당신은 그 사랑과 신앙을 스스로 저울질해 보는 것과 같은 행동은 절대로 하지 않았지… 신에게 드릴 적당한 찬사를 미처 찾지 못한 당신은 눈물을 쏟으면서 땅 위에 몸을 던짐으로써 당신은 신의 위대함에 대해 더없이 찬미를 바쳤던 거야!"(『어린 시절』 75)라고 현재적 가치평가를 높은 어조로 덧붙인다. 그러나 '작가-나'는 현재의 '니콜렌카-나'에게 그러한 감정을 완전히 부어 넣을 수가 없다.

> 그러나 그 당시 그리샤의 기도에 귀를 기울이면서 느꼈던 나의 감격은 그리 오래 지속되지 못했다. 왜냐하면 그도 그럴 수밖에 없었던 것이, 첫째로는 나의 호기심이 충족되었고, 또 둘째로는 한곳에 너무 오래 앉아 있어서 다리가 저렸기 때문이었다. 나는 등 뒤의 어둠 속에서 소곤거리는 대화에 한몫 끼어들고 싶어졌다. 이때 누군가 내 손을 잡고, 낮은 목소리로 "이거 누구 손이야?" 하고 물었다. 광 속은 정말 칠흑같이 어두웠다. 그러나 나는 귓전에서 울리는 속삭임만으로도 내 손을 잡은 것이 카텐카라는 것을 곧 알 수 있었다. 순간 나는 거의 무의식적으로 짧은 팔소매에 싸인 그녀의 팔꿈치를 덥석 잡고서 그녀의 손에 입술을 갖다 댔다. 카텐카는 깜짝 놀랐는지 엉겁결에 내 손을 홱 뿌리쳤다.(Толстой 1:44) (『어린 시절』 75)

그리샤의 이교도적 행동이 우리 눈앞에 생생하게 구체적으로 묘사되고, 그리고 그에 대한 도덕적 가치평가가 '저자-나'의 고양된 어조로 이루어졌다. 그러나 바로 다음에 '니콜렌카-나'의 '다리가 저리고 호기심이 채워진 상태'와 이성에 대한 도발적인 관심이 매우 사실적으로 그려지고 있다. 물론 궁극적으로는 이러한 차이와 갈등이 잠정적인 것이고 저자의 이념적 시점을 위해 예비된 것임은 분명하다. 그러나 작품 속에서 현재의 '나'와 어린 '니콜렌카-나' 사이의 차이와 갈등에 대한 저자의 이념적 조절과 수렴이 완전하게 이루어지고 있지 않은 것도 분명한 사실이다.

『청년 시절』 제6, 7, 8장에서 '니콜렌카-나'는 신부에게 고해성사를 하고 나서 무언가 고해하지 않은 것 때문에 다음 날 아침 일찍 수도원으로 신부를 찾아간다. 신부에게 두 번째 고해를 하고 니콜렌카는 마차를 타고 집으로 돌아온다. 이 과정에서 '니콜렌카-나'의 심리 과정에 주목할 필요가 있다. '나'는 자신의 모든 죄를 고백함으로써 용서를 받고자 한다. 자신의 행위의 순결성에 스스로 만족해하는 어린 니콜렌카는 이렇게 생각한다.

> 나는 내가 깊은 감동을 느끼고 있음을 알고는 그 기분을 혹 깨뜨리지나 않을까 염려되어 고해신부님에게 황급히 작별인사를 하고 그 감정을 간직하기 위해 누구에게도 눈길도 주지 않고 수도원 밖으로 나왔다. 그리고 다시 조금 전 타고 온 흔들거리는 얼룩 마차에 올라탔다. 그러나 마차의 흔들거림과 눈앞을 지나치는 온갖 사물의 모양들이 나의 그 기분을 깨뜨려 버렸다. 그리고 나는 벌써 이런 생각을 하고 있었다. 지금쯤 그 신부는 이런 생각을 하고 있으리라. 나같이 아름다운 영혼의 소유자인 청년은 이제껏 본 적도 없지만 앞으로도 보지 못할 것이다.(Толстой 1:206) (『청년 시절』 39-40)

어린 니콜렌카는 자신의 도덕적 순결함에 대해 스스로 감동한다. 그런 모습은 과연 어린애다운 매우 사실적인 심리묘사로 그려진다. 그러나 왜 그의 감동은 '마차의 흔들거림'과 '눈앞을 지나치는 온갖 사물들의 모양' 때문에 깨져 버렸을까. 그리고 왜 신부의 평가가 '나'의 마음에 들어오고 있을까. 그리고 '기분을 깨뜨릴까 두려워서 누구에게도 눈길도 주지 않았던' 나는 어자에게 말을 하지 않으면 안 되었을까. 그리고 무언가 찬탄을 얻어 내려던 니콜렌카는 '한없이 선량한 느낌'을 주는 어자로부터 "그건 나리네들의 일"(『청년 시절 41)이라는 냉담한 반응을 받고 만다. 또한 결국 집까지 와서는 전혀 예기치 않은 상황에 처한다.

> 감동과 경건한 감정은 사라졌으나 그런 기분을 맛본 나의 만족은 햇볕 속에 모든 사물이 거리마다 온통 드러나 있음에도 불구하고 내 뇌리에서 떠나지 않았다. 그러나 집에 도착하자마자 이러한 감정은 그림자도 없이 사라져 버렸다. 어자에게 줄 40코페이카가 없었던 것이다. (……) 어자는 내가 돈을 마련하기 위해 마당을 두 번이나 왔다 갔다 하는 걸 보고 이유를 깨달은 듯 마차에서 내려왔다. 그리고는 내가 선량한 사람이라고 보았지만 내게 분명 모욕을 주려는 듯 요즈음엔 마차 삯도 주지 않고 내빼는 못된 사기꾼이 있다고 큰소리로 떠들어 댔다.(Толстой 1:207) (『청년 시절』 41-42)

경건한 감정과 기쁨을 받았던 니콜렌카는 어느새 '사기꾼'이 되어 버린 것이다. 그리하여 자신의 종교적 행위를 완전히 잊어버리고 "옷을 갈아입으려 했을 때 아직 옷이 고쳐져 있지 않아 입을 수 없게 된 것에 대해 나는 주위 사람들에게 마구 화풀이를 했기 때문에 오히려 잔뜩 죄를 지었다."(『청년 시절』 42)

이러한 니콜렌카의 내면심리의 묘사에서 '저자-나'의 평가는 어디에 있는가. 우리는 '니콜렌카-나'의 심리 과정이 무엇인가를 향해 조직된,

즉 궁극적인 어떤 서사적 종점을 향한 과정이라고 믿을 수 없다. 니콜렌카의 심리는 그저 과정으로서, 우연한 흐름의 연속으로 제시되고 있다. 니콜렌카는 마차를 잡아탔으나 사람 왕래가 없는 으슥한 곳으로 데리고 가 갖고 있는 걸 빼앗기지나 않을까 염려한다. 그러나 곧 안정된다.

> 나는 어자의 낡아 빠진 외투 자락을 붙잡고 울퉁불퉁한 푸른 좌석에 앉았다. (……) 도중에 나는 마차의 등받이에 어자의 외투와 같은 푸르스름한 헝겊을 댄 것을 보자 까닭 없이 안심이 되었다. 혹 사람 없는 골목길로 가 무엇을 빼앗지나 않을까 하는 불안은 사라졌다. (Толстой 1:203)(『청년 시절』 36)

니콜렌카의 불안한 마음이 어떻게 해소되는가. 작가는 푸른색에 특별한 상징적 의미라도 두고 있는가. 작가는 니콜렌카의 두려움이 '푸르스름한 헝겊' 때문에 '까닭 없이' 가라앉았다고 기술한다. 니콜렌카의 심리 과정은 작가의 서사적 목적에 봉사하고 있는 것이 아니라, '불현듯', '갑자기' 변모하는 것으로 그려질 뿐이다. 톨스토이는 주인공을 서사 문법의 형태소로 여기지 않으며, 심리의 독자성, 즉 어떤 객관적인 상황과 이유로부터 상대적인 자율성을 가진 인물로 그리고 있다. 이러한 자율성으로 인해, 우리는 저자와 유기적인 동일성을 지닌 '니콜렌카-나'와 더불어 그러한 '나'의 심리를 배반하는 또 다른 '나'를 발견하게 된다.

이와 같이 자전 소설의 일인칭 화자가 갖는 장르적 제한성, 독백적 성격을 톨스토이는 다양한 소설적 시점을 선택함으로써 극복하고 있다. 톨스토이는 독립적으로 살아 있는 주인공으로 움직이고 생각하는 '어린' 니콜렌카를 통해서 '어른인' '저자-나'를 실현하고자 하는 소설적 구성(어른이 어린이의 옷을 입어야 하는 어려움!)을 취한다. '니콜렌카-화자-

주인공'을 통해 객관적으로 존재하는 주변세계와 인물들과 관계들을 제시함으로써 '작가-나'의 이념적 시점에 일정한 제약을 부과하고 있는 것이다. 어른으로서의 '저자-나'는 '도덕적 자기완성'과 이를 위해 끊임없이 노력하는 인간상을 지향하지만 '저자-나'가 현재 이를 달성한 인물인지, 여전히 끊임없이 노력하고 있는 인물인지는 분명하지 않다. 다만 그런 문제를 부단히 제기하고 있고 니콜렌카의 내면적 반성과 성장 과정을 엄정하게 바라보고 비판하는 간접적인 분위기를 통해 우리는 저자 형상을 '느낄' 수 있을 뿐이다. 그의 인격은 도덕적 설교자나 종교적 경건주의자로서의 어떤 것이 아니라 상황에 따라 다양하고 폭넓은 '얼굴 없는' 인격인 셈이다. 그 결과 저자 자신의 이념적 지향에 맞추어진 인물이나 세계가 아니라 근대 인간의 심리 구조, 환경과 인간 심리에 관한 깊은 발견과 묘사가 우리에게 제시된다. 그리고 바로 이런 세계의 발견과 형상화는 이후 장편 소설들의 '서술자-화자'가 본격적으로 맡아야 하는 과제가 된다.

2) 톨스토이의 전지적 '서술자-화자'

『전쟁과 평화』

등장인물은 완전한 독립성을 가지고 자신의 능력을 발휘하고 화자는 그들에 대해 완전한 지식을 가지고 그들을 꿰뚫어 보는, 등장인물의 내면과 꿈, 그리고 그들의 향후 운명까지 꿰뚫어 보는 '서술자-화자'의 능력은 톨스토이 장편 소설에서 가장 높은 수준으로 구현된다.

톨스토이 소설의 '서술자-화자'가 지닌 완전하고도 일관된 전지성은 모든 시공간에 걸쳐, 그리고 모든 인물의 내면과 사건의 진행에 이르기까지 철저하고도 완전한 지식과 가치판단으로 나타난다. 『전쟁과 평화(Война и мир)』(1863-1869)에서 톨스토이는 방대한 역사적 사건을 치밀하게 다루면서, 동시에 볼콘스키 가문과 로스토프 가문의 변전, 안드레이 볼콘스키와 피에르 베주호프, 나타샤 로스토프의 사랑과 운명, 쿠투조프 장군과 나폴레옹의 이념적·성격적 대립 등을 거대한 폭의 서사로 그려 내고 있다. 당연하게도 이런 방대한 서사 구도에서 작가가 직접 개입하거나 관계를 맺는 낭만주의적 병렬주의는 불가능하다. 작가는 단지 사건을 조사하여 재구성하고 인물을 설정하고 움직여 나가는 서술자로서 자신을 위치시키지 않을 수 없다. 페테르부르크 사교계의 움직임과 전투가 벌어지는 전선의 양측에서 전개되는 이야기, 그리고 볼콘스키 가문이나 로스토프 가문의 별개의 움직임 등이 어떻게 누구에 의해 모두 우리에게 전해지는가. 누가 그 모든 걸 알고 있으며 그 이면까지 들여다보면서, 그리고 서서히 하나씩 배열하여 우리에게 전해 주는가. 당연히 독자는 작가 톨스토이를 서술자의 형상으로 인지하고 받아들이지만 작품 속에 톨스토이 자신을 언급하는 '나'는 없고 톨스토이의 전기적 특성과 연관된 어떤 언급이나 암시도 존재하지 않는다. 누군가가(분명 작가로 추정되는) 모든 것을 알고 있고 평가하며 서술하지만 그 누군가는, 즉 그 서술자는 자신의 정체를 분명한 형태로 드러내지 않는다. '서술자-화자'는 사건에 참여하는 자도 아니며, 등장인물들과 사소하나마 어떤 안면이 있는 자도 아니다. 그는 어디에도 없으면서 어디에나 존재하고 어디로든 사라질 수 있다. 등장인물 중 그 누구도 그를 알거나 의식하지 못한다. '서술자-화자'는 나폴레옹 진영을 묘사하고 그때 쿠투조프 진영에서 동시에 일어나고 있던 일을 나중에 서술할 수도 있다. 볼콘스키의 집안을 들여다보다가 피에르의 내면으로 시선을 옮겨 갈 수 있고 나타샤의 사냥 장면으로 넘어갈 수도 있다. 우리는 이 마법적인 신비한 서술자의 뒤에 올라타고 마치 투명한 타임머신을 타고 다니는 것처럼 어느 때, 어느 곳이든 살펴볼 수 있다. 심지어 인물들의 생각과 꿈에 대해서도 필요하면 모두 다 알 수 있다. 그것은 '나-화자-저자'나 '나-화자-특정 인물'의 형식으로는 결코 포착되기 어려운 상황이며, 누군가 다른 사람이 보고 관찰한 다음 화자에게 건네주었다든지 하는 설정으로도 담아내기 쉽지 않은 내용이다. 모든 사건과 인물들은 개별적으로 완전히 독립적인 이유와 원인하에 전개되다가 우연히, 혹은 필연적으로 상호 관계되어 어떤 새로운 의미를 형성하며 또는 전혀 관계없는 사건과 인물들, 작품에서 한 번도 서로 만나거나 교차하지 않는 사건과 인물들도 작품 내에서 일정하게 의미망을 형성할 수 있다. 그리하여 우리는 나폴레옹과 쿠투조프 형상에서 역사철학의 대비를 볼 수 있고, 피에르 베주호프와 안드레이 볼콘스키의 운명의 교차 속에서 인간과 삶에 대한 대비적 성격을 느끼며, 심지어 플라톤 카라타예프와 나타샤 로스토바의 형상에서 민중적·보편적 세계관을 인식할 수 있게 된다.

톨스토이 소설에서는 아주 작은 수준으로라도(투르게네프나 곤차로프에게서처럼) 저자 자신의 운명의 노선을 나타내는 전기적 계기들이 없다. 그러나 그렇게 형식적인 기표화가 이루어지지 않더라도 우리는 그 어떤 작가의 작품보다 톨스토이 작품에서 저자의 도덕적 지향이나 열정, 지적 수준과 세계관 등을 아주 명료하게 감지한다. 물론 여기서 저자는 어떤 구체적인 인물이 되어 낭만주의 소설에서처럼 환멸과 떠남, 이국에서의 새로운 경험 등과 같은 운명적 궤적을 보여 주는 것은 아니다. 독자들 앞에는 아주 견고하고 완벽한 어떤 정신이 존재하는바 그것은 세상 모든 사람들과 현실에 대해 냉정한 관찰과 분석, 평가를 내린다. 그는 어떤 고상한 몸짓이나 움직임의 이면을 날카롭게 파헤치고 폭로해내며 사소한 대화와 사건이 작품 전체에 미치는 영향에 대해서도 모든 것을 다 알고 있다. 그 누구도, 긍정적인 인물이든 부정적인 인물이든, 그의 날카로운 시선을 비켜 가지 못한다. 그의 냉정하고 가차 없는 관찰과 분석을 벗어날 수 있는 것은 아무것도 없다. 이런 가차 없는 분석에 대해 1862년에 이미 그리고리예프는 "톨스토이의 분석은 인간 영혼의 모든 '고양된', '특별한' 감정들에 대해 철저하게 깊은 불신을 보여 줄 정도까지 이르렀다."[18]라고 간파한다. 그러나 물론 톨스토이의 관찰과 분석은 인간에 대한 깊은 불신이 아니라 인간에 대한 깊은 통찰과 반성에 기초하는 것임은 두말할 필요가 없을 것이다.

톨스토이의 '서술자-화자'는 무엇보다 전형적인 전지적 서술자이다. 톨스토이의 서술자는 이렇게 모든 것을 보고 느끼고 아는 자신의 능력이 누구로부터 받은 권리인지, 그것이 얼마나 정당한 것인지 등에 대해 작품 속에서 자문하거나 논증하지 않는다. 그 서술자는 갑자기 그대로 독자 앞에 나타날 뿐이다. 이를테면 『전쟁과 평화』의 첫머리는 아무런 저자적 매개 없이 등장인물의 말로 시작된다.

> "그것 보세요, 공작. 제노아와 루카가 보나파르트의 집안 영토나 다름없이 되어 버리지 않았어요. 정말 미리 말씀드려 두지만 그래도 아직 전쟁 따위는 없다고 말씀하시거나 반그리스도의, 정말, 저는 그자를 반그리스도라고 믿고 있어요, 그런 더럽고 무서운 소행을 아직도 변호하시거나 한다면 저는 이제 당신과 절교하겠어요. 당신은 제 친구도 아닐뿐더러 늘 입버릇처럼 말씀하셨던 저의 충실한 노예도 아니에요. 하지만 정말 잘 와 주셨군요. 아니 제가 그만 당신을 놀라게 해 드린 것 같군요. 자, 좀 앉아서 말씀하실까요."
>
> 1805년 7월, 황태후 마리아 페오도로브나가 총애한 사람으로 널리 알려진 여관(女官) 안나 파블로브나 세레르는 자기 집 파티에 맨 먼저 들이닥친 고관 바실리 공작을 맞아들이면서 이렇게 말했다. 안나

18 А. Григорьев, *Литературная критика*, М.: 1984, с. 527.

> 파블로브나는 요 며칠째 기침을 심하게 했다. 그녀의 말을 빌리면 감기에 걸렸다는 것이다(감기란 말은 당시 새로운 말로 쓰는 사람이 많지 않았다).(Толстой 4:7)[19] (『전쟁과 평화』 상 15)

프랑스어를 주로 사용하면서 가끔 러시아 단어를 섞어 사용하는 안나 세레르가 자기 집 파티에 손님으로 찾아온 공작에게 인사하는 장면이다. 서술자는 바로 세레르의 입에서 나오는 그녀의 말을 있는 그대로 받아 적는다. 그리고 이어서 이 여자가 황태후의 총애를 받았다는 사실과 지금 감기에 걸려 있다는 사실을 알려 주는 것은 서술자이다. 우리는 여기서 세레르의 현관 앞에 보이지 않게 서술자와 함께 서 있는 것 같다. 이 보이지 않는 서술자는 자신의 이름이나 지위를 드러내지 않을 뿐만 아니라 개인적 특성이나 가치관을 직접적으로 암시하지 않는다. 19세기 중엽 러시아 소설 발전단계에서 이젠 작가에게나 독자에게 소설을 쓰는 형식이나 쓰는 자의 자의식 같은 것은 필요하지 않다. 그저 이렇게 이야기를 시작하면 되는 것이다. 톨스토이라는 작가는 작품의 저작권을 표기하기 위해 책 표지에 기록될 뿐, 작품의 이야기가 시작되면 그는 어디에도 자신의 표식을 남기지 않는다. '내가 알고 있던 세레르 부인의 집에서'라든지, '내 아버지의 친구였던 공작 바실리'라든지, '이후 내가 들은 바로는' 등등과 같은 서술의 조건은 더 이상 불필요하다. 전지적인 서술자가 된 화자는 눈에 보이지 않으면서 모든 상황과 사건, 대화, 인물들의 성격과 운명에 대해 독자에게 전해 준다.

그러나 정말 이 서술자는 완벽하게 무인칭적이며 무개성적인 매개자

19 번역은 박형규 역(L. 톨스토이, 『전쟁과 평화』(상, 중, 하), 범우사, 1988)을 참조하였다. 이후 이 책에서의 인용은 본문 속에 (『전쟁과 평화』 권 쪽수)로 표기한다.

로서 순수하게 형식적인 역할만 하는 것일까. 이런 서술의 원칙상 화자는 자신의 도덕적 견해나 가치판단을 직접적으로 제시할 수 없다. 그러나 사건과 인물의 진행만을 엄격하게 따라가면서도 서술자는 인물과 사건의 선택과 배열을 통해, 그리고 묘사의 수준을 넘어서는 어떤 서술 방법을 통해 간접적으로 자신의 형상을 구축한다.

레온티예프는 안드레이 볼콘스키가 아우스테를리츠 전투에서 부상을 당한 이후에 보여 주는 그의 생각들이 볼콘스키의 이념적 시야에는 부적합한 것이라는 점을 지적한다. 레온티예프는 특히 볼콘스키가 하늘을 보는 장면 묘사가 주인공의 내면에 속하는 것으로 보기 힘들다고 말한다.

> 안드레이 볼콘스키 공작은 낮에 군기의 자루를 붙든 채 쓰러졌던 프라첸 고지의 같은 장소에 피를 흘리며 쓰러져 있었다. 그리고 나지막하고 구슬픈 앳된 신음 소리를 무의식중에 계속하고 있었다. (……)
> ‘저건 어디일까? 이제까지 모르고 있던, 그리고 오늘 비로소 본 저 드높은 하늘은?’ 이것이 그에게 최초로 떠오른 생각이었다. ‘그리고 이러한 괴로움은 난 역시 몰랐었다’고 그는 생각했다. ‘그렇다, 나는 여태까지 아무것도, 아무것도 몰랐던 것이다. 그러나 나는 도대체 어디에 있는 것일까?’
> 그는 가만히 귀를 기울이기 시작했다. 그러자 차차 다가오는 말굽소리와 프랑스어로 말하는 사람들의 목소리가 귀에 들려왔다. 그는 눈을 떴다. 머리 위에는 구름이 한층 높게 떠 있을 뿐 의연히 변함없는 그 높은 하늘이 펼쳐져 있고, 구름의 틈바구니에서는 짙푸른 무한의 심연이 엿보였다.(Толстой 4:359) (『전쟁과 평화』 상 426)

레온티예프는 얼마 전까지 영예로운 전공을 꿈꾸며 자신의 '툴롱의 하늘'을 찾고자 했던 볼콘스키가 치명적인 부상을 당하자마자 이렇게 갑자기 생각의 변화를 겪는 것이 자연스럽지 않게 여겨졌던 모양이다. 그는 "그(볼콘스키)의 모든 심리는 내게, 부상당한 볼콘스키 공작의 상태라기보다 자신을 그의 위치에 놓고 상상하는 저자의 상태, 그리하여 전쟁이 위대한 초인적인 제도라는 점에 대해 다시 한 번 비판하려는 것으로 보인다."[20]라고 말한다. 그는 피에르의 민중에 대한 판단에서도 그런 점을 읽어 낸다. 그건 아마도 이를테면 피에르가 포로가 된 와중에 만난 한 농부 출신 병사에 대한 인상 같은 것을 말하는 것 같다.

> 플라톤 카라타예프도 다른 모든 포로들에겐 지극히 평범한 일개 병사에 불과했다. 모두 그를 독수리니 플라토샤니 하고 부르거나 장난삼아 놀리기도 하고 심부름을 보내기도 했다. 그러나 피에르에게 그는 첫날 밤에 받은 인상대로 순박과 진실과의 영원하고도 불가사의한, 그리고 원만한 구상화로서 언제까지나 그의 마음에 남아 있었다.(4:1:13) (Толстой 7:56) (『전쟁과 평화』 하 218)

피에르가 농민 출신의 플라톤에게 느끼는 순박한 진실성은 레온티예프가 보기에 1812년 전쟁 중에 있던 피에르 베주호프라는 인물에게 느껴질 수 있는 수준의 것이 아니다. "사실 이것은 1812년의 베주호프 백작의 것이 전혀 아니다. 이것은 50년대 60년대의 톨스토이 자신의 것이다." "이것은 세바스토폴과 카프카스 이야기들과 같은 초기 저자의 형상

20 К. Н. Леонтьев, *О романах графа Л. Н. Толстого. Анализ, стиль и веяние*, М.: 1911, с. 43.

이다.”[21] 이런 지적은 바로 ‘서술자-화자’의 지식의 잉여에 주목하고 있다. 톨스토이가 주인공과 사건을 있는 그대로 냉정하고 가차 없이 묘사하며 서술하지만 때때로 그들의 시야 너머에 있는 지식을 서술자가 주인공들에게 부여하고 있다는 것이다. 하지만 이런 특성은 ‘서술자-화자’ 형식에서 불가피한 것으로, 톨스토이의 서술상의 실수라기보다 톨스토이적 ‘서술자-화자’의 본질이라고 말할 수 있다. 그것은 모든 것을 알고 있고 모든 것을 묘사하는 전지적 ‘서술자-화자’가 인물의 성격과 배치, 사건의 진행 등 모든 것을 관장하고 있기 때문에 필연적으로 나타날 수밖에 없는 현상이다. 그것은 주인공 형상에 저자의 이념적 수준이 강요된 결과일 수 있지만, 어쨌든 서술 형식 자체에서는 모순되지 않는다. 한 인간이 죽음에 직면하여 이제까지와는 전혀 다른 인생관을 깨닫게 되는 것은 결코 불가능한 일이 아니다. 그리고 피에르가 공작의 사생아로 러시아 사회의 주류에서 다소 비켜서 있고 볼콘스키와는 달리 출세와 영예를 탐하지 않는 성격으로 보건대, 충분히 어떤 상황에서 러시아 농민에 대한 공감으로 나아갈 개연성이 결코 없었다고 말할 수 없지 않은가. 그런 점에서 레온티예프의 분석은 주인공의 성격화의 부족을 지적하는 것이라면 나름대로 타당하지만 서술 형식 자체의 모순을 증명하는 것은 될 수 없다.

하지만 거듭 말하거니와 전지적 ‘서술자-화자’ 형식이 저자 형상 자체를 제거하는 것은 아니다. 저자는 인물과 사건의 선택과 배열, 인물과 묘사 등 매우 간접적인 방법으로 자신의 형상을 구축해 나간다. 그러나 앞서 말한 바와 같은 냉정하고 가차 없는 객관적 묘사라는 말은 상대적인 의미로 그러하다고 수정해야 옳을지도 모른다. 톨스토이는 인물과 사건 그 자체의 필연성을 확보하는 수준에 있어 19세기 문학에서 타의

21 К. Н. Леонтьев, 위의 책, с. 108.

추종을 불허할 만큼 빼어나다. 그러나 그럼에도 불구하고 저자의 잉여성이 드러나는 것은 불가피하며 톨스토이 자신도 그것을 완전히 제거하는 것 자체를 목적으로 삼지 않고 있기 때문이다. '서술자-화자'는 때로 저자의 입장에서 자신의 이념적 욕망을 직접적으로 드러내고 싶어 한다. 다시 말해 톨스토이에게서도 우리는 러시아 소설의 전통, 저자 드러내기의 흔적을 여전히 발견할 수 있는 것이다. 작품의 구성이나 갈등 등 아주 간접적인 방법 이외에도, 이를테면 아주 부분적이고 아주 일반화된 형태이기는 하지만, 톨스토이는 '우리'라는 아주 일반화된 자기 인칭을 몇 차례 사용한다.

> 그는 우리 조상들이 말할 때뿐만 아니라 생각할 때에도 썼다는 그 세련된 프랑스어로 말했다.(Толстой 4:8) (『전쟁과 평화』 상 16)

하지만 이런 '우리'라는 표현은 '우리 군대', '우리 편', '우리의 공작' 등 매우 일반화된, 그래서 '아, 이 서술자는 러시아인이구나'라는 정도만을 말해 주는 인칭 표현일 뿐이다. 그마저도 매우 드물게 나타난다. 하지만 제4권에 이르면 서술자는 그보다 더 적극적으로 자신을 드러낸다.

> 1812년 전쟁 말기에 관해서 쓴 기록을 읽은 러시아인 가운데, 분노와 불만과 석연치 않은 애매함을 느끼지 않는 사람이 있을까? 또 러시아의 삼군이 우세한 병력을 가지고 프랑스 군을 포위했음에도 불구하고 ― 붕괴한 프랑스 군이 굶주림과 추위에 떨면서 항복해 왔음에도 불구하고 ― 역사의 진술에 의하면 러시아 군이 프랑스의 전군을 억제하고 차단하여 모조리 사로잡아야겠다고 생각했음에도 불구하고, 어째서 프랑스 전군을 사로잡지도 못하고 쳐부수지도 못했는가

> 하고 반문하지 않는 사람이 과연 있을까?(Толстой 7:177) (『전쟁과 평화』 하 347)

> 이것이 러시아 지성이 인정하지 않는 이른바 위인이 아닌, 위대하다고 인정받지 못한 사람들의 운명이다. 하지만 그들은 신의 섭리를 깨닫고, 거기에 자기 개인의 의지를 복종시켰던 드물게 볼 수 있는 항상 고독한 사람들이다. 군중은 최고 법칙을 통찰했다는 이유로 이러한 사람들을 증오와 모멸로써 벌한다.(Толстой 7:194) (『전쟁과 평화』 하 367)

전지적 서술자는 이런 장면에서 일탈적인 서술 경향을 보인다. 물론 작품이 끝나는 무렵 전쟁에 대해 종합적으로 평가하기 위해 필요한 서술일 수 있겠지만 그것은 선택한 인물이나 사건의 전개, 그에 필요한 대화와 세부묘사, 상황 설정과 설명의 수준을 훨씬 뛰어넘는 작가의 '서정적 일탈'(이 경우에는 '이념적 일탈'이라는 표현도 가능할 것이다)이 아닐 수 없다. '서술자-화자'는 이제 분석적이면서 애국적인 열정이 가미된 역사가로서 1812년 전쟁에 관한 역사적 평가와 자신의 견해를 직접 서술하기 시작한다. 제4권의 제3편에 이르면 이런 역사철학이 대폭 늘어나면서 사건과 주인공의 운명보다 '서술자-화자'의 식견에 지면의 상당 부분을 할애한다. 이런 부분은 내용적으로 '나-화자-저자' 형식과 크게 다르지 않다고 말할 수 있을 것이다. 하지만 톨스토이 자신은 이런 점을 형식의 파괴가 아니라 자신의 소설의 핵심적인 특성으로 인식하고 있는 듯하다. 톨스토이가 이 작품을 일종의 운문 서사시(에포페야) 장르라고 규정하고자 한 것은 바로 그런 인식을 반영한다. 러시아 소설 발전에서 거의 완벽한 객관적 '서술자-화자' 형식을 달성하고 있으면서도 결국에는 꿋꿋하게 작가 자신의 이념과 철학을 견지하고자 하는 톨스토이 소설 정신은 러시아 소설적 전통의 계승이자 새로운 발전이라고 말할 수 있다. 톨스토이 이후의 러시아 소설은 이런 점에서 가깝든 멀든 톨스토이 소설로부터 자유로울 수 없다. 바로 그러한 러시아 소설의 작가성, 혹은 저자성은 러시아 소설의 형식적 안정화를 흔드는 요소이며, 또한 거듭 새로운 형식적 모색으로 나아가게 만드는 동력이기도 하다.

『안나 카레니나』

『안나 카레니나(Анна Каренина)』(1873-1877)는 『전쟁과 평화』에 비해 독자와 하나가 되려는 '우리'라는 인칭이나, 서술자의 자의식이 잉여적으로 넘쳐 나는 경우나 저자의 사상이 직접 노출되는 경우가 전무하다는 점에서 소설 형식상으로는 가장 안정적이라는 평가를 받는다. 이 작품에서 '서술자-화자'는 『전쟁과 평화』의 '서술자-화자'와 크게 다르지 않다. 그는 모든 장면과 장면, 모든 인물과 인물, 그들의 관계와 갈등까지, 각각의 내면 생각과 꿈까지 그 모든 것을, 서로 다른 시간과 서로 다른 장소에서 벌어지는 사건에 대해서까지 모두 알고 묘사하고 서술한다. 그러나 서사의 진행을 넘어서는 과도한 해설이나 주석으로 나서지 않고 각 장면마다, 혹은 각 인물마다 일단 선택된 시점을 일관되게 지켜 가며 그 시야 내에서 서술을 진행한다는 점에서 『전쟁과 평화』에 비해 보다 절제된 '서술자-화자'이다. 『전쟁과 평화』의 서술자가 때로 역사에 대해, 조국 러시아의 운명에 대해 다소 고양된 감정을 노출시키고 에필로그를 통해 자신의 역사철학을 전개하는 점에 비하면 『안나 카레니나』의 서술자는 장면과 인물 제시의 기능, 그 진행의 기능에 철저히 자신을 제한한다. 설사 톨스토이 자신으로 여겨지는 어떤 이념을 드러내는 경우라도 그것은 개성화된 등장인물의 입을 통해서만 실현된다.

물론 이 경우에도 우리는 모든 것을 알고 있는 보이지 않는 '서술자-화자'가 작동하고 있다는 것은 부정할 수 없다. 『안나 카레니나』의 그 유명한 시작은 바로 이러하다.

> 행복한 가정은 모두 서로 비슷하지만 불행한 가정은 제각각으로 불행하다.
> 오블론스키 집안은 모든 것이 어수선하게 들떠 있었다. 아내는 남편이 전에 그들의 집에서 가정교사로 있었던 프랑스 여인과 관계를 가졌다는 것을 알고, 남편에게 더 이상 한집에서 같이 살아갈 수 없다는 말을 내뱄다. 이러한 상태가 벌써 사흘째나 계속되어 당사자인 내외는 물론 가족들과 같이 사는 사람들까지 더할 수 없는 괴로움을 느끼고 있었다. 그들 모두 자신들의 동거생활은 무의미하며, 한 여인숙에서 우연히 같이 묵게 된 사람들일지라도 자신들보다는 서로 훨씬 친근한 관계로 맺어졌을 거라고 느끼고 있었다.(Толстой 8:7)[22]
> (『안나 카레니나』 1:11)

작가 톨스토이는 작품 바깥에 소설 제목과 저자 이름을 표기한 이후에, 제1부 제1장을 시작하기 전에 "복수는 내 일이니 내가 갚으리라."라고 성서의 구절을 제사(題詞)로 붙이고 있다. 분명 그것은 작품이 시작되기 이전에 작품 전체에 대한 작가의 암시라고 말할 수 있다. 그리고 작품이 시작되자 작품 속의 '서술자-화자'는 앞으로 전개될 사건에 대한 어떤 암시처럼 '행복한 가정'과 '불행한 가정'을 비교한다. 추상화된 작가의

22 번역은 박형규 역(L. 톨스토이, 『안나 카레니나』(1, 2, 3), 문학동네, 2009)을 참조하였다. 이후 이 책에서의 인용은 본문 속에 (『안나 카레니나』 권수:쪽수)로 표기한다.

암시에서 구체적인 '서술자-화자'로의 하강이다. 이 '서술자-화자'는 작가로부터 어떤 전능한 능력을 이어받는 것 같다. 그리고 어떤 인물도 등장하기 전에 '서술자-화자'는 오블론스키 집안의 어수선한 분위기, 그 이유, 그리고 집안의 모든 사람들의 마음 상태까지 우리에게 설명해 준다. 독자들은 서서히 '서술자-화자'의 시선과 시야에 동화되어 그가 향하는 대로 하나씩 상황을 이해하고 인물들의 성격과 관계를 이해해 간다. 모든 사건과 인물들의 전모를 알기 위해서 독자는 그를 믿고 따라가야 한다. 설사 '서술자-화자'가 어떤 비밀 같은 것을, 즉 향후의 운명을 알고 있으면서 우리에게 감추고 나중에 들려주더라도 우리는 참고 기다려야 한다. 우리는 일정한 전지적 능력을 가진 '서술자-화자'에게 전적으로 의지하여 『안나 카레니나』의 세계 속으로 들어가는 것이다. 만일 이 '서술자-화자'가 믿을 만하지 않다거나, 정보를 전달하는 순서나 배치가 마음에 들지 않는다면 독자들은 책을 덮을 것이고 작품 세계는 더 이상 독자의 마음속에 전개될 수 없다. 그러나 '서술자-화자'의 능력이 뛰어나고 우리가 볼 수 없는 것까지 보고, 느낄 수 없는 것까지 느끼고, 우리가 상상할 수 없는 것까지 말해 준다면 우리는 끝까지 그를 믿고 따르게 될 것이다. 물론 '서술자-화자'는 서로 다른 인물을 창조하고 그들의 입을 통해 직접 말을 하도록 만들고 그들 사이에 다양한 관계와 갈등이 전개되도록 만들기 때문에 우리는 창조된 상황과 세계 자체에 시선을 고정할 수 있다. 그렇게 되면 어느새 '서술자-화자'의 시선은 창조된 세계를 보이게 하는 일종의 믿을 만한 안경처럼 우리의 시선과 하나가 되는 것이다.

이런 작품에서 우리가 서술자보다 더 높은 위치에서 사건과 인물이 움직이는 거대한 시공간의 복잡하고 다양한 실체를 파악하기란 쉽지 않다. 전지적 능력의 서술자는 그 어떤 작중 인물이나 독자보다도 더 많이 알고 있으며 더 깊이 생각하고 있기 때문이다. 그는 보고자 한다면 개인들의 내밀한 욕망과 꿈속까지 들여다볼 수 있고 사소한 움직임조차 먼 훗날의 어떤 의미와 연관되어 있음을 알기 때문에 우리에게 의미심장한 암시를 보낼 수도 있다. 이를테면『안나 카레니나』의 첫 장면에서 철도 노동자 한 사람이 열차에 치여 죽는 것과 작품 말미에 안나가 철도에 뛰어들어 죽는 것, 철도의 이미지, 안나와 브론스키가 열차 안에서 얼핏 스치는 순간, 작품 처음에 오블론스키 내외의 갈등이 배치된 점, 오블론스키와 레빈이 레스토랑에서 식사하는 장면, 페테르부르크로 돌아가는 열차가 잠시 정차했을 때 안나가 밖으로 나와 맞이하는 눈보라, 기타 수많은 순간과 장면들은 그저 우리 눈앞에 던져진 것이 아니라 '서술자-화자'의 주도면밀한 예술적 간계의 소산이다.『안나 카레니나』의 '서술자-화자'에게서는『전쟁과 평화』의 '서술자-화자'와 같은 냉담하고도 가차 없는 엄정한 결기 같은 것도 느껴지지 않는다. 그는 마치 아무런 연관이 없는 사실 그 자체를 기록한다는 듯이 자신의 의지를 완전하게 숨기면서 모든 것을 말해 준다.

안나와 브론스키가 처음 만난 모스크바 역에서 한 선로지기가 기차에 치여 죽는 사건이 벌어진다. 이 장면을 보자.

> 브론스키는 어머니의 팔을 잡았다. 그들이 막 객차에서 밖으로 나왔을 때 갑자기 경악한 표정의 몇 사람이 그들을 지나쳐 뛰어갔다. 역장도 그 이상한 빛깔의 모자를 쓰고 뛰어갔다.
> 뭔가 심상찮은 일이 일어난 게 분명했다. 기차에서 내렸던 사람들도 다시 기차로 뛰어왔다.
> "뭐야? 뭐야? 어디야? 뛰어들었어? 치여 죽었대!" 뛰어가는 사람들 사이에서 이런 소리들이 들려왔다.
> 스테판 아르카디이치는 누이동생과 팔을 낀 채, 역시 깜짝 놀란 얼굴

로 되돌아와 군중을 헤치면서 객차 입구에 멈췄다.
부인들은 객차 안으로 들어가고, 브론스키는 스테판 아르카디이치와 함께 사고의 상세한 경황을 알아보기 위해 군중의 뒤를 따라갔다. 선로지기가 취했었는지 아니면 강추위로 몸뚱이를 지나치게 둘러싸고 있었는지 후진하여 오는 기차 소리를 듣지 못하고 치여 버렸던 것이다.
브론스키와 오블론스키가 돌아오기 전에 부인들은 이런 상세한 내용을 집사에게 전해 들었다.
오블론스키와 브론스키 두 사람은 기차에 치여 죽은 시체를 보았다. 오블론스키는 극심한 충격을 받은 모양이었다. 그는 얼굴을 잔뜩 찌푸리고 금방이라도 울음을 터뜨릴 것만 같았다.
"아아, 정말 끔찍한 일이야! 아아 안나, 네가 만약 그것을 보았다면, 아아, 얼마나 끔찍하던지!" 하고 그는 말했다.
브론스키는 말이 없었다. 그의 아름다운 얼굴은 정색을 하고 있었지만 아주 침착했다.
"아아, 당신이 만약 그걸 보셨더라면, 백작부인." 스테판 아르카디이치는 말했다. "그 사내의 아내도 거기 있었습니다만… 그 광경은 차마 볼 수 없었어요… 시체에 매달려서… 그는 혼자 벌어서 많은 식구들을 먹여 살려 왔다는군요. 그러니 큰일이에요."
"그 여자를 위해서 뭐라도 해 줄 수 있는 일이 없을까요?" 안정을 잃은 목소리로 카레니나 부인이 조용히 말했다.
브론스키는 그녀의 얼굴을 흘깃 쳐다보고 바로 객차에서 나갔다.
"곧 돌아오겠습니다, 어머니." 그는 문간에서 돌아보면서 말했다.
이삼 분쯤 지나 그가 다시 돌아왔을 때 스테판 아르카디이치는 이미 백작부인과 함께 신인 여가수에 대한 이야기를 하는 중이었다. 그러나 백작부인은 아들이 돌아오기를 기다리며 안절부절못하고 문 쪽만 돌아보고 있었다.

“자아, 이제 가십시다.” 들어오면서 브론스키가 말했다.

그들은 다 함께 객차를 나왔다. 브론스키는 어머니와 함께 앞장섰다. 그 뒤를 따라 카레니나 부인이 오라버니와 나란히 갔다. 역 출구에서 그들을 뒤쫓아 온 역장이 브론스키에게 다가왔다.

“귀하께서 저희 조역한테 이백 루블을 주셨더군요. 죄송하지만 그걸 누구에게 주시라는 건지 몰라서 말씀입니다.”

“과부가 된 여자에게죠.” 브론스키는 어깨를 움찔하면서 말했다. “새삼스럽게 물어보실 것 있습니까?”

“자네가 줬다고?” 등 뒤에서 오블론스키가 외쳤다. 그러고는 누이의 손을 꽉 쥐면서 덧붙였다. “정말 인정이 있군, 정말 인정이 있어! 그렇지 않아, 훌륭한 남자잖아? 그럼 백작부인, 실례하겠습니다.”

그러고서 그는 누이와 함께 그녀의 하녀를 찾기 위해서 그 자리에 멈춰 섰다.

그들이 역을 나왔을 때 브론스키의 사륜 여행마차는 떠나고 없었다. 역에서 나오는 사람들은 여전히 조금 전에 일어났던 사건에 대해 서로들 이야기하고 있었다.

“정말 무서운 죽음도 다 있군!” 한 신사가 옆을 지나치면서 말했다. “두 동강이 나 버렸다고 하더군 그래.”

“난 반대로 가장 손쉽고 순간적인 죽음이라고 생각해.” 다른 사람이 토를 달았다.

“거 어떻게 달리 방도를 취할 법도 한 일이었는데 말야.”

카레니나 부인은 사륜 여행마차에 올라탔다. 스테판 아르카디이치는 그녀가 입술을 바르르 떨며 간신히 눈물을 억누르고 있다는 것을 알아채고 놀랐다.

"왜 그러니, 안나?" 그는 몇 백 사젠쯤 왔을 때 물었다.

"불길한 징조예요." 그녀는 말했다.

"쓸데없는 소릴!" 스테판 아르카디이치는 말했다. "네가 와 줬다는 게 가장 중요한 일이야. 넌 상상조차 하기 어려울 테지만, 난 너에게 얼마나 기대를 걸고 있는지 모른다!"

"그런데 오라버닌 브론스키를 오래전부터 알고 계셨어요?" 그녀는 물었다.

"그렇지. 너도 아는지 모르겠지만, 우린 키티를 그 사람과 결혼시켰으면 하고 있어."

"그래요?" 안나는 조용히 말했다. "자아, 이제 오라버니 얘기를 들려주세요." 그녀는 마치 뭔가 지나치게 자기를 억누르고 있는 방해물을 몸에서 떨쳐 내려는 듯이 머리를 흔들면서 덧붙였다. "오라버니 일에 대해서 얘기해 주세요. 난 오라버니의 편지를 받고 이렇게 일부러 왔으니까요."(Толстой 8:75) (『안나 카레니나』 1:131-135)

안나와 브론스키가 만나는 장면에서 벌어진 우연한 사건에 대한 묘사이다. 여기서 '서술자-화자'는 그 어떤 직접적인 암시나 논평을 하고 있지 않다. 그저 일어난 사건과 그 사건에 대한 각자의 반응을 있는 그대로 그려 나가고 있을 뿐이다. 하지만 여기에 『안나 카레니나』의 '서술자-화자'의 특성이 거의 완벽하게 드러나 있다. 이 짧은 순간에 브론스키와 안나, 스테판 등의 성격과 운명이 작품 전체에서 전개될 그들의 운명과 거의 완벽하게 조응하여 그려지고 있는 것이다. 기차에 치여 몸이 두 동강이 난 선로지기, 그 끔찍함에 눈을 찌푸리던 브론스키는 처음 만난 안나의 한마디에 몸을 돌려 선로지기의 미망인에게 큰돈을 적선하고 돌아온다. 오블론스키는 그저 호인처럼 브론스키를 칭찬한다. 하지만 왠지 안나는 불길한 느낌을 지우지 못한다. 오블론스키의 처제인 키티와 브론스키를 결혼시킬 것이라는 말을 듣고 안나는 축하한다느니 하는 관심을 보이기보다 뭔가 자기를 억누르고 있는 방해물을 떨쳐내듯 머리를 흔들며 말을 돌린다. 이들의 운명에 대해 '서술자-화자'는 이미 알고 있지만 우리에게는 지금 전개된 상황에서 나올 수 있는 지식만큼만 전해 준다. 사실 '서술자-화자'가 이야기한 것을 논리적으로 검토할 때 우리는 브론스키의 약간의 경박함과 명예심, 아름다운 부인에 대한 내심으로부터의 관심, 오블론스키의 호인다움, 안나의 예민함과 인간적 감정 같은 정도만을 느끼는 것이 자연스럽다. 그러나 이후 전개되는 이들의 운명을 읽고 나서 이 장면을 돌이키면 이 장면은 단순한 사건에 대한 묘사가 아니라 이들의 운명 전체를 암시하고 있다는 것을 느낄 수 있다. 물론 '서술자-화자'가 '그렇지 않다. 나는 이들의 행동거지만을 정확하게 묘사했을 뿐이다. 내가 묘사한 성격이 이후 이들의 운명에 부합한다면 그것은 내가 그것을 미리 암시한 결과가 아니라 내가 그들을 정확하게 보았다는 것을 말해 줄 뿐이다.'라고 주장한다고 해도 이의를 달 수 없을 것이다. 그만큼 이 작품의 '서술자-화자'는 자신의 간계를 명백하게 밖으로 드러내지 않는다.

안나와 브론스키의 비극적 사랑과 운명의 행로가 끝날 무렵, 결국 식어 버린 사랑과 자신의 삶에 절망하는 안나가 달려오는 기차에 뛰어들어 죽는 제7부 제31장을 보자.

> 남들의 모습을 보지 않기 위해서 그녀는 얼른 일어나서 텅 빈 객차의 건너편 창가에 앉았다. 챙 없는 모자 아래로 헝클어진 머리칼이 비어져 나와 더러운 옷차림을 한 추한 사내가 차량의 바퀴 쪽으로

몸을 구부리면서 그 창문 옆을 지나갔다. '저 추한 사내는 어딘가 낯이 익은 것 같군.' 안나는 문득 생각했다. 그녀는 자기의 꿈을 생각해 내고 두려움에 몸을 떨면서 문 쪽으로 물러앉았다. (……)

그녀가 하물 운반인과 이야기를 하고 있을 때 마부인 미하일이 빨갛고 유쾌한 얼굴로 말쑥한 푸른색 등거리 외투를 입고 그 위로 시곗줄을 번득거리면서, 분명 자기의 사명을 훌륭하게 수행한 것을 뽐내는 듯한 태도로 그녀에게 다가와서 편지를 건넸다. 그녀는 봉인을 뜯었다. 그녀의 심장은 읽기도 전에 오그라들었다.

'당신의 편지가 여기로 떠나오기 전에 내 손에 들어오지 않았던 것을 매우 유감스럽게 생각하고 있소. 나는 열 시에 돌아가리다.' 하고 브론스키는 아무렇게나 내갈기고 있었다.

'그래, 내가 생각했던 대로다!' 그녀는 심술궂은 미소를 띠면서 속으로 말했다. (……)

'아니에요. 나는 이제 더 이상 자신을 괴롭히는 짓 따위는 하지 않겠어요.' 그녀는 그도 아니고 자기 자신도 아닌, 그녀를 괴롭히는 누군가를 으르대는 것처럼 이렇게 생각했다. 그러고는 기차역의 건물 옆을 지나서 플랫폼을 따라 걸어갔다.

(……)

그러자 갑자기 그녀는 처음 브론스키와 만났던 날의 역사자(轢死者)에 대해 생각하고, 지금 자기가 해야 할 일을 깨달았다. 빠르고 가벼운 걸음걸이로 급수탑에서 레일 쪽으로 나 있는 계단을 내려간 안나는 지나가는 열차에 바짝 가까이 가서 멈추었다. (……)

'저기다!' 그녀는 침목 위에 흩뿌려져 있는 석탄이 섞인 모래와 그 위로 드리워진 차량의 긴 그림자를 바라보면서 혼잣말을 했다. '저기로, 저 한가운데로. 그리고 나는 그이를 벌하고 모든 사람들과 나 자

신으로부터 벗어나자.'

그녀는 첫 번째 차량의 한가운데가 자기의 정면에 왔을 때, 그 밑에다 몸을 던지려고 했다. 그러나 손에서 놓으려고 했던 빨간 손 주머니가 그녀를 붙잡았으므로 기회를 놓치고 말았다. 한가운데는 이미 지나가 버렸던 것이다. 그래서 다음 차량을 기다리지 않으면 안 되었다. 해수욕을 하면서 막 물속으로 뛰어들려고 할 때에 여러 차례 경험했던 것과 흡사한 느낌이 그녀를 사로잡았다. 그녀는 성호를 그었다. 성호를 긋는 이 익숙한 동작이 그녀의 마음에 처녀 시절과 어렸을 때의 일련의 추억을 온전하게 불러일으켰다. 그러자 갑자기 그녀를 위해서 삼라만상을 뒤덮고 있던 어둠이 걷히고 한순간, 생이 그 모든 빛나는 과거의 환희와 더불어 그녀 앞에 나타났다. 그러나 그녀는 다가오는 두 번째 차량의 바퀴에서 눈을 떼지 않았다. 그리고 바퀴와 바퀴 사이의 한가운데가 그녀 앞까지 온 바로 그 순간에 그녀는 빨간 손 주머니를 내던지고 두 어깨 사이에 머리를 틀어박고 두 손을 짚고 차대 밑으로 넘어지면서, 그리고 곧 일어나려고 하는 듯한 가벼운 동작으로 무릎을 꿇었다. 그러자 그 순간 그녀는 자기가 저지른 일에 대해 공포를 느꼈다. '나는 어디에 있는 것일까? 나는 무슨 짓을 하고 있는 것일까? 무엇 때문에?' 그녀는 몸을 일으켜 뛰어나오려고 했다. 그러나 무언가 거대하고 무자비한 것이 그녀의 머리를 꽝 하고 떠받고 그 등을 할퀴어 질질 끌어갔다. '하느님, 저의 모든 것을 용서해 주소서!' 그녀는 이미 저항하기엔 늦었음을 느끼면서 중얼거렸다. 한 사내가 뭐라고 웅얼거리면서 쇠붙이 위로 몸을 구부리고 일을 하고 있었다. 그러자 불안과 기만과 비애와 사악으로 가득 찬 책을 그녀에게 읽게 해 주던 촛불이 그 어느 때보다도 환하게 확 타올라 지금까지 어둠에 싸여 있던 일체의 것을 그녀에게 비추어 보이고는 파지직 소리를 내고 어두워지다가 이윽고 영원히 꺼져 버렸다.(Толстой 9:360-364) (『안나 카레니나』 3:421-428)

섬뜩하고도 비극적이며 안타까운 안나의 마지막 모습이다. 죽음에 이르는 주인공의 마지막 장면을 어쩌면 이렇게까지 세밀하게 들여다보고 그려 낼 수 있는 것인지 놀라지 않을 수 없다. 하지만 안나의 참담한 죽음에 대한 감상을 잠시 내려놓고 우리의 '서술자-화자'에 관심을 돌려보자. 안나는 객차 안에서 창문 밖으로 더러운 옷차림을 한 추한 사내가 차량의 바퀴 쪽으로 몸을 구부리며 지나가는 모습을 보고 낯이 익다고 생각한다. 그리고 꿈을 떠올리며 두려움에 떤다. 이제 우리는 안나와 브론스키가 처음 만나던 장면에서의 기차 사고를 떠올리게 된다. 물론 이 사내는 몇 번이나 안나의 꿈속에서 기묘한 형태로 나타나곤 했다. '서술자-화자'의 간계는 여기서도 분명히 어떤 의미를 지시하지 않지만 우리는 그 대비를 통해 죽음의 그림자를 서늘하게 느끼지 않을 수 없다. 과연 잠시 뒤, 우리가 이미 그것을 느낀 뒤에 '서술자-화자'는 안나를 통해 역사자에 대해 떠올리게 하고 죽음을 결심하게 만든다. '서술자-화자'는 궤도를 따라 움직이는 강력한 힘의 기차와 제 갈 길을 찾지 못하는 여성 안나의 충돌과 죽음의 복선으로서 서로 다른 두 죽음을 소설의 처음과 끝부분에 배치하고 있다. '서술자-화자'는 전혀 아무런 감정의 동요를 보이지 않고 조금치의 서정적 일탈도 보이지 않은 채 아주 담담하게 있는 그대로 죽음의 장면을 그려 내고 있을 뿐이다. 더구나 기차에 뛰어들려는 이 섬뜩한 순간에 안나의 '빨간 손 주머니'가 방해하는 모습을 결코 놓치지 않는 '서술자-화자'의 능력은 잔인할 정도의 냉철한 관찰력이 아닐 수 없다. 우리는 '서술자-화자'의 안타까움이나 찌푸림과 같은 느낌을 주는 표현이나 단어는 전혀 읽을 수가 없다. 마지막 순간, "불안과 기만과 비애와 사악으로 가득 찬 책을 그녀에게 읽게 해 주던 촛불이 그 어느 때보다도 환하게 확 타올라 지금까지 어둠에 싸여 있던 일체의 것을 그녀에게 비추어 보이고는 파지직 소리를 내고 어두워지다가 이윽고 영원히 꺼져 버렸다."에서는 '서술자-화자'의 나름대로 고양된 파토스가 들려오는 것 같기도 하지만 그것은 사실 안나 자신의 마지막 순간의 느낌과 중첩되고 있어 온전히 '서술자-화자'의 것이라고 말할 수는 없다.

결국 『안나 카레니나』의 '서술자-화자'는 그 전지적 능력을 과도하게 사용하지 않고 사건과 인물 자체를 인도하는 기능으로만 활용한다. 『안나 카레니나』가 발표되자 당대 러시아 사회에 '안나가 유죄인가, 무죄인가'를 둘러싼 격렬한 논쟁이 벌어진 것도 결코 우연이 아니다. 고관대작의 귀족 부인과 청년 사관의 불륜, 그리고 그 사랑의 끝에서 죽음에 이르는 안나의 운명이 19세기 중반 귀족 사회에서 논쟁을 불러일으킨 것은 너무나 당연한 일이었다. 그러나 그보다도 도대체 작가는 안나의 사랑에 대해 어떤 태도를 가지고 있는가. 그는 안나의 사랑에 대해 비난하고 있는 것인가, 아니면 그녀의 사랑을 아름답게 바라보고 있는 것인가. 높은 사회적 지위와 명예가 보장된, 그러나 사랑이 없는 가정을 과감하게 떨치고 나선 안나에게 죽음이란 너무 가혹한 형벌이 아닌가. 이 작품에서 도대체 작가가 어떤 판단을 내리고 있는 것인지 확증하기 어렵다. 보수적 입장에서는 유부녀의 간통을 비난하면서 그녀의 사랑이 너무 아름답게 그려졌다고 불만이었고, 진보적 입장에서는 사랑이 없는 결혼을 강요하는 제도를 비판하면서 왜 그녀가 죽어야만 하느냐고 불만이었다. 이런 경우 작가의 이념과 작가의 이념을 담은 소설 속 저자의 형상은 '서술자-화자'의 태도나 일탈에서가 아니라 사건과 인물의 선택과 배치 등 매우 간접적인 시학 분석을 통해 찾아질 수밖에 없다.

보통 톨스토이의 작가 이념은 레빈과 키티의 삶에서 드러난다고 평가된다. 실제로 농촌에서 개혁적인 지주로 살아가고자 하는 레빈의 삶과 사상은 작가 톨스토이의 그것에 매우 근접해 있다. 톨스토이가 레빈과 키티의 삶을 통해 자신이 생각하는 삶의 양식을 드러내고자 한다는 것은 부정하기 힘들다. 하지만 작가의 사상이 '서술자-화자'나 작가의 일탈이 아니라 등장인물을 통해 체현되기 위해서는 많은 제한이 발생한다. 그 사상은 작품 속에서 레빈이 지닌 성격과 지위에 부응하는 수준을 넘어설 수 없기 때문이다.

레빈은 그 시대 귀족 지주들의 일반적 모습과는 달리 농촌에서 새로운 농업 경영을 시도하며 도덕적으로 살아가기를 꿈꾸는 인물이다. 처음에 그는 키티에게 청혼을 했지만 거절당하고 자신의 영지에 칩거한다. 브론스키와의 화려한 결혼을 꿈꾸던 키티는 레빈에게 남다른 감정을 느끼지만 그것을 사랑이라고 생각하지는 못한다. 키티는 브론스키에 대한 환상이 깨진 후 비로소 레빈의 사랑을 진정한 사랑으로 받아들인다. 그들은 말을 하지 않아도, 설명하지 않고서도 서로의 마음을 그대로 읽고 전달할 수 있는, 말하자면 '소울 메이트'쯤 되는 것이다(단어의 첫 글자만 가지고 서로 하고 싶은 문장을 알아맞히는 게임 장면을 떠올리자).

소설은 한편으로는 안나와 브론스키의 사랑을 따라가고, 다른 한편으로는 키티와 브론스키의 사랑을 따라간다. 그러나 이들 두 사랑의 노선은 자신들의 운명의 길에서 서로 교차하거나 직접 대비되지 않는다. 분명 서로 인연이 있는 인물들이지만 이들은 서로 긴밀하게 뒤섞이지 않고 별개의 세계를 사는 듯이 살아간다. 키티와 브론스키의 약혼 좌절이 한 번 있었고, 우연히 레빈과 브론스키가 스쳐 지나가지만 사랑과 결혼의 진행 과정에서 이들이 부딪치거나 서로의 견해를 주고받는 일은 다시 등장하지 않는다. 소설은 장별로 안나와 브론스키, 키티와 레빈의 삶을 교차하며 서술해 가지만 이들이 한자리에 모이거나 어떤 사건에 같이 연루되는 경우는 없는 것이다. 그러나 레빈의 삶과 사고방식이 작가 톨스토이의 삶과 사상을 거의 직접적으로 가리키고 있다는 점을 모르는 독자는 아마 아무도 없을 것이다.

레빈은 키티와의 결혼이 좌절된 후 영지로 내려와 농업경영에 몰두하려고 한다. 그 과정에서 건초 분량을 속이려는 농민들과 다툼을 겪은 뒤에 그는 새로운 삶에 대해 영감을 얻는다.

> 아낙네들은 노랫소리와 함께 레빈에게로 다가왔다. 마치 환희의 천둥을 동반한 먹구름이 그에게로 다가오고 있는 것만 같았다. 먹구름은 밀려들자 순식간에 그를 붙들어 버렸고, 그가 누워 있던 건초 가리도 다른 가리들도 짐수레도 저 멀리 들에 널려 있는 목초지들도, 모든 것이 외침과 휘파람 소리와 박자를 맞추는 소리가 뒤섞인 이 야성적이고 신바람 난 노래의 장단 아래 가라앉아 흔들리기 시작했다. 레빈은 이 건강한 즐거움이 부러워지고, 이러한 생의 환희의 표현 속에 한몫 끼어들고 싶어졌다. 그러나 그는 아무것도 할 수 없었다. 그냥 그대로 누운 채 보고 듣고 할 수밖에 없었다. 그리고 사람들이 노랫소리와 함께 시야와 귓가에서 사라져 버림과 동시에, 자신의 고독과 육체적인 무위와 이 세상을 향한 적의에 대한 괴로운 우수의 감정이 레빈을 붙들어 버렸다.
>
> 건초를 가지고 그와 끈질기게 다투었던 바로 그 농부들, 그가 약을 올렸거나 혹은 그를 속이려고 했던 패들 중 몇몇도 즐겁게 그에게 인사를 하였으며 분명 그에게 아무런 악의도 품고 있지 않았다. 그들은 그를 속이려고 했던 것에 대해서도 뉘우침은커녕 기억조차도 갖고 있지 않은 듯했으며 또 가질 수도 없는 듯이 보였다. 말하자면 그러한 일들은 모두 즐거운 집단 노동의 바다 속으로 잠겨 버린 것이

> 었다. 하느님은 하루를 주었고 또 힘을 주었다. 그리고 그 하루도 그 힘도 노동에 바쳐졌으며, 보수는 노동 그 자체에 있었던 것이다. 누구를 위한 노동인가? 노동의 결과는 어떨 것인가? 그러한 것은 아무 상관도 없고 쓸데없는 생각에 지나지 않았다.
>
> (……)
>
> '정말 아름답다!' 그는 하늘 한복판, 그의 머리 바로 위에 머물고 있는 하얀 양털구름 속의, 마치 진주조개껍질 같은 기이한 빛깔을 띤 한 점을 쳐다보면서 생각했다. '정말 이 밤에는 모든 것이 다 아름답다! 대체 어느 틈에 저 조가비는 만들어졌을까? 바로 전에 난 하늘을 보았는데, 그때는 두 줄기의 하얀 띠 외엔 아무것도 없었다. 그렇다. 저것과 마찬가지로 나의 인생에 대한 견해도 어느 틈엔가 바뀌어 버렸다!'(Толстой 8:303-305) (『안나 카레니나』 2:79-82)

이렇게 농민의 삶과 노동 속에서 새로운 삶을 꿈꾸는 레빈은 작가 톨스토이의 실제 모습과 너무나 닮은꼴이다. 톨스토이가 레빈이라는 인물을 통해 자신의 이념을 불어넣고 있다는 점은 분명하지만 그렇다고 톨스토이가 안나와 브론스키의 사랑 대신 레빈과 키티의 사랑을 대안으로 제시하고 있다고 단정하기는 쉽지 않다. '서술자-화자'는 레빈을 결코 이상화시키지 않고 있기 때문이다. 오히려 '서술자-화자'는 레빈의 그러한 각성의 비현실성, 레빈과 키티의 전원생활의 한계 등을 냉정하게 바라보고 있다. 다시 말해 레빈이 꿈꾸는 농민의 노동과의 혼연일체가 거듭 실패하거나 충분히 성공하지 못하고 있는 점을 놓치지 않고 그려 내고 있다.

레빈은 농업 경영의 개혁과 사회제도의 개선에 대해 여러 견해를 비교하면서 올바른 길을 찾으려고 노력한다. 그러나 그는 그 어떤 견해에도 완전히 동의하기 힘들었다. 더구나 자신의 내부에서 끝없이 자라나는 보다 근원적인 질문, 자신은 누구이며 어떻게 살아야 하는가, 신의 종교적 가르침은 과연 자신의 삶에 올바른 지침을 주는 것인가 등과 같은 존재론적 질문을 벗어나기 힘들었다. 그것은 농업경영의 혁신이나 사회제도의 개선, 아내 키티와의 행복한 결혼 생활로도 결코 대체할 수 없는 것이었다.

> '나는 도대체 무엇인가, 무엇 때문에 이 세상에 온 것인가. 그것을 모르고 살아간다는 것은 불가능하다. 그런데 나는 알 수가 없다. 따라서 살아갈 수도 없다.' 하고 레빈은 자신에게 말했다.
> '무한한 시간, 무한한 물질, 무한한 공간 속에 물거품과 같은 하나의 유기체가 창조된다. 그리고 물거품은 잠시 동안 견디다가 이윽고 터져 버린다. 그 물거품이 바로 나인 것이다.'
> 이것은 무서운 오류였다. 그러나 이 방면에서 몇 세기에 걸친 인간의 사색과 고심이 낳은 마지막이자 유일한 결론이기도 했다.
> 그것은 인간 사상의 거의 모든 방면에 걸친 일체의 탐구를 총괄하는 최후의 신념이었다. 또 그것은 군림하는 듯한 신념이었다. 레빈 역시 좌우간 그것이 가장 이해하기 쉬웠으므로 언제 어떻게인지도 모르는 채 다른 모든 해석 가운데 그것을 자기 것으로 삼아 버렸던 것이다.
> 그러나 그것은 오류였을 뿐만 아니라 일종의 사악한 힘, 사악하고도 역겨운, 도저히 굴복하여서는 안 되는 잔인한 조소였다. 어떻게든 이 힘에서 벗어나지 않으면 안 되었다. 그리고 그 수단은 자신의 수중에 있었다. 사악한 힘에 예속되는 것을 그만두지 않으면 안 되었다. 그리고 그 유일한 수단은, 죽음이었다.
> 이리하여 행복한 가정의 주인이고 건강한 인간인 레빈도 몇 번인가 자살의 문턱으로 다가가서 목을 매게 될까 봐 끈 나부랭이를 숨기기도 하고 권총자살을 하게 될까 봐 총을 가지고 다니는 것을 무서워

> 할 정도가 되었다.
> 그러나 레빈은 권총자살도 하지 않았고 목을 매지도 않았으며 계속 살아가고 있었다.(Толстой 9:386-387) (『안나 카레니나』 3:469-470)

삶과 존재에 대한 이런 근원적인 회의에 사로잡힌 레빈은 심지어 자살을 결심하기도 하지만 "자살도 하지 않았고 목을 매지도 않았으며 계속 살아"간다. 바로 이런 부분에서 작가 톨스토이는 레빈의 삶과 이상의 한계를, 그리하여 어쩌면 자신의 삶과 이상의 한계까지도 간파하고 있다고 말할 수 있다. 비록 레빈이 이런 고뇌의 끝에, 삶 자체를 그대로 긍정하며 모든 것을 초월하는 것으로서 지극한 선을 삶의 이유이자 목표로 깨닫는다(소설의 맨 마지막 부분) 하더라도 그것은 문제의 해결이 아니라 불가피한, 어쩔 수 없이 살아가야 하는 삶에 대한 변명처럼 들려온다.

톨스토이는 안나와 브론스키의 사랑의 불가피함과 비극성을 그리면서 그들의 사랑을 폭주하는 기관차(근대의 삶)와 상징적으로 연관시킨다. 그들은 그 기차를 타고 떠나거나(브론스키) 그 기차에 몸을 던져 죽음에 이른다(안나). 그들은 기차 바깥에서 기차를 타고 있는 자신들의 모습을 성찰하거나 그 성찰에 바탕을 둔 삶을 살아갈 수는 없었다. 반면 레빈과 키티는 근대의 삶의 방향과는 정반대의 삶을 지향하고 살아간다. 그 삶의 모습과 삶의 이상이 비록 작가 톨스토이 자신의 것이라 하더라도 작가 톨스토이는 자살을 생각할 정도로 고통스러운 레빈의 내면을 통해 레빈과 키티의 삶 역시 추상적이며 비현실적일 수밖에 없다는 것을 그리고 있다.

안나와 브론스키의 불륜의 사랑과 오블론스키와 돌리 가정의 현실타협적 안정, 레빈과 키티의 전원적 가정생활이 서로 교차하고 대비되고 병렬을 이루면서 하나의 주제로 수렴되고 있다는 점에서 『안나 카레니나』는 가정의 문제와 행복의 문제를 다루는 가정소설이라고 말할 수 있다. 다른 한편 이 소설은 당대의 인습적 사회상과 이에 대한 사람들의 대응방식을 통해 당대의 사회 상태를 정교하게 보여 주는 사회소설이라고 말할 수 있다. 또 어떤 사람들은 톨스토이가 자신의 도덕적·사회적 태도를 논증하고자 하는 경향적 작품으로 보기도 한다. 이렇게 다양한 해석은 이 작품이 지닌 예술적 폭과 깊이를 반증한다고 보아도 크게 무리는 아닐 것이다. 그리고 바로 그 점은 근대 소설의 형식적 정점으로서 '서술자-화자'의 완벽한 개화에 힘입은 바 크다. 이러한 예술적 폭과 깊이는 이 작품을 '부정한 아내의 비극적 종말'이라든가, 혹은 '자연에 순응하는 레빈의 도덕적 우월성'을 보여 주는 작품이라고 일방적으로 결론지을 수 없게 만든다. 이러한 결론적 단정에 매이기보다 근대사회의 인습과 새로운 인류규범들이 얼마나 인습적이고 얼마나 비인간적일 수 있는지를 우리 스스로 되돌아보게 만드는 것이 이 작품의 궁극적인 예술적 이념이자 가치라고 말해야 보다 타당할 것이다.

안나의 사랑은 피할 수 없는 것이었고 그 결말 또한 필연적이다. '부정한 남편' 오블론스키를 수용하고 사랑 없이도 살아가는 돌리처럼 안나는 그럴 수 없었다. 특히 안나의 남편은 더욱이나 견딜 수 없는 '사물화된'(비인간적인) 카레닌이다(비인격적이고 사물화된 것은 당대의 도시, 페테르부르크와 모스크바, 그리고 귀족들의 사교계도 마찬가지이다). 격렬한 사랑의 감정을 지니고 있고 그 실현 대상을 찾은 안나에게는 더 이상 그것을 주저할 내적인 힘이 없다. 오직 진정한 사랑만이 그녀를 그녀로서 남을 수 있게 만든다. 따라서 그러한 사랑조차도 허구이자 위선의 결과라고 믿게 된 안나에게는 자살 이외의 선택이 있을 수 없다. 그러나 레빈은(톨스토이의 이념적 분신이라고 많은 사람들이 주장하는) 자살하지 않는다. 그렇다면 안나와 레빈 중에 누가 더 진실한가.

'진정한 사랑'(진정성)의 문제는 제도 속에서, 인습 속에서 실현될 수 없다는 문제와 인간의 진정한 삶과 사랑은 진정한 가정의 형성 속에서만 존재할 수 있다는 것이 모순적으로 들리지만, 바로 그것이 『안나 카레니나』가 포함하고 있는 다층적 사상이며 근대 인간의 숙명에 대한 예술적 문제 제기이다. 그러나 여기서 제시되는 두 가지 형태의 문제의식은 모두 미완결이다. 안나는 자신의 진정한 자연적 생명력에 조응하는 사랑을 얻지 못했으며, 돌리와 오블론스키 역시 마찬가지이고, 톨스토이의 사상을 가장 잘 대변하고 있다고 보이는 레빈과 키티의 사랑 역시 미완의 것으로 남아 있기 때문이다. 바로 이처럼 역사적·사회적 구조라는 한계에 갇힘으로써 안나의 사랑은 그녀 자신이나, 혹은 다른 누구의 도움에 의해 해결될 수 없는 '비극'이 되는 것이다. 다시 말해 안나의 비극적 사랑의 문제는 오늘날에도 지속될 수밖에 없는 근대인의 모순적 운명과 연관된 역사적인 것으로 이해될 수 있을 것이다. 이런 시학적 판단이 가능한 것은 이러한 예술성이 '서술자-화자' 형식의 완벽한 준수를 통해서, 다시 말해 '나-저자-화자'의 무제한적인 일탈과 개입을 극복함으로써 획득되고 있기 때문이다.

3. 도스토예프스키의 화자와 대화성

1) 『가난한 사람들』의 두 '나-화자'

『가난한 사람들(Бедные люди)』(1845)은 도스토예프스키(M. Достоевский)의 첫 작품이자 동시대 비평가들의 눈을 사로잡았던 출세작이며, 향후 도스토예프스키 문학 발전의 중요한 측면을 강렬하게 시사하고 있다.

이 작품은 가난한 하급 관리 마카르 데부시킨이 같은 건물에 세 들어 사는 가난한 소녀 바르바라와 주고받은 편지로 구성된 소설이다. 도스토예프스키는 이 작품에 어떤 간행자의 말도, 서문도 붙이지 않았다. 그가 두 사람을 어떻게 알고 있는지, 그들의 편지를 어떻게 손에 넣게 되었는지, 두 사람의 운명이 이후 어떻게 되었는지에 대해 작가는 아무런 언급도 하지 않는다. 도스토예프스키는 두 주인공의 편지를 작품으로 출판하면서 푸시킨이나 레르몬토프처럼 어떤 식으로든 서사의 개연성을 높이기 위한 상황을 설정할 필요성을 전혀 느끼지 않는다. 그렇다면 그 완강하던 저자의 전기적 요소는 어디로 사라진 것인가. 도스토예프스키는 완전히 허구적인 두 인물을 창조하고 그들 각각의 눈으로 자기 자신과 상대에 대해서 말하게 할 뿐 저자 자신은 조금도 드러내지 않는다. 아니 두 사람의 편지만으로 구성함으로써 이 소설에는 저자가 끼어들 여지조차 없다.

데부시킨은 아주 가난하게 살고 집세를 절약하기 위해 부엌방에서 살고 있다. 그러나 그러면서 바르바라를 도와주기 위해 노심초사한다. 데부시킨은 바르바라에게 보내는 편지들을 통해 자신의 생각과 생활, 주변 사람들과 사회적 현실, 그리고 문학작품에 대해 이야기한다. 당연히 편지니까, '나'로 자신을 호칭한다. 그는 자기 편지 속의 화자인 것이다. 바르바라 역시 마찬가지로 자기 편지 속의 화자이다. 화자 형식으로 보자면 두 명의 화자가 존재하는 셈이다. 두 일인칭 화자 형식은 새롭기는 하지만 낭만주의 시대 우정서한 형식을 생각해 보면 그리 새로운 것도 아니다. 그러나 우정서한의 '나'가 저자로부터 발원하지만 『가난한 사람들』의 두 일인칭 화자는 전혀 저자와 무관하다. 그리고 두 화자 역시 그 어떤 하나의 형상으로 수렴되지 않는 독립적인 존재로서 서로 침투할 수 없는 별개의 두 주인공이다.

이런 두 '화자-나-주인공' 형식은 어떤 주인공이 자기 자신을 가장 깊이 있게 속마음까지 표현해 낼 수 있게 한다. 편지를 쓰는 동안만큼은 그 누구의 직접적인 개입이나 방해를 받지 않고 오직 자신만의 말을 할 수 있기 때문이다. 즉 작가의 외면적인 서술이 아니라 인물이 자신의 내부를 스스로 말함으로써 누구도 알 수 없는 한 인간의 내면을 스스로 드러내는 형식인 것이다. 또한 이런 형식에서는 두 화자가 각각 서로의 편지에 대한 답장을 함으로써 지속적으로 두 주인공의 의식과 언어가 대비되는 효과가 발생한다. 독자는 두 주인공의 편지를 번갈아 읽으면서 둘 사이의 소통의 과정을 지켜볼 수 있을 뿐만 아니라 동일한 대상에 대한 두 사람의 서로 다른 평가를 비교해 볼 수 있다. 작가 역시 어떤 대상에 대한 자신의 고정된 견해를 서술하기보다 서로 다른 관점에서 서로 다르게 보고 인식하는 과정을 드러냄으로써 보다 다면적인 현실을 드러낼 수 있게 된다. 데부시킨와 바르바라는 늘 상대를 생각하면서 반응을 예측하고자 노력하며 편지를 쓴다.

바흐친은 바로 이런 특징 속에서 도스토예프스키 소설의 위대한 새로움을 발견한다. 이를테면 데부시킨이 자신이 살고 있는 상황에 대해 바르바라에게 쓴 편지의 한 대목을 보자.

> 나는 부엌에서 살고 있답니다. 아니 바로 부엌 곁에 방이 한 칸 붙어 있는데 거기서 살고 있다고 하는 편이 훨씬 정확하겠지요(그러나 우리 집 부엌은 청결하고 밝으며 대단히 훌륭하다는 걸 미리 말씀드려야겠군요). 부엌 모퉁이에 있는 조그맣고 보잘 것 없는 방이지요. 저, 이렇게 말씀드리는 것이 더 좋겠네요. 이 집 부엌은 창문이 세 개나 있을 정도로 커서 한쪽 벽에 칸막이를 해서 방이 하나 더 생긴 거예요. 덤으로 방이 하나 더 생긴 거지요. 아주 널찍하고 편해요, 창문도

하나 있고, 필요한 건 다… 한마디로 다 좋아요. 제 보금자리를 묘사하자면 그렇다는 겁니다. 그런데요, 내 소중한 분께서 내가 이런 곳에 산다고 해서 무슨 말 못 할 사정이라도 있다고는 생각하지 마세요. 귀여운 바렌카! 부엌이라고요! 하고 놀라실 필요는 없습니다. 내가 판자로 칸막이를 한 부엌 한 모퉁이에서 사는 것은 사실이지만, 뭐 괜찮아요. 나는 일부러 모든 사람들과 떨어져서 혼자 오붓하고 조용하게 살고 있을 뿐입니다. 나는 여기에 침대와 책상과 장롱과 두 개의 의자까지 갖추고 성상도 걸어 놓았답니다. 틀림없이 더 좋은 하숙집도, 아마 비교도 안 될 만큼 더 훌륭한 집도 있겠지만 그래도 편안한 게 제일이지요. 정말 나는 무엇보다 편리하기 때문에 여기에 삽니다. 무언가 다른 이유가 있다고 생각하지는 말아 주세요.[23](Достоевский 1:33-34) (『분신, 가난한 사람들』 17-18)

어떤가. 데부시킨은 부엌에 딸린 방에서 행복하고 안락하게 살아가고 있는가. 이 장면을 언뜻 보면, 데부시킨이 자신이 살고 있는 부엌방이 따뜻하고 편안하다고 설명하는 것 같다. 하지만 데부시킨은 말하면서 자기 말의 지시적이고 논리적인 의미에 신경을 쓰는 것이 아니다. 즉 자신의 방을 정확하게 묘사하여 전달할 수 있을 것인가를 고민하거나 그를 위해 보다 적절한 단어와 문장을 찾고 있는 것이 아니다. 그는 지금 자신이 너무 형편없는 곳에서 살아가고 있다는 점을 바르바라가 걱정하거나 의심스러운 눈길을 보내지 않을까 오직 그 점을 신경 쓰고 있다. 거의 모든 한마디 한마디에서 데부시킨은 "눈앞에 없는 상대방을 흘낏흘낏 바

23 Ф. М. Достоевский, *Собрание сочинений в 15 томах*, Ленинград: Наука, 1988-1996. 이하 이 책에서의 인용은 본문 속에 (Достоевский 권수:쪽수)로 표기한다. 번역은 석영중 역(F. 도스토예프스키, 『분신, 가난한 사람들』, 열린책들, 2002)을 참조하였다. 이후 이 책에서의 인용은 본문 속에 (『분신, 가난한 사람들』 쪽수)로 표기한다.

라보면서, 자신의 부엌살이에 대한 이야기가 주는 인상을 미리 감소시키려 하고, 상대방 처녀를 슬프게 하지 않으려고 노력한다."[24] 그는 편지를 읽는 상대방이 어떤 반응을 보일까 미리 안색을 살피면서 말의 강세를 조절하거나 새로운 뉘앙스를 덧붙이고 말을 되짚어 가며 설명한다. 그는 어떤 말을 하더라도 곧바로 한 번에 해치우지 못한다. 무슨 말인가를 하려다가 그 말에 대한 상대방의 반응을 예상하며 다시 말의 방향과 강세를 조정하여 상대의 예상되는 말에 대응하고자 한다. 이렇게 타인의 응답은 실제로 행해지지 않는다 해도 데부시킨의 말의 구조와 강세에 큰 영향을 미치고 있다. 때로 상대의 말은 한 마디나 두 마디, 혹은 완전한 문장으로 그 흔적을 남기기도 한다. 인용문에서 '부엌이라고요!'와 같은 부분이 바로 그것이다. 이 말은 데부시킨이 예상하고 있는 상대방의 잠재적인 언설이다. 바르바라가 바로 앞에 있었다면 이렇게 말했을 것이라고 데부시킨이 예상한 것이다. 바로 이런 말이, 예상되는 상대의 말이 데부시킨 자신의 말 속으로 그대로 뛰어 들어오고 있는 것이다. 이처럼 데부시킨의 말에는 상대방 바르바라가 할 수 있는 말, 타자의 말이 투영되어 있다. 데부시킨이 자신의 직업에 대해 말하는 모습을 하나 더 살펴보자. 바흐친은 이 장면을 예로 들면서 타인의 말과 데부시킨의 말이 뒤섞이고 논쟁하는 모습을 잘 분석해 보여 준다.

> 얼마 전 예프스타피 이바노비치가 사적인 이야기 중에 시민으로서 가장 중요한 미덕은 돈을 긁어모으는 것이라고 하더군요. 물론 농담으로 한 말이지만(농담이라는 건 나도 압니다), 아무에게도 폐를 끼치지 않는 것이 바로 미덕이라는 말이겠지요. 하지만 나는 누구에게

24 М. Бахтин, *Проблемы поэтики Достоевского*, 3-е изд., М.: Советская россия, 1972, с. 239.

도 폐를 끼친 적이 없습니다! 나에겐 내가 사다 놓은 빵이 있습니다. 정말 평범한 한 조각의 빵인데, 그것도 굳어 버린 게 보통이지만, 그래도 내 자신의 노동으로 얻은 빵입니다. 합법적이고 아무런 흠이 없는 것이지요. 그러니 뭐가 어떻습니까! 나도 알고 있어요, 내가 하는 일이라고 해야 정서나 하는 것이지요. 하지만 나는 그 일을 자랑스럽게 생각합니다. 땀 흘려 일하고 있으니까요. 정서하는 일이 도대체 뭐가 어때서요! 뭐, 정서가 죄악이라도 됩니까? '저자는 정서나 하지.' '저 정서나 하는 쥐새끼 같은 말단 공무원 같으니'라고들 하지요. 아니, 제가 무슨 부끄러운 짓이라도 하는 건가요?… 저는 지금 내가 필요한, 없어서는 안 될 사람이라는 걸, 털끝만큼도 다른 사람을 못살게 굴지 않는 사람이라는 걸 인식하게 되었지요. 어디 비슷한 데라도 있으면 쥐새끼라고 부르라 하세요. 그렇지만 필요한 쥐새끼지요, 이로움을 가져오는 쥐새끼 말예요. 필요하다고 붙잡으려 하고 잘한다고 상도 주고 하는 쥐새끼 말입니다. 바로 그런 쥐새끼란 말입니다. 여하튼 이런 이야기는 그만하지요. 원래 이런 말을 할 생각은 없었지만 그만 약간 흥분한 것 같습니다. 그렇지만 가끔 가다 자신을 정당하게 대우하는 것도 즐거운 일입니다.(Достоевский 1:71-72)(『분신, 가난한 사람들』 79-80)

여기서도 데부시킨의 말에는 끊임없이 타인의 응답과 그 응답에 대한 대응이 교차하며 대립하고 논쟁한다. 위의 인용문이 있기 전에 그는 자신이 정서를 하고 있다는 사실에 대한 세상 사람들의 일반적인 반응을 충분히 알고 있으면서도 짐짓 아무렇지 않다는 듯이 자신이 정서 일을 하는 사람이라고 여러 번 말한다. 그러나 아무렇지 않게 말했던 '나는 정서를 한다'는 말 속에 불안하게 드리워진 타인의 응답이 점차 데부시킨으로 하여금 그에 대응하도록 만든다. 데부시킨이라는 하나의 의식과 하나의 입으로 서로 다른 두 가지 세계관과 두 가지 목소리가 발화되어 나오는 격이다. 두 논쟁적 의식은 점차 폭발하여 직접적인 타인의 목소리로 '저놈은 정서나 해 먹고 살지!'라고 터져 나오고, 데부시킨 역시 그에 격정적으로 대들 듯이 '나를 쥐새끼라고 해도 내가 뭐 잘못한 게 있느냐'고 흥분하며 대응한다.

그런데 바흐친은 여기서 재미있는 분석을 내놓는다. 데부시킨의 긴장된 말을 다음과 같이 대화로 풀어 보자는 것이다.

> 타인: 돈을 긁어모을 줄 알아야 해. 누구에게도 폐를 끼쳐서는 안 되니까. 그런데 넌 다른 사람에게 폐만 끼치고 있어.
>
> 데부시킨: 나는 누구에게도 폐를 끼치지 않아. 나에게는 나의 빵조각이 있어.
>
> 타인: 대체 어떤 빵조각 말인가. 오늘은 있다가 내일은 없는 그런 빵 말인가. 아마 틀림없이 굳어 버린 빵이겠지!
>
> 데부시킨: 그래, 시시한 빵조각이고, 굳어 버린 것일 수도 있지. 하지만 노동을 통해 얻은 어엿한 빵이지. 훌륭하게 먹을 수 있어.
>
> 타인: 그것도 노동이라고? 고작 정서하는 것이잖아? 다른 건 할 줄 아는 게 없잖아.
>
> 데부시킨: 그럼 어때서? 나도 정서로 내가 버는 게 별로라는 걸 잘 알아. 그래도 난 이 일이 자랑스러워!
>
> 타인: 자랑스럽다! 정서하는 게! 그거 부끄럽지도 않나?
>
> 데부시킨: 아니 내가 정서한다는 게 대체 뭐가 어떻다고 그래![25]

---

25 М. Бахтин, 위의 책, с. 243-244.

데부시킨의 말을 순수하게 언어학적으로 해체하여 대화체로 풀어 놓은 것이다. 이런 정도의 대화를 하나의 목소리 속에 겹치게 하고 융합하고 있는 것이 바로 데부시킨의 말인 것이다. 즉 데부시킨의 말 속에는 위와 같은 두 개의 의식, 두 개의 시점, 두 개의 가치평가가 서로를 가로막고 논쟁하며 교차하고 가로지른다. 바흐친은 바로 이런 특징들이 도스토예프스키 문학을 관통하는 일관된 가장 중요한 점이라고 본다. 그것은 단순히 문체나 어법적 특징이 아니라 인간의 의식과 세계관에 대한 본질적인 문제와 관련된 것이다. 이를 두고 바흐친은 이렇게 정의한다. "사회적으로 낯선 타인의 말에 대한 이와 같은 곁눈질은 데부시킨의 언설의 스타일이나 어조뿐만 아니라 그 자신과 주위 세계를 사고하고 경험하고 보고 이해하는 방법까지도 결정짓는다. 도스토예프스키 말투의 가장 피상적인 요소들과 자기표현의 형식 사이에, 그리고 그의 예술적 세계에 있는 세계관의 근본들 사이에는 언제나 깊은 유기적 연계가 이루어진다. 인간은 언제나 언동 하나하나를 통하여 자신의 전부를 내보인다. 타인의 말과 타인의 의식과의 관계에 한 인간을 설정하는 일이 도스토예프스키의 전 작품을 꿰뚫는 근본 테마이다. 주인공의 자기 자신에 대한 태도는 그와 다른 사람이 갖는 관계, 다른 사람하고 그가 갖는 관계와 떼어 놓을 수 없게끔 연결되어 있다. 자기 자신에 대한 주인공의 의식은 주인공에 대한 타인의 의식을 배경으로 지각되고 있으며, '자신에게 있어서의 자아'는 '다른 이에게 있어서의 나'를 배경으로 이해되는 법이다. 그래서 주인공 자신에 대한 주인공의 말은 주인공에 대해 끊임없이 영향을 주고 있는 타인의 말에 의해 만들어진다."[26]

바흐친이 말하듯이 『가난한 사람들』은 새로운 소설적 언어감각을 지

26 М. Бахтин, 위의 책, с. 240.

닌 새로운 화자를 창조해 내고 있다. 이런 점은 푸시킨과 레르몬토프, 고골의 화자와 현격히 다른 새로운 화자 형상으로, 적어도 두 가지 측면에서 향후 도스토예프스키 문학의 발전 양상을 예고하고 있다. 첫째, 인간의 자의식에 대한 끝없는 탐구, 둘째, 그 자의식을 담아내는 인간의 말에 대한 예민함이 바로 그것이다. 하지만 『가난한 사람들』은 그야말로 두 주인공의 서한 형식을 통해 두 인물의 자의식과 언어적 소통을 다룬 것으로, 소설 형식으로서는 그 내용과 대상이 매우 제한적일 수밖에 없다. 작가와 역사적 현실의 조우, 즉 다시 말하자면 근대적 인간의 삶과 현실, 운명을 폭넓게 다루기에는 이 화자 형식이 너무 좁다.

2) '서술자-화자'와 폴리포니야 소설

새로운 성격의 '서술자-화자'

작가는 사건과 인물의 객관적 존재를 보장하며 그 선택과 배열, 구성의 능력을 통해서만 자신의 창작정신을 구현한다는 것이 '서술자-화자' 형식의 기본적인 서술 원칙이다. 톨스토이와 도스토예프스키, 투르게네프 등 전지적 서술의 정점을 이룩한 러시아 리얼리즘의 대가들은 근대 작가의 책임과 자유 사이의 불안정한 긴장을 이제 어느 정도 형식적으로 안정화시키고 있다고 말할 수 있다. 이러한 형식 속에서 작가는 보다 다양하고 폭넓은 소설 내용을 취사선택하며 구성해 갈 수 있게 된다. 전지적 서술자 형식은 '나-저자-화자'의 한계를 넘어 언제 어디든, 시공간을 넘어 자유롭게 이동하는, 그러나 개인적 형상을 가지지 않는 서술자의 위치를 적극 활용한다. 작가가 도덕적·정치적 평가에 직접 관여하지 않는 자유를 누린다는 것은 그만큼 소설 세계를 풍부하게 개척해 갈 수 있다는 긍정적인 측면을 가진다.[27] 즉 작가는 전지적 서술로서 현실과 삶에 대한 작가적 책임을 더욱 강화하고 객관적 서술로서 작가의 임의성을 극복할 수 있는 것이다. 우리는 톨스토이의 『안나 카레니나』에서 이런 형식의 정점을 확인할 수 있었다.

톨스토이의 '서술자-화자'는 '나-화자-저자' 형식을 완전히 새로운 국면으로 전환시켜 놓았다. 이제 작품 속에 저자를 나타내는 표식이나 서술자의 직접적인 일탈 같은 것은 찾아보기 힘들다. 그러나 전지적 서술자 형식은 완전하게 작가와 저자를 작품에서 배제하는 것, 그 영향력을 극소화하는 것 자체를 지향하는 것이 아니라는 점은 여러 번 강조한 바 있다. 톨스토이에게서 확인한 바와 같이 그런 '서술자-화자'에 의해 창조된 작품 세계 역시 궁극적으로는 작가 정신의 구현으로 귀결된다. 매우 간접적으로 구현되고 다양한 해석의 가능성을 남겨 놓고 있긴 하지만 '서술자-화자'의 도덕적·미학적 파토스의 근원은 최종적으로 바로 저자에게로, 작가에게로 귀속되지 않을 수 없는 것이다.

하지만 '서술자-화자' 형식에서 톨스토이와 거의 동일한 형식을 취하면서도 도스토예프스키는 '서술자-화자'의 새로운 형상을 열어 보인다. 『가난한 사람들』에서 보았듯이 도스토예프스키는 주인공에게 모든 서술을 내맡김으로써 '서술자-화자'의 기표를 작품에서 제거해 버린다. 물론 그것은 서한체 소설이라는 장르의 특성에 힘입은 바 크고, 따라서 담아낼 수 있는 세계의 폭과 깊이가 매우 제한적이었다. 그러나 어쨌든 이

27 다른 한편 이런 형식은 작가가 도덕적·정치적 평가에 대해 일정 정도 비켜서 있을 수 있게 만든다. "소설 속에서 그 인물과 사건들의 움직임이 바로 그러할 뿐이다. 그것은 나(작가)와 무관한 일이다."라고 말할 수 있는 것이다. 작가는 그저 묘사하고 제시할 뿐이라는 전지적 서술자 형식은 이런 점에서 소설을 이념과 가치, 윤리와 거리가 있는 속류적 산문으로 전락할 위험에 처하게도 한다. 아마도 그것은 근대 소설이 예술과 대중적 읽을거리 사이에서 불안한 줄타기를 하게 되는 이유 중의 하나일 것이다.

작품은 '서술자-화자'마저 제거함으로써 향후 도스토예프스키 소설의 새로운 진로를 암시하고 있다는 점은 분명하다.

도스토예프스키 소설 발전에서 '서술자-화자' 형식은 단일하게 나타나지 않는다. 도스토예프스키는 초기의 많은 중단편에서 '나-화자' 형식을 취하면서 주인공의 자의식과 내면을 다루는 것을 선호했다면 이후 『죄와 벌』 등 장편 소설에서는 전지적 '서술자-화자' 형식을 적극 활용하고 있다. 하지만 이 전지적 '서술자-화자' 형상도 『죄와 벌』에서 『백치』, 『카라마조프 씨네 형제들』로 나아가며 현격하게 그 면모를 달리하고 있다. 그런 변화는 단순한 형식상의 변화가 아니라 새로운 소설 형식의 탐색과 깊이 관련되어 있다.

『죄와 벌(Преступление и наказание)』(1865-1866)의 '서술자-화자'는 『안나 카레니나』의 '서술자-화자'처럼 전지적이다. 비록 에필로그 마지막에서 "그러나 이제 새로운 이야기, 한 사람이 점차로 소생되어 가는 이야기, 그가 새롭게 태어나는 이야기, 그가 한 세계에서 다른 세계로 옮겨 가는 이야기, 이제까지는 전혀 몰랐던 새로운 현실을 알게 되는 이야기가 시작되고 있다. 어쩌면 이것은 새로운 이야기의 주제가 되기에 충분할지 모르겠지만, 지금 우리의 이야기는 이것으로 완결되었다."[28]라고 글을 맺음으로써 '서술자-화자'가 인격적으로 명백하게 노출된다. 하지만 '주인공의 갱생에 대한 서술자-화자'의 막연한 기대감은 "약속된 것이지만 증명되지는 않는다. 우리는 이 '경건한 거짓말'을 믿지 않을 만큼 라스콜리니코프를 너무 많이 알고 있다."[29] '서술자-화자'가 저자 형상으로 나타나는 것은 모든 것이 끝난 뒤, 더 이상 무엇을 달

28 F. 도스토예프스키, 『죄와 벌』, 홍대화 역, 열린책들, 2002, 810쪽. 이후 이 책에서의 인용은 본문 속에 (『죄와 벌』 쪽수)로 표기한다.

29 K. 모출스키, 『도스토예프스키』, 김현택 역, 책세상, 2000, 454쪽.

리 어떻게 할 수 없는 상태에서 에필로그에, 그것도 맨 마지막에 추상적인 기대감으로서뿐이다.

그러나 『죄와 벌』의 '서술자-화자'는 『안나 카레니나』에 비해 질적 수준에서 매우 다르다. 『안나 카레니나』의 '서술자-화자'가 사건과 인물들의 상호 교직과 갈등의 시간적 진행에 보다 초점을 맞추고 있다면 『죄와 벌』의 '서술자-화자'는 비록 동일한 기능을 수행하고 있지만 인물들의 내면 심리와 그의 말에 보다 초점을 맞추고 있다.

> 찌는 듯이 무더운 7월 초의 어느 날 해질 무렵, S골목의 하숙집에서 살고 있던 한 청년이 자신의 작은 방에서 거리로 나와, 왠지 망설이는 듯한 모습으로 K다리를 향해 천천히 발걸음을 옮기고 있었다.
>
> 그는 다행히도 계단에서 여주인과 마주치는 것을 피할 수 있었다.
>
> (……)
>
> 그는 본래 겁이 많고 소심한 사람은 아니었다. 아니, 그의 성격은 오히려 정반대였다. 하지만 그는 언제부터인가 긴장과 초조 상태에 있는 우울증 환자처럼, 자기 혼자만의 세계에 빠져서 여주인뿐만 아니라 어느 누구와도 만나기를 꺼릴 정도로 사람들로부터 고립되어 있었다. 그는 가난에 찌들어 있었지만, 최근에 들어서는 그런 절박한 사정에 대해 괴로워하지 않게 되었다. 그는 일상생활에 전혀 신경을 쓰지 않게 되었고, 또 쓰고 싶어 하지도 않았다. 여주인이 그에게 어떤 나쁜 짓을 꾸민다 할지라도, 기본적으로 여주인 따위는 두려워하지도 않았다. 그러나 계단에 멈춰 서서, 자기와는 전혀 상관이 없는 잔소리들, 귀찮게 방세를 재촉하는 위협과 불평 따위를 듣게 되면, 이쪽에서도 뭐라고 사죄하고 거짓말을 늘어놓으며 꽁무니를 빼야 하므로… 그러니 차라리 어떻게 해서든 고양이처럼 계단을 빠져

> 나와 눈에 띄지 않게 슬그머니 도망치는 것이 상책이었다.
> 하지만 거리로 무사히 빠져나오자, 그는 자신이 방금 여주인과의 만남에 그토록 겁을 먹었다는 사실에 대해 스스로도 놀랐다.
> '그런 일을 저지르려고 하면서, 이토록 하찮은 일을 두려워하다니!'
> 그는 야릇한 미소를 지으면서 생각했다.(Достоевский 5:5-6) (『죄와 벌』 11-12)

'서술자-화자'는 날씨를 시작으로 간략한 시공간을 제시하고 곧바로 주인공에게로 시선을 옮겨 간다. 그리고 그의 내면의 생각이나 생각의 흐름에 시점을 넘겨준다. '서술자-화자'는 라스콜리니코프의 분열증적 의식에 대해 잘 알고 있으며, 그가 자고 있을 때에도 그를 외부에서 관찰하고 또 그 꿈의 내용에 대해서도 우리에게 알려 줄 수 있는 시점을 가지고 있다. 또한 톨스토이와 마찬가지로 전혀 다른 공간에서 전개되는 일에 대해서도 아무런 어려움 없이 전달한다. 그러나 소설의 핵심적인 사건은 주인공을 관찰하는 '서술자-화자'의 지식이나 관점의 깊이나 폭이 아니라 주인공의 내면이다. 실제로 일어난 살인 행위와 마르멜라도프와의 만남 등 외부적인 사건묘사가 없는 것은 아니지만 소설에서 중요한 갈등요소나 주제적 사건은 그것을 받아들이고 해석하며 고뇌하는 주인공의 내면에서 일어난다.

위에 인용한 부분에서 주인공이 여주인을 피해 집을 나오는 이유에 대한 묘사는 비록 '서술자-화자'의 말이지만 기실 그 언어는 주인공 자신의 말투를 그대로 옮겨 놓은 것이다. 이후 소설은 더욱더 주인공의 내면의 독백으로 채워진다. 그리고 묘사 자체도 어느새 라스콜리니코프가 보고 듣고 이해하고 생각하는 수준에 한정된 듯이 변해 간다. 물론 작품 전체에 걸쳐서 '서술자-화자'가 주인공에게 발언권과 시각을 모두 넘겨

주는 것은 결코 아니다. '서술자-화자'는 분명히 주인공보다 더 높은 곳에 있고, 다른 곳 다른 시간에 진행된 사건과 말을 우리에게 전해 줄 수 있다. 하지만 적어도 라스콜리니코프 한 인물에 국한시켜 보자면 그가 출현하는 장면은 모두 그 자신이 묘사를 수행하고 그 자신의 귀에 들린 다른 사람의 말을 그가 묘사하는 것만 같다. 이런 점에서 『죄와 벌』은 주인공 라스콜리니코프의 말과 말하는 법과 다른 사람의 말에 대한 반응 등이 '서술자-화자'의 상황 도입이나 진행의 말보다 압도적으로 중요한 의미를 획득하게 된다.

그런데 주인공의 말은 항상 타인의 말을 향한 이중적 목소리를 지닌 말이다. 이 말들은 언제나 타인을 향한 이중적 목소리를 가지고 있고 타인의 말을 자신의 말로 받아들이는, 진정으로 대화적 관계를 형성하고 있는 말이다. 앞서 『가난한 사람들』의 데부시킨의 말과 같이 이러한 말은 타인과의 대화적 관계 속에서만 존재한다. 따라서 이러한 말들 속에는 타인의 말에 반응하는 다양한 양식화와 억양, 스카스, 패러디가 복합적으로 작용한다. 바흐친은 라스콜리니코프가 여동생의 결혼을 알리는 어머니의 편지를 받고 혼자 생각하는 말을 통해 이를 증명한다.

> 그럴 수 없다고? 그럼 그렇게 하지 않으면 넌 도대체 어떻게 할 셈이냐? 못하게 한다고? 네가 무슨 권리가 있어? 그런 권리를 갖기 위해서 네가 무엇을 약속할 수 있겠어? '공부를 마치고 자리를 얻고 나면' 네 운명의 전부를, 네 장래를 전부 그들에게 바친다? 우린 그런 말은 이미 많이 들었지. 하지만 그건 '불확실한 미래'고 지금 어쩔 거냐 말이다. 지금 당장 무언가를 해야 되지 않겠어, 그걸 모르겠어? 그런데도 넌 지금 무얼 하고 있어? 너는 도리어 그들의 등골을 빼먹고 있어. 그들이 가진 돈이라고 해야 백 루블의 연금 아니면 스비드

리가일로프에게 저당 잡혀 빚진 돈이잖아! 오, 미래의 백만장자야, 그들의 운명을 좌지우지하는 제우스 신아, 너는 어떻게 그 스비드리가일로프나 아파나시 이바노비치 바흐루신으로부터 그들을 보호할 것이냐? 십 년 후라고? 십 년이 지나면 어머니는 목도리 짜다가, 아니면 눈물 로 장님이 되어 버릴 게다. 아니 굶다가 뼈만 남았을지도 모르지. 그럼 동생은? 제발, 십 년 후에, 아니 십 년 동안에 동생이 어떻게 될지 조금이라도 생각해 봐. 상상이 돼?(Достоевский 5:45-46) (『죄와 벌』 71-72)

라스콜리니코프는 자신을 '너'라고 부르며 자신을 설득하고 조롱한다. 그의 말은 타인의 말들(심지어 자기 자신의 말까지), 최근 며칠 동안 자신이 듣거나 읽은 타인의 말들에 대한 격한 논쟁과 응답으로 구성되어 있다. 그는 타인의 말을 자신의 말로 하거나 강조점을 바꾸어 버리기도 한다. 다른 인물들은 어떤 개인적·사회적 전형으로가 아니라 오직 그들이 한 말로서만 그의 말 속에 인식된다. 편지 속의 어머니의 말, 그 속에 인용되는 두냐나 스비드리가일로프의 말, 그리고 방금 만났던 마르멜라도프의 말과 그의 딸 소냐의 말, 그리고 자기 자신의 말 등을 라스콜리니코프는 자신의 의식과 말 속에 뒤섞어 가면서 그 말들의 대화적 대립과 충돌을 보여 준다.

'서술자-화자' 대신 주인공의 말이 중요해지면서 서술자 화자의 역할과 기능이 축소되지만, 『죄와 벌』의 '서술자-화자'는 여전히 모든 등장인물들과 주요 상황과 사건 그 위에 있는 존재, 즉 어떤 주인공보다 더 많은 것을 보고 듣고 아는 전지적 능력을 유지하는 것은 분명하다. 하지만 도스토예프스키는 '서술자-화자'에게도 주인공 못지않은 대화적 말의 능력을 부여하기도 한다. 그리고 그것은 동일한 '서술자-화자' 형식이지만 훨씬 새로운 서술 상황의 창조와 관계된다. 투니마노프는 이런 특징을 특히 『백치(Идиот)』(1867-1868)에서 명확하게 고찰해 낸다. “만일 『죄와 벌』에서 저자는 주인공 위에 높은 곳에 위치해 있고 (……) 때때로 주인공에 대한 ‘재판’으로 기울고 있다면, 『백치』에서 저자와 주인공 미시킨은 ‘동일하게 보조’를 맞추거나 혹은 주인공이 도달하기 어려운 이상으로써 저자보다 높은 곳에 위치해 있다. 이 소설에서 평범한 인물이나 특별한 인물들이 미시킨에 대해 수많은 서로 다른 평가와 판단을 내리고 있지만 결정적인 판단, 저자의 직접 평가는 존재하지 않는다. 그리하여 자신의 특별한 주인공에 대한 저자의 견해 자체가 흔들리고 확실한 설명을 찾지 못한다는 인상이 창출된다.”[30] 주인공에 대한 저자의 판단(우리는 그것을 ‘서술자-화자’의 서술로 파악할 수 있다)이 흔들리고 동요하며 확실한 설명을 찾으려고 한다는 투니마노프의 분석은 분명 ‘서술자-화자’의 전지적 능력과 관련하여 매우 주목할 만한 관찰이다. 그것은 최소한 안정적인 시선으로 모든 것을 관장하며 모든 것이 보이도록 질서를 유지하는 전지적 ‘서술자-화자’의 형상과는 사뭇 다른 것이기 때문이다.

『백치』에서 후반부에 나스타샤와 아글라야, 미시킨, 로고진 사이에 한바탕 소란이 있은 후 사건이 급박하게 돌아가기 시작할 때 ‘서술자-화자’는 이렇게 말을 꺼낸다.

> 앞 장에서 얘기한 사건 이후로 2주가 지나갔다. 우리의 등장인물들의 상황은 그동안 완전히 바뀌어 버려서 얘기를 계속하려면 특별한

30 В. Туниманов, “Рассказчик в “Бесах” Достоевского”, *Исследования по поэтике и стилистике*, Л.: 1972, с. 106.

설명을 부연해야만 한다. 그렇지만 되도록 특별한 설명 없이 사건들의 단순한 서술 정도로 그쳐야 된다고 느끼는 바이다. 그 이유는 매우 간단하다. 여러 경우에서 그렇듯이 지난 일들을 설명하는 데에는 많은 어려움이 따르기 때문이다. 이렇게 말을 꺼내는 것은 당연히 독자에게는 매우 이상하고 모호하게 보일 것이다. 사건에 대한 명확한 개념이나 개인적 견해 없이 어떻게 얘기할 수 있겠는가? 더 이상의 빗나간 상황 설정을 하지 않기 위해서 예들 들어 설명하는 편이 낫겠다. 아마 호의적인 독자는 우리가 왜 힘들어하는지 이해할 것이다. 더욱이 그 예는 본론에서 빗나가는 것이 아니라 그 반대로 우리 이야기의 직접적인 연속이다.(Достоевский 6:573)[31] (『백치』 882-883)

이제까지 주인공들과 상황을 이끌어 가며 그들의 말과 대화를 들려주는 역할을 수행하던 '서술자-화자'가 갑자기 직접 나서서 독자를 호출하며 자신의 '말하기'에 대한 어려움을 호소한다. 그의 말대로 그는 이제껏 '특별한 설명 없이 사건들의 단순한 서술'을 지향해 왔다. 그러나 상황이 바뀌어 '서술자-화자'도 그걸 설명하기 곤란하여 특별한 설명을 부가할 필요가 생겼다는 것이다. 당연히 독자에게는 이상해 보일 것이다. 그러나 그건 불가피하다. '서술자-화자'의 개인적 견해 없이는 더 이상 사건을 이야기할 수 없기 때문이란다. 어떤 사건에 대해 제대로 설명할 수 없고, 주인공들에 대해 제대로 해명할 수 없다는 이런 '서술자-화자'가 어떻게 전지적 능력을 갖추고 있다는 말인가. 그는 자신을 하나의 '개

31 번역은 김근식 역(F. 도스토예프스키, 『백치』, 열린책들, 2002)을 참조하였다. 이하 이 책에서의 인용은 본문 속에 (『백치』 쪽수)로 표기한다.

인적 견해'로 제한한다. 결국 여기서부터 '서술자-화자'는 '개인적 견해'로서 사건을 설명하고 판단하고 개입하고 있다고밖에 볼 수 없다. 이후 이어지는 '서술자-화자'의 이야기는 따라서 전지적이 되기 어렵다. 그의 작품 내 지위는 높은 곳에서 내려다보는 전지적 지위가 아니라 주인공들과 대등한 수준에서 사건과 인물들을 바라보는 일인칭적 인물 화자로 변모한 것만 같다. 그러나 그 인물은 등장인물들과 연고를 가진, 즉 작품 내 전기를 가진 구체적 인물은 아니다. 어디까지나 그는 '서술자-화자'로서 어떤 인물처럼 보이는, 이를테면 '의사(疑似) 주인공'이라고 말할 수 있다.

『백치』에서 '서술자-화자'는 여러 기능과 지위로 분화되어 있다. 우선 앞서 본 것처럼 어떻게든 단순하게 이야기를 전해 주겠다는 중개자로서의 지위와 역할을 맡고 있다. 그러나 이미 그것도 믿을 만한 전지적 능력의 객관적 중개자가 아니라 범속한 사람들이 가질 법한 태도와 시각을 가진 의사 인물로서의 중개자이다. 그는 니힐리즘에 빠진 귀족의 말을 소개하면서 그들을 이렇게 평가한다. "제법 양식이 있는 계층 출신인 그들은 장소를 불문하고, 누구에게 뒤질세라 늘 제일 먼저 나서서 어떤 사건이든지 주석을 다는 데 여념이 없는 사람들이다. 그것이 바로 그들의 소명이며, 흔히 그렇듯 어떤 때는 위안이다."(『백치』 883) 이렇게 말하는 자, 즉 지금 서술하고 있는 '서술자-화자'의 당대 정치적 경향에 대한 특정한 수준과 경향을 드러내는 평가가 아닐 수 없다. 그리고 그것은 당시로 보아서도 그리 수준 높은 지성은 아니다. 이런 수준과 이런 시각을 지닌 사람의 말은 전지적으로 모든 인물과 사건 위에 존재하는 '서술자-화자'의 모습이 결코 아니다. 우리는 갑자기 그의 말에 기초하여 작품을 읽는 것이 아니라 한 범속한 주인공의 견해를 듣는 것만 같다. 그래도 어쨌든 이 '서술자-화자'는 자신의 입장에서 모든 평가를 내리고 있다. 다른 한편 '서술자-화자'는 자신의 가장 중요한 주인공 미시킨 공작에 대해 제대로 평가하지 못한다. "만일 사건의 니힐리즘적 뉘앙스에 대해서 묻지 않고, 단지 이 결혼식이 공작의 진짜 소망을 어느 정도나 만족시킬 수 있고, 실제 그의 소망은 무엇이며, 지금 우리 주인공의 정신 상태는 어떠한가라고 묻는다면, 고백건대 대답하기가 무척 난처할 것이다."(『백치』 885) 이처럼 이제까지 주인공의 거의 모든 것을 우리에게 전해 주었던 '서술자-화자'가 더 이상 주인공의 생각과 소망, 정신 상태를 알 수 없다니 어떻게 된 것인가. '서술자-화자'는 나스타샤의 결혼 제의를 수락한 미시킨이 다른 한편으로는 아글라야와 만나려고 하는 모순적인 행동을 이해할 능력이 없다. 그는 그것을 의심하고 따져 보고 추측할 따름이다. 그런가 하면 '서술자-화자'는 특정한 정치적 판단력을 보이면서 어떤 인물의 견해에 적극 동조하는가 하면 인물들을 자신의 시각으로 규정하고 인물들에 대한 여러 평가에 반박하고 야유를 퍼붓기도 한다. 한마디로 '서술자-화자'가 특정한 시각을 가진 인물처럼 주인공들 옆에서 함께 대화하고 자신의 특정한 견해를 늘어놓는 것이다. 물론 이 '서술자-화자'가 취하고 있는 견해는 다른 주인공들의 대화 속에서 반박과 재반박에 처하기도 한다.

『백치』의 '서술자-화자'는 안정적인 전지적 '서술자-화자'의 지위를 상실하고 대신 자신의 개인적 목소리를 가지고 주인공들 사이에 끼어들고 있다. 전지적 '서술자-화자' 형식이 『죄와 벌』을 통해 어렵게 안착하는가 싶더니 『백치』의 전지적 '서술자-화자'는 갑자기 자신이 『가난한 사람들』의 한 주인공이거나, 혹은 『지하로부터의 수기』의 주인공이 된 듯이 자신을 특정한 인물로 상상하여 말하는 것 아닌가. 이런 의사 인물적 '서술자-화자'를 과연 어떻게 이해해야 할 것인가.

『백치』에서 '서술자-화자'의 이런 변화는 도스토예프스키의 변덕이거나 실수는 결코 아닌 것 같다. 『카라마조프 씨네 형제들(Братья Карамазовых)』(1878-1880)에서는 아예 본격적으로 처음부터 '서술자-화자-저자-작가'라는 등치성을 공개적으로 드러내고 있기 때문이다. 푸시킨이나 레르몬토프가 벗어나기 위해 의사 화자까지 동원하며 애를 썼던 그 등치성을 아무렇지도 않게 다시 복원시키고, 톨스토이가 전지적이고 객관적인 '서술자-화자'에게 넘겨주었던 작가의 발언권을 도스토예프스키는 자신의 마지막 대작에서 아무렇지도 않다는 듯 손쉽게 다시 거머쥐고 있는 것이다. 그는 '저자로부터'라는 거의 잊고 있던 것 같던 형식을 꺼내 들며 소설을 시작한다.

> 나의 주인공 알렉세이 표도로비치 카라마조프의 일대기를 시작하면서 나는 어떤 당혹스러움 같은 걸 느낀다. 문제는 이런 거다. 내가 알렉세이 표도로비치를 나의 주인공이라고 부르긴 하지만 그가 위대한 인물이 결코 아니라는 걸 나 자신도 알고 있다. 그런 이유로 난, 그럼 당신이 주인공으로 선택한 알렉세이 표도로비치가 뭐가 남다른가, 그가 그럴 만한 일이라도 한 게 있는가? 누구에게 뭘로 유명하단 말인가? 내가, 독자가 그 생애의 행적들을 연구하는 데 시간을 허비해야 할 이유가 뭐란 말인가? 이런 종류의 피할 수 없는 질문들이 나올 것임을 예상하고 있다.
> 마지막 질문이 가장 치명적인 것인데, 그 이유는 그에 대해 내가 할 수 있는 대답이라고는, '여러분 자신이 소설에서 직접 알게 될 겁니다'라는 것뿐이기 때문이다. 그런데 만일 소설을 다 읽고도 알 수가 없고 나의 알렉세이 표도로비치의 뛰어남에 대해 동의할 수 없다면 어쩔 것인가? 애통하지만 그것도 이미 예상하고 있기 때문에 난 이렇게 말하리라. 내게는 그가 뛰어난 사람이지만 그걸 독자에게 증명

할 능력이 내게 있는지 없는지는 심각한 회의가 인다고. 문제는 이 사람이 어떤 특별한 인물이긴 하지만 확실히 어떤 인물인지 분명하지 않다는 데 있다. 하긴 요즘 같은 우리 시대에 사람들에게 명확함을 요구한다는 것 자체가 이상한 일일지도 모른다. 하지만 의심할 나위 없이 분명한 점 하나는 이 사람이 이상한 사람이고 게다가 괴짜라는 것이다.(Достоевский 9:5-6)[32] (『까라마조프 씨네 형제들』 21-22)

그러나 공정한 판단을 내리는 데 실수하지 않으려고 끝까지 반드시 읽으려고 하는 그런 섬세한 독자들도 있는 법인데, 이를테면 모든 러시아 비평가들이 바로 그런 사람들이다. 하지만 그런 사람들에게는 오히려 마음이 홀가분하다. 왜냐하면 그들이 대단히 엄정하고 성실한 사람들이긴 해도 나는 그들이 내 소설의 첫 번째 에피소드에서부터 책을 내던져 버릴 합당한 구실을 제공하고 있기 때문이다. 자 여기까지가 서문의 전부다. 나는 이 서문이 쓸데없는 것이라는 점에 전적으로 동의하는 바이지만 그래도 이미 쓴 것이니 그대로 남겨 두기로 하자.
자 그럼 시작해 보자.(Достоевский 9:6-7) (『까라마조프 씨네 형제들』 23)

도스토예프스키는 자신이 어떤 사람의 일대기를 쓰는지 밝히면서 그에 대한 독자들의 반응을 예측하고 반박하며 자신이 이 소설을 쓰는 이

32 번역은 이대우 역(F. 도스토예프스키, 『까라마조프 씨네 형제들』, 열린책들, 2002)을 참조하였다. 이후 이 책에서의 인용은 본문 속에 (『까라마조프 씨네 형제들』 쪽수)로 표기한다.

유와 방법, 대상에 대해 견해를 밝힌다. 그리고 예상되는 비평가들과 독자들의 반응을 언급하며 은근한 비아냥과 자기 비하도 곁들인다. 생생하고 구체적인 개성을 가진 저자의 형상을 드러내는 것이다. 그리고 소설 속에서 이미 작가로 확인된 '서술자-화자-저자'의 개인적·언어적 특성을 특별히 감추지 않는다. 그는 객관적인 전지적 서술자의 문체가 아니라 바로 앞에서 어떤 사람이 말을 거는 구어적 대화체를 사용한다. 그건 마치 『죄와 벌』의 주인공 라스콜리니코프의 독백을 듣는 것만 같다.

이런 저자의 어투는 그대로 소설의 '서술자-화자'의 어투가 된다. 그는 등장인물을 묘사할 때 자신의 주관적 평가가 묻어나는 표현을 굳이 억제하지 않을 뿐만 아니라 묘사되는 사건과 인물에 대해 보다 적극적으로 자기 의견을 피력하고 자신이 이야기를 전개해 나가는 방식까지 언급하곤 한다. 바로 우리 앞에서 어떤 사람이 직접 입으로 이야기하는 것을 듣고 있는 것만 같다. 그러나 '서술자-화자'는 결코 작품에 참여하는 실제 인물이 아니다. 수많은 이야기를 듣고 기억해서 들려주는, 특정한 억양과 말투를 가진 어떤 개성적 인물인 것이다.

> (……) 다시 말해 그는 자신이 속박에서 풀려났다는 사실에 만족해 하면서도 동시에 자신을 해방시켜 준 아내를 위해 눈물을 흘렸던 것이다. 대부분의 경우 사람들은 비록 악당일지라도 우리의 일반적인 결론보다는 한결 순박하고 단순한 일면을 지니고 있는 법이다. 우리도 역시 마찬가지가 아닌가.(Достоевский 9:11) (『까라마조프 씨네 형제들』 31)

그 후로도 그는 네 번째로 거처를 옮겼던 것으로 보인다. 그 문제에 관해서는 지금 이야기를 더 이상 덧붙이진 않겠다. 표도르 파블로비

> 치의 큰아들에 대해서는 다시 많은 이야기를 하지 않으면 안 될 테니까 지금 그에 대한 이야기는 단지 소설의 착수에 필요한 부분만 하도록 하자.(Достоевский 9:13) (『까라마조프 씨네 형제들』 34)

> 당시 그는 겨우 스무 살이었다(그의 형 이반은 스물네 살, 이복형 드미트리는 스물여덟 살이었다). 우선 그 청년 알료샤는 결코 광신도가 아니며, 내 판단으로는 적어도 신비주의자 또한 아니라는 사실을 밝혀 두고자 한다. 나의 의견을 미리 구체적으로 밝히자면, 그는 풋내기 박애주의자에 지나지 않았고, 만일 그가 수도자의 길에 전념했다면, 그것은 당시 그 길만이 그의 마음을 사로잡았던 유일한 것이었으며, 사악한 세속의 암흑으로부터 사랑의 정신을 밝히는 광명으로 인도할 이상적인 출구로 제시되었기 때문이다. 또한 그가 유일하게 그 길에서 가슴 저미는 감동을 느꼈던 것은 거기에서 당시 그가 비범한 인물이라고 생각했던 유명한 수도사 조시마 장로를 만났기 때문이다. 장로는 억누를 길 없는 뜨거운 첫사랑처럼 그를 사로잡았다. 그러나 그가 갓난아이 때부터 매우 '불가사의한' 일면을 가지고 있다는 점에 대해서는 이의를 제기하지 않겠다. 그 점에 대해서는 이미 환기해 둔 바 있으나 다시 한 번 덧붙여 이야기하자면, 그는 겨우 네 살 때 어머니를 잃었으나 그 후 평생에 걸쳐 '마치 정말로 어머니께서 살아서 내 앞에 서 계신 것처럼' 어머니의 얼굴과 그 부드러움을 기억하고 있었던 것이다.(Достоевский 9:21) (『까라마조프 씨네 형제들』 45)

『백치』에서 흔들리고 동요하던 '서술자-화자'는 『카라마조프 씨네 형제들』에서는 공개적으로 처음부터 자신을 드러내고 소설 전편에 걸쳐 인물과 사건에 대한 자신의 개인적 견해를 적극적으로 개진한다. 어떤 사람에 대해 공감과 반감을 표하고, 일반적인 통념을 끌어들이는가 하면 소설을 써 나가는 과정 자체를 드러내며 독자의 반응을 타진하고 양해를 구하곤 한다. 마치 소설의 주인공들과 옆에 같이 존재하며 살아 있는 어떤 구체적인 인물이 수다스럽게 사건과 인물에 참견하고 있는 것만 같다. 그러나 소설에서 그 누구보다 많이 알고 있는 그는 형식적으로는 여전히 전지적 '서술자-화자'이다. 알료샤의 정신 상태를 파악하고 그의 내면의 의식까지 판단하는 모습을 보라. 물론 여기서도 '서술자-화자'의 말은 전적으로 그 자신의 말이라기보다 알료샤나 누군가가 알료샤에 대해 말했을 법한 그런 수준의 지식이다. 이를테면 '광신도'나 '신비주의자'라는 말은 알료샤에 대해 사람들이 하는 어떤 말을 연상시키는데 '서술자-화자'는 그걸 반박하며 '풋내기 박애주의자'라고 평가한다. 이때 '풋내기 박애주의자'라는 말은 알료샤에 대한 전적으로 올바른 지식은 아니기 때문에 그는 알료샤를 더 높은 가치 수준에서 평가할 능력이 없는 인물인 것 같다. '당시 그 길만이 그의 마음을 사로잡았던 유일한 것', '사악한 세속의 암흑으로부터 사랑의 정신을 밝히는 광명으로 인도할 이상적인 출구', '가슴 저미는 감동', '비범한 인물', '억누를 길 없는 뜨거운 첫사랑', '마치 정말로 어머니께서 살아서 내 앞에 서 계신 것처럼' 등등의 말은 '서술자-화자'의 입에서 나온 것이지만 알료샤가 평소에 하던 말과도 다를 바가 없어 보인다. 그런 점에서 이런 단어와 표현들은 '서술자-화자'의 고유한 것이라기보다 알료샤의 시각에서 나올 법한 것들이다. '불가사의한 일면'은 알료샤에 대한 사람들의 일반적인 평가로 이미 다른 사람의 말이라는 것이 표기되어 있다. 이런 부분을 빼면 사실 '서술자-화자' 자신의 고유한 말이라고는 알료샤가 스무 살이고 수도원에 갔고 어렸을 때 어머니를 잃었다는 지식에 대한 것뿐이다. '서술자-화자'의 말은 대체로 이렇게 타자의 언어들로 가득 차 있다.

그렇다면 왜 도스토예프스키는 러시아 소설이 어렵게 획득한 전지적 '서술자-화자' 형식을 이렇게까지 뒤흔들고 있는 것일까. 거기에 어떤 새로운 소설적 의미가 있는 것일까. 도스토예프스키 시학의 새로움과 특징을 이해하기 위해 여기서 우리는 주인공과 저자의 새로운 관계에 주목하는 바흐친의 관점을 살펴볼 필요가 있다.

폴리포니야 소설의 저자와 주인공[33]

바흐친은 도스토예프스키 소설 분석을 통해 저자와 주인공의 새로운 관계를 발견하고 그를 기반으로 자신의 대화주의와 폴리포니야 소설론을 전개한다. 바흐친은 우선 작품의 주인공이 저자로부터 어떻게 독립적이고 독자적일 수 있는지를 살펴본다. 만일 주인공이 철저하게 저자의 세계관과 계급적 입장으로부터 발원된다면 그는 살아 있는 주인공이 아니라 특정한 목적으로 외부에서 주입된 일종의 무대장치, 혹은 저자에 의해 움직이는 어릿광대에 지나지 않는다. 이 경우 저자로부터 독립적인 주인공의 독자성이란 작품의 유기성의 파괴를 의미할 뿐이고, 독자의 창조적 해석이란 주관적인 과잉 해석에 불과한 것이 된다. 바흐친은 그와 같은 주인공과 저자는 하나의 세계관을 공유하고 있고 하나의 가치체계에 속해 있다고 비판한다. 하지만 도스토예프스키 소설에서는 저자와 주인공이 서로 독립적인 이념을 지니고 대화적으로 공존한다는 것이 바흐친의 발견이다. 과연 저자가 창조한 인물인 주인공이 저자로부터 독립적이고 독자적일 수 있는가. 저자가 구상하고 쓴 주인공의 의식이 어떻게 저자의 의식 바깥에, 그 너머에 존재할 수 있는 것일까. 도

33 이후 바흐친의 폴리포니야 소설론에 대한 설명은 『미하일 바흐친과 폴리포니야』(이강은, 역락, 2011)의 일부(99-130쪽)를 이 책의 논지에 맞추어 발췌하고 수정한 것이다.

스토예프스키 소설의 어떤 화자가 소설을 그렇게 대화적으로, 폴리포니야적으로 말해 주는 것일까.

바흐친은 소설 작품에서 저자의 목소리가 지배적이고 그의 압도적인 전지성하에 모든 사건과 인물이 편제되는 소설을 독백 소설이라고 규정한다. 독백 소설에서는 저자의 목소리 외에는 모두 주변적이다. 작품의 모든 요소는 저자가 표방하는 가치관과 세계인식을 기초로 위계적으로 배치될 뿐이다. 주인공과 여타 인물들은 작가의 가치관과 그에 따른 창작 의도에 따라 각자의 위치가 결정되어 있고 그에 따른 의식이 작가에 의해 외부적으로 주입된다.

> 독백적 구상 속에서의 주인공은 폐쇄되어 있다. 따라서 그의 의미적인 경계는 엄격하게 윤곽이 그려져 있다. 이러한 경우에 주인공은 일정하게 정해진 형상으로 그 한계 속에서만, 있는 그대로의 그 자신의 한계 속에서만 행동하고 체험하고 사고하고 의식한다. 그는 결코 그 자신이 아닐 수가 없는 것이다. 즉 그는 자신의 성격, 전형, 기질의 한계를 빠져나올 수 없다. 만일 빠져나온다면 그것은 그에 대한 작가의 독백적 구상을 파손하는 것이다. 그와 같은 형상은 주인공의 의식을 객체적인 대상으로 대하는 작가의 세계 속에서 만들어진다. 이러한 세계의 축조는 — 작가의 시점들과 작가의 종결적인 규정하에서 — 그 외부에 안정된 입장, 즉 안정적인 작가의 시야를 전제로 한다. 주인공의 자의식은 그 자신으로서는 접근할 수 없는, 그를 묘사하고 정의하는 작가의 의식이라는 견고한 테두리 속에 갇혀 있고 외부세계라는 견고한 배경 위에 주어진다.[34](60)

34 이 장에서 М. Бахтин의 『Проблемы поэтики Достоевского』(1972)에서의 인용은 괄호 속에 쪽수만 표기한다.

이러한 독백적 소설과는 달리 도스토예프스키 소설에서 주인공들은 상대적으로 자유와 독립성을 가지고 있다.

> 도스토예프스키가 주인공에게 관심을 갖는 것은 특정하고 견고한, 사회적으로 전형적이고 개인적으로 성격화된 특징을 지닌 현실 현상으로서가 아니다. 즉 '그는 누구인가?'라는 질문에 답할 수 있는 모든 것을 포함하는, 단일 의미를 가진 객관적인 특징들로 조립되는 일정한 외모에 도스토예프스키는 관심을 갖지 않는다. 도스토예프스키가 주인공에게 관심을 갖는 것은 세계와 자기 자신에 대한 특수한 시점, 그리고 자기 자신과 주변 현실을 해석하고 평가하는 한 인간의 입장이다. 도스토예프스키가 중요시하는 점은 세계 속에서 주인공이 누구냐가 아니라, 세계가 주인공에게 무엇이냐, 주인공 자신이 자기 자신에게 무엇이냐라는 것이다.(54)

도스토예프스키는 작품의 인물을 형상화할 때 그 인물의 사회적·객관적 특징과 그에 조응하는 성격 부여에 큰 관심을 두지 않는다. 도스토예프스키에게 인물의 사회적 지위나 신분, 재산 상태, 생김새 등과 같은 외적·사회적 지표와 일상 환경적 요소들은 그 인물을 꼭 그 인물이게끔 하는 필수적인 요소가 아니다. 그보다는 오히려 그와 같은 외적 세계, 주변 현실에 대한 그 인물 자신의 관점, 인물의 자의식이 바로 그 인물을 그 인물이게끔 하는 보다 본질적인 요인이다. 보통은 주인공의 자의식은 주인공의 전체적 형상 중의 일부 특징인 데 반하여 도스토예프스키의 주인공은 반대로 모든 현실이 주인공의 자의식의 요소가 된다. 외적 현실과 자의식의 관계가 역전되어 있는 것이다. 따라서 도스토예프스키가 그리는 인물들은 도스토예프스키라는 작가가 관찰하고 성격 부여하는 수동적 피조물이 아니라 그들 스스로 세계에 대해 사고하고 세계 속의 자신을 스스로 규정하는 능동적·창조적 의식의 소유자이다. 작가는 주인공의 미세한 특징이나 특성, 본성을 작가 자신의 시각으로 규정하는 법이 없다.

> 주인공 자신의 현실뿐만 아니라 그를 둘러싼 외부세계와 일상생활도 자의식의 과정 속으로 빨려 들어가 저자의 시야로부터 주인공의 시야로 옮겨 간다. 그것들은 더 이상 주인공과 동일한 평면에 있지도 않고 주인공을 떠나 저자의 유일한 세계 속에도 있지 않다. 따라서 그것들은 주인공을 한정시키는 인과적 요인이 될 수 없을뿐더러 작품의 설명적 기능도 수행할 수가 없게 되었다. 모든 대상세계를 흡수한 주인공의 자의식과 동일한 평면 위에 있을 수 있는 것은 오로지 다른 의식일 뿐이고, 그의 시야와 세계에 대한 그의 시점 곁에는 오로지 별개의 시야와 세계에 대한 별개의 시점만 있을 수 있다. 저자는 모든 것을 흡수하는 주인공의 의식에 오로지 하나의 객관적 세계 — 주인공과 동등한 권리를 가진 다른 의식들의 세계 — 만을 대립시킬 수 있다.(57-58)

다시 말하면 도스토예프스키의 주인공은 오직 자신의 시각으로 보고 듣고 생각한 것을 말한다. 도스토예프스키 작품의 주인공들이 민감하게 말을 하고 다른 사람의 의식과 말에 민감하게 반응한다는 점, 그리고 도스토예프스키 작품들이 주로 주인공의 말이나 대화로 구성되어 있다는 점은 주인공이 자신의 자의식을 드러내도록 하기 위한 불가피한 선택인 것이다.

이를테면 『지하생활자의 수기』는 40여 년 동안 지하실에서 살아온 사람의 자신에 대한 이야기이다. 그는 자신에 대해 남들이 하는 말을 몰래 엿들으며 다른 사람의 의식 속에 자신을 비춰 보고 그 속에서 자신이 어떻게 굴절될 수 있는지를 가늠해 본다. 그럼으로써 그는 타인의 의식과 자신의 의식에 비친 자신의 모습을 통해 자신에 대한 객관적 정의를 알고자 하며, 자신도 아니고 타인도 아닌 제3자의 시각으로까지 나아간다. 하지만 그는 자신에 대한 이러한 다양한 정의들(타인에게 비친 자신, 자기 자신에게 생각되는 자신, 제3자의 시각에서의 자신 등)이 모두 자기 수중에 있다는 것과 그 자신이 이 모든 정의를 의식하고 있다는 이유에서 "이러한 정의에 의해 자신이 최종화될 수 없다는 것"(61)도 잘 알고 있다. 따라서 "그는 이러한 제 정의의 한계를 뛰어넘을 수 있고 그것들을 부정확하게도 만들 수 있다. 그는 그에 대한 최후의 말이 무엇인지 알고 있으며, 그 말 속에 나타나 있는 그대로의 그가 되지 않으려고 그에 관한 최종적인 말, 그의 자의식에 관한 말을 보류시키려고 안간힘을 쓰고 있기 때문이다. 그의 자의식은 자신의 미완결성, 비폐쇄성, 불확정성에 의해 살아가고 있는 것이다."(61-62) 작가는 성격이나 유형, 기질 같은 모습으로 주인공을 드러내는 것이 아니라 자신과 세계에 대한 주인공의 '말'을 창조해 내고 있다. 따라서 바흐친은 대체로 도스토예프스키의 주인공들은 하나의 객관적 형상이 아니라 '하나의 목소리'와 같다고 말한다.

그렇다면 그런 자의식을 가진 주인공이 스스로 자신을 묘사하는가? 물론 그것은 아니다. 어쨌든 그런 주인공도 저자의 산물임을 부정할 수는 없다. 그렇다면 저자와 주인공은 다시 불가피하게 종속적 관계라고 말할 수 있는가. 바흐친은 저자의 배제나 저자의 역할에 대한 고의적인 무시로 나아가기보다 '보고 묘사하는' 대상과 별개의 의식으로 저자의 의식이 남아 있다는 점에 주목한다. 바흐친은 저자의 이런 태도, 즉 주인공에 대한 저자의 독립적 태도가 인간관의 코페르니쿠스적 혁명이라고 말한다. 도스토예프스키의 주인공은 단순히 새로운 예술기법의 소산이 아니라 궁극적으로 인간에 대한 새로운 발견의 결과로 태어난다는 것이다. 그것은 인간에 대한 그 어떤 외부적 규정이나 이해도 그 인간을 결코 온전하게 규정하고 이해하는 것이 될 수 없다는 전제를 담고 있다.

> 살아 있는 인간을 그 인간 당사자의 참의사를 무시한 단정적 인식의 무성적 대상으로 전환시켜서는 안 된다. 인간에게는 항상 무언가가 있게 마련인데 그것은 오로지 인간만이 자의식과 말의 자유로운 행위 속에서 밝혀 놓을 수 있는 것으로서, 그 당사자의 의사를 무시한 어떤 외면적 정의에도 따르지 않는 것이다.(68)

이쯤 되면 바흐친이 소설 속의 저자와 주인공의 새로운 관계를 통해 그토록 말하고자 하는 바가 단순한 소설 시학적 혁신이 아니라 바로 인간에 대한 이해의 새로움이라는 것이 분명해진다. 자의식을 가지고 있고 그에 입각하여 끊임없이 말을 하며 자신의 행위를 전개하는 자, 살아 있는 인간, 그는 그 누구의 어떤 외적 정의로도 온전하게 파악될 수 없으며 그 어떤 외적 정의에도 잉여를 갖는, 항상 그 무언가를 더 가지고 있는 존재이다. 그렇게 살아 있는 인간은 생존해 있는 한 결코 완결되지 않으며 자신에 대해 그 어떤 최종적인 말도 거부한다. 인간은 어떤 확고한 계산이 행해질 수 있는 최종적으로 확정된 양(量)이 아니고, 자신을 규제하고 있는 그 어떤 규범도 파괴하려고 한다.

> 인간은 자기 자신과 일치하는 법이 결코 없다. 인간에게는 'A는 A이다'라는 등식이 적용될 수 없다. 도스토예프스키의 예술사상에 의하

> 면 한 인간의 진정한 삶은 그가 자기 자신과 불일치하는 지점에서, 즉 그의 의지와 관계없이, '그의 참된 의사를 무시한 채' 몰래 엿보고, 정의하고, 예단할 수 있는 그런 대상으로서의 물질적 존재로 만드는 그 모든 것을 벗어나려는 지점에서 이루어진다. 한 인간의 진정한 삶은 대화적으로 침투할 때에만 접근이 가능하다. 인간은 그런 대화적 침투에 대해 응답하면서 자유롭게 그 자신이 스스로를 열어 보이는 것이다.(69)

인간에 대해 최종적으로 판정되는 어떤 규정, 즉 살아 있는 그를 고정된 어떤 양적 실체로 만들어 내고자 하는 어떤 시도도 넘어서는 것, 그리하여 오직 대화적으로 침투하여 스스로가 스스로에 대해 말하게 하는 것, 살아 있는 개성은 오직 그와 같은 방법에 의해서만 우리에게 그 모습을 드러낸다. 바로 그렇게 인간을 드러내는 것, 그것이 도스토예프스키에게는 새로운 리얼리즘이다. 그것이야말로 있는 그대로의 인간의 모습을 드러내는 것이기 때문이다. 도스토예프스키는 자신을 심리학자로 부르는 것에 대해 반대한다. '인간의 마음속 모든 것'을 묘사한다는 점에서 리얼리스트라는 것이다. 물론 그러한 리얼리즘은 이제까지의 인습적인 독백적 리얼리즘과는 다른 대화적 리얼리즘을 말하는 것임에 틀림없다. 그렇다면 여기서 우리는 이와 같은 주인공을 그려 내는 저자의 말에 대해 돌이켜 생각할 필요가 있다. 그와 같은 주인공의 말을 구상하고 집필하는 작가-저자, 그는 어떤 태도와 어떤 말로써 주인공의 이런 독립성을 유지시켜 줄 수 있는가.

> 도스토예프스키의 폴리포니야 소설에서 주인공에 대한 저자의 새로운 예술적 태도는 작품 전체에 걸쳐 철저하게 실현되는 대화적 입장

이다. 그것이야말로 주인공의 독립성, 내면적 자유, 미완결성, 미결정성을 확립시켜 주는 것이다. 저자에게 주인공은 '그'이거나 '나'가 아니라 완전히 독립적인 '너', 즉 또 다른 타자로서의 '나'이다. 주인공은 수사적으로 연출되거나 문학적으로 조건 지어진 대상이 아니라 정말 진정으로 지금 현재의 대화적 상대로 환기되는 주체인 것이다. 이 대화 — 전체적으로 소설의 '커다란 대화' — 는 과거가 아닌 지금, 즉 창작 과정의 현재 시점에 벌어지고 있다. 그것은 다 끝나 버린 대화의 속기록이 전혀 아니다. 저자가 이미 그 대화에서 빠져나와 보다 높은 자리에서 어떤 결정만 내리게 되는 위치에 있지 않다는 말이다. 만약 저자가 그러한 위치에 있다면 미완결된 진정한 대화는 모든 독백적 소설에서 흔히 볼 수 있는 객관화되고 완결된 대화의 이미지로 변해 버릴 것이다. 도스토예프스키에게서 이 커다란 대화란 바로 삶의 문턱에 서 있는 아직 끝나지 않은 것으로, 예술적으로 조직되어 있다.(73-74)

도스토예프스키의 소설에서 주인공에 대해 저자가 말할 때 저자는 실제로 앞에 서서 저자의 말을 듣고 거기에 답변할 수 있는 자에 대해 말하듯이 한다. (……) 도스토예프스키의 구상에서 주인공은 자립적인 말을 하는 자이지 저자의 말의 소리 없는 대상이 되는 벙어리가 아니다. 주인공에 대한 저자의 구상은 말에 대한 구상이다. 그러므로 주인공에 대한 저자의 말도 말에 대한 말(слово о слове. discourse about discourse)이다. 그것은 말에게 지향되어 있듯이 주인공에게 지향되어 있으므로 주인공에게 대화적으로 말을 건네고 있는 것이다. 소설의 모든 구조로 볼 때 저자는 주인공에 관해서 이야기하는 것이 아니라 주인공과 같이 대화를 나누고 있는 것이다. 달리 생각하기란 불가능하다. 오로지 대화적이고 함께 참여하는 지향

> 의 자세만이 타인의 말을 진지하게 받아들이고, 의미 있는 입장으로, 다른 하나의 시점으로 그 말에 접근할 수 있다. 오로지 내면적인 대화의 지향자세를 통해서만 나의 말은 타인의 말과 긴밀한 접촉을 유지하면서도 동시에 타인의 말과 융합하지 않고 그것을 삼켜 버리지도 않고 그 의미를 나의 말 속에서 용해시키지 않는다. 즉 독립된 말로서 그것의 가치를 완전히 보존시키고 있는 것이다. 긴장된 의미상의 관계 속에서 거리를 유지한다는 것은 결코 쉬운 일이 아니다. 그러나 거리는 저자의 구상을 이루는 필수적 구성요소이다. 오로지 거리만이 주인공을 묘사하는 진정한 객관성을 보장시켜 주기 때문이다.(74-75)

저자와 주인공이 자기 말의 주체이고 각각의 말은 이미 대화적으로 상호 침투하여 소설 속에 거대한 대화의 세계, 폴리포니야적 세계를 구축하고 있다는 이 유명한 바흐친의 주장은 앞서 우리가 도스토예프스키의 '서술자-화자'의 특성에서 살펴본 것을 상기한다면 훨씬 이해가 빠를 것이다. 하지만 여기서 아주 쉽고도 본질적인 질문을 던질 수 있다. 결국 주인공의 독립성의 보장도 저자에 의해 구상되고 집필되고 있는 것 아닌가. 저자에 의해 창작된 주인공이 저자로부터 독립적이라는 말은 모순적이 아닌가. 바흐친은 예술 작품의 창작 원리를 해명함으로써 이 문제에 답하고자 한다. 즉 예술 창작이란 일정한 예술적 논리와 법칙에 종속되어 있기 때문에 만일 저자가 폴리포니야 소설을 창작하고자 구상하고 이를 실천하려고 한다면, 주인공의 자의식을 드러내는 불가피한 법칙을 따르지 않을 수 없게 된다. 주인공에게 자유를 부여하는 것, 바로 그것이 저자의 구상의 가장 중요한 핵심 요소인 것이다. 그렇다면 저자는 주인공에게 시야를 넘겨주고 소극적으로 작품을 이끌어 가는 최소한의 역할에 머무르는가. 그것은 결코 그렇지 않다. 오히려 폴리포니야 소설에서 작가는 적극적인 대화적 역할을 통해 주인공의 자의식을 드러내는 역할을 수행하고 그렇게 하지 않을 수가 없다. 타인의 의식, 즉 주인공의 의식은 작가가 객체처럼 관조하거나 분석하고 정의할 수 있는 것이 아니다. 거듭 말하거니와 타인의 의식은 오로지 대화적으로만 접근 가능하다. 따라서 폴리포니야 소설의 저자는 타인의 의식을 적극적으로 수용하기 위해 자신의 의식을 적극적으로 확장하고 주인공과의 대화에 나서지 않을 수 없다. 그러나 저자의 의식이 주인공의 의식을 객체화하고 물질화해 버리는 것은 독백 소설일 뿐이다. 폴리포니야 소설의 적극적인 저자의식은 주인공과 동등하게 독립적인 권리를 가지고 적극적으로 대화에 나서는 의식으로, 작품의 도처에 지속적으로 자신을 드러낸다. 바로 이런 점에서 폴리포니야 소설은 당연하게도 저자의식이 모든 것을 지배하고 수렴하는 독백 소설의 독단주의를 거부할 뿐만 아니라 논쟁과 대화가 불필요할 정도로 저자와 주인공이 고립적으로 존재하는 상대주의적 관점과도 무관하다.

도스토예프스키 소설의 대화적 적극성, 즉 폴리포니야 소설의 대화적 적극성은 독자 의식의 적극적 개입과 확장을 요청한다. 즉 독자는 폴리포니야 소설에서 완결되거나 최종화된 인물 유형이나 성격을 제공받지 못함으로써 인물과 상황에 대해 일방적으로 수용하거나 비판할 수 있는 관점을 작품으로부터(혹은 저자로부터) 제공받지 못한다. 폴리포니야 소설의 독자는 주인공의 자의식과 저자의 지속적인 대화 과정에 참여하면서 자신의 자의식의 적극적 확장을 통해 최종화되지 못한 인간의 심연을 대화적으로 통찰해 볼 기회를 얻는 것이다.

바흐친에 따르면 도스토예프스키의 주인공은 저자 의식의 부산물이 아니라 저자와 적극적으로 대화에 나설 수 있는 독립적인 인물이다. 그 누구에 의해 최종화될 수 없는 주인공의 자의식은 오직 자신의 말을 통해서 스스로를 드러낸다. 이러한 주인공은 그러나 다른 또 하나의 중요한 측면을 가지고 있다. 즉 "그는 자기 자신과 자기 주변에 대해서 말을 하는 자일 뿐만 아니라 세계에 대해서 말을 하는 자, 다시 말해 인식하는 자이면서 하나의 이데올로그인 것이다."(89) 즉 도스토예프스키의 주인공들은 모두가 자신과 세계에 대한 일정한 이념을 항상 자신의 개성화된 자의식 속에 생성해 가고 있다.

바흐친은 주인공이 그 무엇으로도 환원되지 않는 자의식을 가지고 있으며 그 자의식 속에는 자기 자신과 세계에 대한 주인공의 태도, 즉 이념이 살아 숨 쉬고 있음에 주목한다. 바로 이 이념은 자의식과 마찬가지로 주인공의 말을 통해 드러난다. 그리하여 이념에 대한 말은 자의식에 대한 말과 불가분하게 융합됨으로써 주인공 개인의 삶이 개인의 이해를 넘어 보다 보편적이고 이념적인 사고와 결합되게 만든다.

> 자기 자신에 대한 주인공의 말과 세계에 대한 그의 이념적 말이 그렇게 융합되어 있기 때문에 자기 자신이 말하는 것이 가장 일차적으로 더욱 중요한 의미를 갖게 된다. 그렇기 때문에 주인공은 그 어떤 외적 최종화에 대해 내적으로 강하게 저항하는 것이다. 이념은 도스토예프스키의 예술세계 속에서 자의식의 자립성이 가능하도록 만들고 견고하고 집요한 모든 중립적 형상을 이겨내도록 도와준다.(90)

이렇게 바흐친은 주인공의 자의식이 저자로부터 독립적일 수 있다고 말함으로써 새로운 소설 시학의 전제를 확보한 후 주인공의 독립적 의식이 담고 있는 이념의 문제로 넘어간다. 독립적 의식 자체가 중요한 것이 아니라 그 의식이 세계와 자신에 대해 어떤 이념을 가지고 있느냐가 중요한 것이다. 역시 여기에서도 독백적 이념과의 비교는 필수적이다.

독백 소설에서 저자는 자신의 이념을 작품 곳곳에, 주인공의 성격과 사건, 상황 등에 적절하게 분산 배치함으로써 자신의 이념이 구조적으로 통일성 있게 작품에 구현되도록 만든다. 이런 주인공에게 이념이란 기껏해야 저자에 의해 배분된 역할과 성격을 벗어나지 않는 정도로 주어진다. 따라서 독백 소설의 주인공이 비록 자신의 입으로 이념을 말한다하더라도 그것은 그 자신의 진실한 이념이 아니다. 그는 그저 그 이념의 단순한 매개자일 뿐이고 그런 이념은 비개성적인 것으로, 그 체계성과 주체성은 독백적인 저자 자신의 것으로 수렴될 뿐이다.

독백적 이념은 오직 자신의 이념만을 객관적이고 통일적인 것으로 상정하고 작품의 모든 요소들에서 그것을 실현하고자 한다. 따라서 작품에는 오직 하나의 긍정적인 이념만이 존재하고 여타의 이념들은 그 이념과의 관계 속에 위계화된다. 저자에 의해 그의 세계관에 편입되지 못한 다른 사상이나 이념은 단순하게 설명되거나 일정한 지적 제스처나 편견 정도로 축소될 뿐이다. "독백적 세계 속에서 제3의 것은 주어지지 않는다."(91) 바흐친이 말하는 이 독백적 이념은 서구 근대사상의 일원론적 원리, 즉 존재의 단일성과 진리성을 전제로 구축된 이념체계를 지칭한다고 말해도 틀리지 않다. 바흐친의 논리는 단일한 진리로부터 그 진리를 반영하는 단일한 의식이 전제되고, 그런 전제하에 '절대정신', '보편정신' 등과 같은 통일적인 하나의 의식이 태어나는 근대 이념의 원리를 비판하고 있는 것이다.

바흐친은 절대정신의 존재 여부에 대해 본격적으로 문제를 제기하지는 않는다. 다만 만일 절대정신이 존재한다 하더라도, 그것이 설령 신의 존재와도 같은 것이라고 하더라도, 그것을 반영하는 의식은 하나가 아니라 복수라는 점을 강조한다. 만일 단일한 진리의 개념이 존재한다 하더라도 거기에서 필연적으로 하나의 단일한 의식이 나오지는 않는다는 것이다. 이렇게 보면 바흐친은 단일한 진리의 세계는 인정하면서 그것을 반영하는 형식, 즉 의식의 복수성에 대해서만 문제 삼고 있는 것처럼 보인다. 그러나 바흐친은 진리는 원칙적으로 단 하나의 의식세계 속에 수용될 수 없다고 말한 뒤 곧바로 "그 진리가 본질적으로 사건적이며 서로 다른 여러 의식들의 접촉 지점에서 태어난다고 가정하거나 생각하는 것은 전적으로 가능하다."(92)라고 조심스럽게 단언한다. 먼저 단일한 진리와 의식의 복수성을 이야기하고 의식의 복수성의 접촉에 의해 진리가 태어난다고 말하는 것은 분명 모순적으로 들린다. 진리가 객관적으로 존재한다는 것과 의식들의 접촉에 의해 태어난다는 것은 전혀 다른 의미를 지니기 때문이다. 바흐친은 의식의 복수성을 설명하기 위해 잠정적으로 단일한 진리를 상정했다가, 의식의 복수성에 의해 진리가 태어나고 구성된다고 다시 뒤집어 버림으로써 단일 진리의 존재 가능성을 전혀 염두에 두지 않는 태도를 취한다. 애초부터 바흐친은 단일 의식뿐만 아니라 단일 진리의 존재 자체를 인정하고 싶지 않았던 것인지 모른다. 그렇다고 여기서 바흐친의 상대주의적 태도가 나온다고 비판하는 것은 너무 이르다. 사실 바흐친은 만일 단일 진리가 있다 하더라도 결코 지상에 존재하는, 혹은 주장되는 그런 것과는 전혀 차원이 다른 문제라고 생각하는 것 같다. 독백적 형식은 있을 수 있는 모든 형식의 하나이며 의식이 존재 위에 섬으로써, 그리고 존재의 통일성이 의식의 통일성으로 전환됨으로써 탄생하는 것이다. 만일 그렇다면 다른 여러 의식들은 존재의 아래에 놓여 있는 것이며 그 의식들의 접촉과 충돌에 의해 우연적으로, 사건적으로 존재를 구성하는 것이 된다. 바흐친은 여기서 존재 자체의 단일성에 대한 논쟁으로 나아가지는 않는다. 다만 '복수의 의식들의 접촉에 의해 발견되고 창조되는 존재'라는 해석이 가능하도록 논지를 구성하고 있을 뿐이다. 바흐친은 주어진 단일한 진리 자체를 부정하면서, 의식들로부터 부단히 창조되는 무한한 과정으로서의 진리를 상정하고, 그 진리로 나아가는 의식들의 무한한 과정에 주목한다. 이것은 주인공, 인간 속의 인간을 파악하기 위해서는 대화적으로 접근해야만 한다는 앞서의 주장과 일맥상통한다.

확실히 바흐친은 도스토예프스키 소설을 통해서 인간에 대한 근대적 이해 방식을 비판하고 있다. 다만 그런 비판을 체계적인 이론으로 전개하기보다 소설이라는 작품 세계에 대한 분석과 고찰로 대신하고 있을 뿐이다. 그러나 현실 비판과 사상 비판이라는 과제를 완전히 비켜 가는 것만은 아니다.

> 독백적으로 의식을 지각하는 방법은 이념 창조의 다른 영역에서도 지배적이다. 의미 있고 가치 있는 모든 것은 어디에서든지 하나의 중심 — 보유자 — 에 집중되어 있다. 모든 이념 창조는 하나의 의식, 하나의 정신의 표현이라고 사고되고 지각된다. 창조력의 집합, 창조력의 다양성이 문제인 곳에서조차 여전히 민족정신, 역사정신 등과 같은 하나의 의식으로 단일성이 제시되고 있는 것이다. 여기서는 의미 있는 모든 것이 하나의 의식 속에 모아져 단일화된 액센트에 예속된다. 이러한 예속에 포함되지 않는 것은 우연하고도 비본질적인 것이다. 근대에 와서 독백적 원칙을 강화하고 그것을 이념 생활의 모든 영역에 침투시키는 일을 조장한 것은 단일화된 유일한 이성을 숭배하는 유럽의 합리주의와, 특히 유럽 산문예술의 기본적인 장르형식을 형성했던 계몽주의의 시대정신이었다. 모든 유럽의 유토피아 정신도 이러한 독백적 원칙에 근거하고 있다. 바로 신념의 전능성을 믿었던 유토피아적(공상적) 사회주의가 바로 그러하다. 어디에서든

> 지 한 가지 의식과 한 가지 시점이 모든 의식을 통합하는 대표적인 것으로 되었던 것이다.
> 이념적 삶의 모든 영역에서 한 가지 의식이면 된다는 자기만족에 대한 이러한 믿음은 어떤 특별한 사상가에 의해 창조된 이론이 아니다. 그렇다, 이것은 외면적·내면적인 모든 형식을 결정하여 주는, 근대 이념 창조의 깊숙한 구조적 특징이다.(93-94)

독백주의를 근대 계몽주의적 이성의 소산이자 근대사상의 구조적 특징으로 규정하는 이와 같은 논리에서 우리는 근대의 자기동일성을 비판하는 프랑크푸르트 학파의 논리와 상통하는 지점을 발견할 수 있을 뿐만 아니라 전체주의로 변질되어 가던 당대 소련 사회에 대한 일정한 비판도 충분히 읽어 낼 수 있다. 그러나 바흐친은 이러한 비판을 체계적인 철학적 논리로 발전시키기보다 도스토예프스키 소설을 분석함으로써 자신의 사고 모델을 제시하고자 한다. 그에 의하면 도스토예프스키는 타인의 이념을 묘사할 줄 알고 그것의 완전한 의미를 보장할 줄 아는 작가였다.

바흐친은 이념의 예술가로서 도스토예프스키가 이념을 묘사하는 방법론적 원칙을 크게 두 가지로 분류한다. 먼저 도스토예프스키는 이념의 형상을 그것을 보유한 인간의 형상과 불가분의 관계 속에서 그려 낸다. 그가 그린 주인공들은 성격이나 기질, 사회-심리 유형으로 분류되지 않는다. 인간에 대한 그런 유형화는 인간을 외면적으로 최종화하는 것으로, 그 인간이 담지한 이념의 의미를 온전히 드러내지 못한다. 이념이란 이해될 뿐만 아니라 느낄 수도 있는 것이어야 한다. 왜 그런가. 바흐친이 거듭 강조하는 것은 인간이란 사회적 전형과 같은 외적 조건에 의해 규정되는 자가 아니라는 점이다. 인간은 오직 살아 있는 자신만의 자의식을 가진 개성적 존재이면서 세계에 대해 자신만의 이념을 가지는 존재이다. 세계에 대해 그의 이념은 이미 형성된 기존의 외부적 이념이나 그 체계로서의 이데올로기가 아니다. 예를 들어 어떤 주인공이 사회주의 이데올로기를 외부로부터 주입받아 자신의 이념으로 수용하는 경우, 그 이데올로기는 주인공의 개성적 자의식을 경유하여 그 자신만의 독특한 이념이 된다. 외부에서 형성된(그것이 설사 저자의 것이라 하더라도) 이념과 이데올로기는 결코 살아 있는 자의식을 가진 인간에게 완전한 의미의 이념이 될 수 없다고 바흐친은 말한다. 따라서 도스토예프스키의 주인공들은 철저하게 이념인이다. 그야말로 '높은 것에 뜻을 두고 높은 것을 구하라'는 원대한 이념을 품고 사는 인물들로서, 그들 모두가 '풀리지 않은 위대한 이념'을 가지고 있으며 무엇보다도 먼저 '이념의 문제'를 해결하기를 원하고 있다. 사적 이해관계에 종속되거나 매몰되지 않고 세계의 이념으로 고뇌하고 있는 것이다. 『죄와 벌』의 라스콜리니코프는 살인범이지만 결코 사적 이익을 위해 살인을 저지른 것이 아니다. 심지어 창녀 소냐도 돈이 아니라 인간적 이념에 충실하고 그것을 걱정하며 살고 있다. 도스토예프스키가 바라보는 인간은 바로 이렇게 높고도 높은 이념을 실현하는 것을 삶의 가장 큰 목적으로 삼고 있다. 바로 그런 점이 그들을 가장 인간다운 인간 속의 인간, 살아 있는 개성을 가진 인물로 만들어 주는 것이다.

도스도예프스키의 작품에서 이념이 묘사되는 두 번째 방법론적 원칙은 이념이 대화적 본성을 가지고 있다는 것, 대화적 관계 속에서 이념이 태어나고 성장하여 살아간다는 것이다. 그의 소설에서 이념은 한 개인의 고립된 의식 속에서 '살고 있지 않다.' 그런 의식 속의 이념은 퇴화되고 죽어 버릴 것이다.

> 이념은 타인의 이념들과 본질적인 대화적 관계를 맺으면서부터 그 삶을 살아가기 시작한다. 즉 이념이 형성되고 발전하기 시작하며 자신의 언어표현을 하고 그것을 갱신하면서 새로운 이념들을 탄생시키는 것이다. 인간의 사고는 타인의 목소리에서, 즉 타인의 말로 표현된 의식에서 구현된 타인의 사고와 살아 있는 접촉을 할 때만이 비로소 진정한 사고가, 다시 말해 이념이 되는 것이다. 이념은 바로 이렇게 목소리-의식들의 접촉 지점에서 태어나 그 삶을 살아간다.(100)

바흐친의 독특하고도 창조적인 사상이 분명하게 드러나는 대목이다. 주인공이 저자와 독립적인 의식을 가지고 살아 있는 이념인으로 작품에 태어난다는 것은 그런대로 전통적인 문학론 내에서 이해 가능한 것이라면, 이념이 작품 자체의 서사적 진행을 이끌어 간다는 주장은 그야말로 새로운 시학적 혁신이 아닐 수 없다. 아닌 게 아니라 바흐친은 작품의 주인공을 이제 하나의 목소리와 의식이라고까지 말하고 그들이 '살아간다'고 표현하고 있지 않은가. 이념의 삶은 물론 그 혼자만의 삶이 아니고 그렇게는 존재 자체가 불가능하다. 이념은 항상 다른 이념과의 대화적 관계 속에서, 타인의 사고와 살아 있는 접촉 속에서 태어나고 살아간다. 이념은 인간의 주관적·심리적·개인적 소산이 아니라 여러 의식들 사이의 대화적 교류로서 상호개인적·상호주관적 본성을 가진다. 그리하여 이념은 여러 의식들이 대화적으로 만나는 '살아 있는 사건'이라는 바흐친의 규정은 이제 충분히 이해될 수 있다.

여기서 우리는 아주 중요한 의문을 제기할 필요가 있다. 츠베탕 토도로프와 많은 바흐친 연구자들이 의당 제기할 수 있는 질문 말이다. "그러나 소설가로서 도스토예프스키는 하나의 인물로 구현되지 않는다 하더라도, 그래도 역시 궁극적 지평으로서 진리에 대한 신념을 유지"[35]하고 있지 않은가. 주인공이 아무리 독자적 의식과 독자적 이념을 가지고 있다 하더라도, 이념이 의식과 의식의 상호관계에서 하나의 삶을 살아간다고 해도 결국 그것은 그것을 창조하는 창조자로서의 저자의 것이 아니냐는 질문이다. 바흐친이 도스토예프스키의 문학을 분석하면서 이념들의 다성악적 관계를 묘사하고 있다고 분석하는 것은 도스토예프스키에 대한 오해다. 정작 도스토예프스키는 자신의 이념적 통일성을 유지하고 관철하고 있다는 것이 토도로프의 답이다. 그리하여 토도로프는 도스토예프스키와 마찬가지로 바흐친 역시 여전히 보다 높은 가치에의 공감과 초월의 문제가 존재한다고 말한다.[36]

바흐친은 이런 질문에 어떻게 대답할 수 있을까.

그는 도스토예프스키가 저자로서 새로운 이데올로기를 가지고 창작에 임한다고 말한다. 바흐친이 말하는 이데올로기란 허위의식으로서의 이데올로기가 아니라 이념들의 체계를 말한다. 즉 허위냐 진실이냐의 문제가 아니라 누구나 가지고 있는 이념들의 복합적인 상호관계, 세계를 보고 묘사하는 원칙으로서 이데올로기라는 용어를 도입하고 있다. 그리고 그 이데올로기는 작품을 형성해 가는 기본 원리로서 작품의 모든 추상적 이념과 사고를 관장하는 기능을 수행한다. 하나의 이데올로기 속에서 어떤 개별적 사고는 대상세계와 체계적인 통일적 관계를 관철하고자 한다. 그런 통일성 속에서 사고와 대상세계는 상호 유기적인 연관을 맺고 있고 그것이 그 이데올로기의 옳고 그름을 판별하는 기준이 된다. 그러나 도스토예프스키의 이데올로기는 개별적 사고나 체계적

35 T. 토도로프, 「바흐친의 인간론: 인간과 상호 인간」, 『바흐친과 문학이론』, 여홍상 엮음, 문학과지성사, 1997, 123쪽.

36 T. 토도로프, 위의 책, 129쪽.

단일성과 무관하다. 그에게 중요한 것은 대상세계에 대한 개별적 사고나 그에 대한 입장이 아니라 대상과 개성적 입장의 통합, 혹은 융합이다.

> 역설적으로 말해 도스토예프스키는 사고체계로써 사고하지 않고 여러 가지 시점, 의식, 목소리로써 사고한다. 그는 하나의 사고 속에 한 인간 전체가 표현되고 그의 목소리가 울려 퍼지도록, 그리하여 그의 세계관이 알파에서 오메가까지 응축된 형태로 완전히 드러나게끔 사고 하나하나를 지각하고 형식화하려고 노력하였다. 도스토예프스키는 온전한 정신적 지향을 함축하고 있는 사고만을 자신의 예술적 세계관의 요소로 받아들였다. 그것은 도스토예프스키에게 분할될 수 없는 단위이며, 그러한 단위들로부터는 더 이상 대상과 결합된 체계가 형성되지 않는다. 인간의 유기적인 지향과 목소리들에 의해 구체적인 사건이 형성될 뿐이다. 도스토예프스키에게서 두 개의 사고는 이미 두 사람이나 마찬가지다. 왜냐하면 그 누구에게도 속하지 않는 사고라는 것은 없는데다가 각각의 사고는 한 인간의 전체를 나타내고 있기 때문이다.(107)

다시 말해 도스토예프스키의 이데올로기는 기존의 이데올로기와 다른 '체계'를 가지고 있다. 그것은 대상세계와의 일치 여부에 기초하는 기존의 이데올로기와는 달리 인간의 개성화된 시점과 의식, 목소리로 사고되는 이데올로기이다. 그렇다면 도스토예프스키는 작품을 구성하는 전혀 다른 원리를 가지고 있는 셈이다. 작품을 통일적으로 구성하는 원리가 구성적 이데올로기라면 도스토예프스키의 구성적 이데올로기는 기존의 이데올로기와 전혀 다른 것이다. 앞에서 작품을 창조하는 자로서 저자는 분명 주인공과 작품 세계보다 우위에 있는 비대칭성을 벗어날 수 없는 것 아니냐고 토도로프가 물었을 때, 그가 말하는 저자는 일반적인 이데올로기의 소유자를 말하는 것이었다. 그러나 진정으로 비대칭성을 벗어나 주인공과 묘사된 세계, 특히 묘사된 이념 세계에 동등하게 참여할 수 있는 창조자로서 저자는 도스토예프스키와 같은 이데올로기를 가지고 있다면 불가능한 것이 아니다. 바흐친이 말하는 대등한 이념들의 폴리포니야(다성악) 개념은 바로 이런 전제에 입각하여 구축될 수 있다.

> 이념에 대한 이러한 접근 방법의 결과 도스토예프스키 앞에는 독백적 사고에 의해서 조명되고 질서화된 객체들의 세계가 아니라, 서로 서로를 비추어 주는 의식들의 세계, 의미를 담은 인간적 지향들이 서로 결합되어 있는 세계가 전개되고 있다. 그 가운데에서 그는 최고의 권위를 가지는 지향을 찾고 있는데 그것은 그 자신의 진실한 사고가 아니라 다른 진실한 인간과 그 인간의 말로써 받아들이고 있는 것이다. 그에게 이념적 탐구의 해결은 이상적 인간의 이미지나 그리스도의 이미지를 통해 이루어지고 있다. 이러한 이미지나 이러한 최상의 목소리는 목소리들의 세계를 영예롭게 해야 하며 거기에 질서를 부여해서 그것을 다스리지 않으면 안 된다. 다름 아닌 인간의 이미지와 그의 목소리(저자에게 이질적인 타인의 목소리)는 도스토예프스키에게 최후의 예술적 가치기준이 되고 있다. 그것은 자신의 신념에 대한 충실성이라든가 추상적으로 취한 신념 자체의 충실성이 아니라 인간의 권위적 이미지에 대한 충실성이다.(112)

바흐친의 위와 같은 진술에서 우리는 도스토예프스키뿐만 아니라 바흐친 자신도 자신의 견해가 상대주의라는 비판을 의식하고 있음을 확인할 수 있다. 서로를 비추어 주는 의식들의 세계만이 무한히 존재한다면 당연히 그 의식들의 무한한 상대성 속에서 어떻게 헤어날 수 있겠는가. 아무리 저자가 폴리포니야적 세계관(이데올로기)을 가지고 폴리포니야적 소설세계를 창조한다 하더라도 그것은 결국 저자의 세계관의 보다 정교한 배분에 지나지 않은가. 혹은 독립적인 주인공들의 의식의 세계, 목소리의 폴리포니야적 세계가 저자의 특별한 능력에 의해 그 형상화가 가능하다 해도 그 세계들의 궁극적 가치는 무엇인가. 어떤 가치의 중심이 없다면 그것은 상대주의적 이념들의 무한한 놀이에 불과하지 않은가. 그것은 도스토예프스키의 작품에 대한 커다란 오해에서 기인한다. 알다시피 도스토예프스키는 보다 높은 가치를 위한 예술 창작에 의미를 두고 있지 않은가. 이런 잠재적인 비판에 대해 바흐친은 '그리스도의 형상'이라는 개념을 도입함으로써 대응한다. 최상의 목소리, 최상의 이념의 세계를 전제하고 있는 것이다. 그 최상의 목소리와 최상의 이념이 무엇인지, 종교적 이상으로서 기독교의 도덕과 윤리를 말하는 것인지, 아니면 인간의 인간다움인지 바흐친은 물론 명확하게 정의하지 않는다. 다만 도스토예프스키의 폴리포니야 세계가 다양한 목소리들의 세계일 뿐만 아니라 최상의 목소리에 의해 조명되고 질서 부여되는 것이라는 점을 밝히고 있을 뿐이다. 이런 점에서 "다양한 의식의 대립이 있을 뿐이며 이런 다양한 의식은 결코 발전적인 영혼의 통일 속에 병합되지 않는다. 각각의 의식은 각자의 개별성과 독립성을 유지한 채 다른 의식과 나란히 병존한다. 마찬가지로 저자의 의식 역시 소설의 범위 안에서 발전하거나 진화하지 않고 작품 속에서 일종의 방관자와 같은 역할을 하거나 아니면 어느 한 행동이나 사건에 참여하는 인물이 된다."[37]라

37 김욱동, 『대화적 상상력-바흐친의 문학이론』, 문학과지성사, 1988, 179쪽.

는 설명은 분명 정확하지 않거나 바흐친의 논리를 충분히 반영하지 못하고 있다.

독백적 세계의 독백적 이념들이 인간의 목소리를 경유하지 아니하고 인간을 외부적으로 규정함으로써, 인간을 특정한 '최고 이념', '최고의 목소리'로 이끌어 가고 그 도구로 삼는다면, 대화적 관계 속에서 최고의 이념과 목소리는 외부에 단순히 존재하는 것이 아니라 의식들과 목소리의 지속적인 상호관계 속에서 태어나고 발전하는 결과로서, 아래로부터 구성된 이념의 세계로서 탄생되는 것이다. 이렇게 규정함으로써 바흐친은 무한한 상대주의의 논리로부터, 단순한 방관자의 논리로부터 일정한 거리를 두고 있다. 물론 토도로프가 말하듯이 그것이 바흐친의 숨겨진 종교성의 영향인지[38] 혹은 현대의 다원적 세계에서 절대적 본질이라는 독백적 질서를 부정하고 새로운 가치의 창조로 나아가기 위한 바흐친의 실천의 논리인지에 대해서는 아직 분명히 말하기 힘들다. 최상의 목소리의 존재를 설정하는 것 자체가 여전히 독백적 세계의 존재를 설정하는 것과 본질적으로 어떤 차이가 있는지에 대한 보다 구체적인 해명으로 나아가야 하기 때문이다.

바흐친의 대화주의와 폴리포니야론, 저자와 주인공의 독립성과 대화성 등의 개념은 '서술자-화자' 형식의 새로운 변화를 촉구한다. 비록 톨스토이와 도스토예프스키가 다 같이 전지적 서술자 형식의 정점에 있지만 톨스토이는 톨스토이 나름대로, 도스토예프스키는 도스토예프스키 나름대로 그 형식적 불안정성을 완전히 해소하지 못한다. 그러나 이들 작가의 서술 형식의 형식적 불안정성은 형식적 미숙함이나 미완성이라기보다 근대 소설의 모순적 상황과 한계를 넘어서려는 새로운 지향과

38 T. 토도로프, 앞의 책, 126-127쪽.

연관되어 있다. 러시아 소설에서 이런 지향은 황금기 리얼리즘 소설의 시대를 넘어 19세기 말과 20세기 초 새로운 사회상황과 존재조건에 조응하는 새로운 화자 형식으로 나아가는 동력이 된다.

아주 일반적으로 평가할 때 19세기 중반 러시아 리얼리즘 서술체계의 지배적 형태인 전지적 '서술자-화자' 형식 속에서 저자 형상은 최소화되어 그 흔적만을 남기고 있다고 말할 수 있을 것이다. 작가의 이념적 태도는 서술자 형상을 통해 드러나기보다 인물과 사건의 구성 및 배열 등과 같은 매우 간접적인 예술적 형식을 통해 드러나고, 전지적 서술자는 어느 정도 작가의 이념적 중심과 연관되어 있지만 눈에 띄지 않는 보조적 진행 장치처럼 여겨지며 일관된 개성적 형상으로 나타나지 않는 것이다. 전지적 서술자는 작품 내용을 다 알고 있으면서 우리에게 시간의 역순서로, 혹은 꿈이라는 형태로 조금씩 서사의 정보를 알려 주면서 우리의 인지 속도와 긴장을 조절하는 등 작가의 이념적·예술적 대변자(직접적 전기적인 대변자가 아니라)의 역할을 담당한다. 이러한 형식은 작가가 전지적 서술자의 이념적·철학적·예술적인 강력한 후원자이면서 그 수준을 담보하고 있을 때 독자에게 일정한 신뢰를 얻을 수 있다. 다시 말해 『죄와 벌』에서 인간의 심리와 행태에 대해 그 누구보다 심오한 인식능력을 가진 '도스토예프스키'라는 작가의 존재가 있어야 우리는 그의 안내를 받아 소설의 전체적 의미에 다가갈 수 있다. 『전쟁과 평화』에서 역사와 민중의 상관성과 그 속에서 개인들의 운명의 문제가 우리에게 깊이 있게 받아들여지는 것도 그 모든 것을 꿰뚫어 보고 있는 '톨스토이'라는 전능한 서술자의 존재 때문이다. 이런 점에서 형식적으로 작가의 전기적 존재, 직접적 개입이 최소화되어 있다 하더라도 전지적 서술 형식의 최종 책임자는 작가가 아닐 수 없다. 전지적 서술이니만큼 전지적 책임을 작가가 지는 것은 당연하며, 작품에 작가의 전기적 요소가 배제되어 있다 하더라도 작가의 책임의 형식이 바뀌었을 뿐, 작가는 표현된 모든 것에 대해 이념적·철학적·예술적 수준의 '저작권'을 공고히 가지고 있다. 그렇다면 아무리 다양하고 복잡하게 사건과 인물이 구성된다 하더라도 표현된 모든 것에 대한 작가의 최종적 입장에 대해 독자가 관심을 가지는 것은 당연하다. 그리하여 작품 인물의 설정이나 사건의 전개에 대해 작가에게 직접적으로 도덕적·정치적 책임을 묻거나 그것에 의문을 제기하는 연구태도는 사라질 수가 없다. 그리고 결국 전지적 서술자로서 작가는 모든 것을 주재하고 모든 것을 자신의 초월적 전지성의 수준에서 만들어 낸 '주관적인 것'이 아닐 수 없다는 비판(혹은 존경)을 받지 않을 수 없다. 그러나 근대 작가의 위상이 과연 그와 같은 전지성에 대한 책임을 감당할 수 있는 것인가. 어떤 작가가 인간의 삶과 운명, 현실의 객관적 모습을 온전히 형상화해 내는 책임을 완수할 수 있는가. 전지적 작가는 자신의 전지성으로 그 무엇인가를 배제하고 억압하고 있지 않는 것은 아닐까. 그렇다면 그 전지성이 배제하는 것, 그리하여 독자의 눈을 제한하는 것에 대해 그것이 공정한 배제이며 공정한 제한인지에 대한 질문에는 어떻게 답해야 할 것인가.

이러한 질문은 전지적 서술자의 또 다른 양상을 요구하는 것인지 모른다. 바흐친이 대비하여 설명하였듯이, "톨스토이의 저자의 의식과 언어는 어디에서도 주인공을 향해 있지 않고 주인공에게 묻지 않으며 그로부터 대답을 기다리지도 않는다. 저자는 자기 주인공과 논쟁하지 않고 그에게 동의하지도 않는다. 그는 그와 말하지 않으며 단지 그에 대해 말하고 있을 뿐이다. 최종의 말은 저자에게 속해 있는 것이다."(83) 반면 도스토예프스키 소설에서는 "저자는 자기 뒤에 그 어떤 본질적인 의미적 잉여를 남겨 두지 않는다.", 그리고 자기 주인공과 "대등한 권리로 장편 소설 전체의 거대한 대화 속으로 들어간다."(85) 앞에서 살펴본 바와 같이 이와 같은 폴리포니야 소설론은 근대성의 새로운 경계를 열어 가는 것으로, 분명 바흐친의 탁견이 아닐 수 없다. 그러나 바흐친의 대화론과 대화적 소설론의 합리적 핵심은 핵심 그대로 이해하되 두 작가의 전지적 '서술자-화자'가 과연 그렇게 장르를 달리할 만큼 차이를 보이는가 하는 의문은 각 작가의 작품에 대한 실제 분석의 결과, 그리고 그 결과를 바라보는 관점에 따라 다소 달라질 수 있을 것이다.[39] 물론 도스토예프스키가 작가로서의 자신을 작품에 형상화하는 방법이 전지적 '서술자-화자'의 근대적 경계(한계지점)를 형성하고 있음은 분명하다. 즉 전지적 서술자의 정점에 톨스토이가 있다면 도스토예프스키는 그 정점을 다른 세계로의 경계로 이끌어 가고 있다. 마치 고골이 '나-화자' 형상의 정점에서 그것을 벗어나 다른 서술 상황으로 나아갔던 것처럼 도스토예프스키는 근대 소설의 발전 과정에서 전지적 서술양상의 절정에서 새로운 서술 상황을 향해 움직여 가고 있는 것이다.

39 여기서 톨스토이와 도스토예프스키의 시학적 차이를 세세하게 논증하고 비판할 수는 없다. 다만 톨스토이 소설의 그 유명한 전지성에도 불구하고 작품 내 세계의 독자성, 그리고 작가 자신의 견해에 반할 수 있는 목소리에 권한을 내주는 예술적 능력은 결코 도스토예프스키에 못지않다. 다만 그 방식에 있어 도스토예프스키는 좀 더 가시적 형태로, 혹은 목소리 부여 방식 자체에 보다 중점을 두고 있다면 톨스토이는 작품의 구성과 사건의 전개에 담긴 의미적 울림에 의존한다고 말할 수 있을 것이다. 『안나 카레니나』에서 톨스토이가 자신의 전기적 면모를 빼닮은 레빈을 안나와 브론스키의 운명과 나란히 병렬적으로(지배적 인물이 아니라!) 전개시키면서도 인간의 삶과 사랑, 도덕과 욕망에 대한 수렴될 수 없는 여러 목소리를 형상화하는 것은 그 한 예이다. 도스토예프스키의 새로움과 뛰어남은 인정하되 톨스토이의 소설이 전적으로 독백주의라는 지나치게 일방적인 규정은 잠시 유보해도 좋을 것이다.

제4장

리얼리즘의 미학적 혁신과 '등장인물-화자'

제4장

1. 새로운 시대와 서술 상황의 변화

톨스토이와 도스토예프스키의 소설로 대표되는 러시아 근대 소설 형식은 오늘날에도 소설의 대표적 형식이라고 해도 과언은 아닐 것이다. 20세기의 다양한 실험에도 불구하고 그 어떤 소설 형식도 이 두 작가의 소설 형식을 완전히 대체했다고 말하기는 힘들다. 이들의 형식은 많은 작가들에게 큰 영향을 주었고 이후의 모든 소설 형식과 일정하게 상호 관계를 가지고 있다. 그러나 다른 한편 이들의 인간관과 세계관, 사회적 이념, 문학적 방법론은 근본적인 패러다임적 전환을 요구받기도 한다. 근대의 현실이 보다 확대되고 보다 중층적이고 보다 다면적으로 전개되고 그 속에서의 인간의 삶 또한 급격한 변화를 겪고 있기 때문에 그에 대한 인식과 문학적 형상화를 위해서는 이제까지와는 다른 방법이 필요하기 때문이다. 이런 문제의식은 이미 19세기 후반 러시아 소설에서 제기되고 있다.

러시아 자본주의는 1870년대와 80년대를 거치면서 상당한 발전을 이룩한다. 국가 주도로 산업자본이 형성되고 철도와 항만을 비롯한 기간산업이나 식료품, 제지, 철강, 탄광 등 다양한 분야에서 거의 산업혁명에 가까울 정도로 획기적인 발전이 이루어진다. 서유럽과의 무역과 투자 등이 활발해지면서 이미 러시아 자본주의는 세계 자본주의 발전에 상당 정도 긴밀하게 통합되어 가고 있었다. 프랑스와 영국 등 유럽 열강과 세계무대에서 외교적 경쟁을 벌일 만큼 국력도 강화되었다. 농노제적 착취 농업 국가에서 상당한 수준의 근대적 산업국가로 발전해 갈 토대가 급속히 형성되고 있었던 것이다.

새로운 사회상황 속에서 러시아 사회는 다양한 모순에 직면한다. 비록 농노제는 폐지되었지만 여전히 전제주의적·귀족적 지배질서는 온존되고 있었고 귀족과 지주는 자본의 권력까지 손에 넣음으로써 러시아 사회는 봉건적 모순과 자본주의적 모순이 가중되고 있었다. 서유럽 역사에서 자본주의 성장은 민주적 정치 질서를 수반하는 데 반해 러시아에서는 자본주의와 전제정권의 기이한 결합이 매우 강고했다. 전제정부는 불완전한 농노해방에 기초하여 귀족 지배질서를 잔존시키면서 다른 한편으로는 자본주의 경제 발전을 도모하였는데, 이런 특수한 상황은 러시아 사회를 더욱 중첩적인 모순에 빠져들게 만들었다.

1861년 농노해방은 러시아 경제의 자본주의적 성장의 효과이자 발전의 조건이었다. 매우 불리한 토지 분배 속에서 자유농이 된 농민들은 농업을 통해 자립적인 개인으로 성장하기 힘들었다. 근대 역사가 보여 주듯이 농업을 통해 자본주의 사회법칙에 대응하여 돈을 벌고 안정적인 삶을 누리는 것은 가능성이 많지 않은 일이었다. 결국 수많은 잉여 노동력이 농촌에서 도시로 유입되었고 이들은 신생 자본주의 산업에 풍부하고 저렴한 노동력을 제공하게 된다. 농민들은 노예적 노동으로부터 벗어나 자본주의 농업 시장으로 편입되어야 했고, 신분적 질곡으로부터 벗어난 많은 농민들은 도시로 몰려와 새로 형성된 노동 시장에서 노동을 팔아야 했다. 봉건적 신분제에서 해방된 농민들은 진정한 해방이 아니라 오히려 더욱 가혹할 수 있는, 더욱 이해할 수 없는 자본주의 체제의 농업 노동자나 룸펜 프롤레타리아트로 전락해 갔다.

이런 모순에 대응하여 발생한 저항적 지식인 운동이 '브나로드(인민 속으로)' 운동이다. 나로드니키(인민주의자)는 농민을 주체로 한 농촌 사회주의를 꿈꾸며 농민 속으로 들어가 농민을 계몽하고 농민과 함께 새로운 사회를 건설하는 것을 혁명적 이상으로 삼았다. 수많은 지식인과 대학생들이 기득권을 버리고 혁명적 이상을 실현하기 위해 농촌으로 투신해 들어갔다. 브나로드 운동은 19세기 초반 귀족들의 저항운동이었던 데카브리스트의 정신을 계승한 것으로, 그렇게 민중에 대해 헌신적이고 이상적이었던 운동을 아마 전 세계적으로도 달리 예를 찾기 힘들 것이다. 그러나 이 운동은 성공하지 못한다. 그것은 정부의 통제와 탄압 때문이기도 했겠지만 무엇보다 농촌 사회주의라는 그들의 이론의 추상성과 비과학성에 이유가 있을 것이다. 이미 자본주의 사회로 진입한 러시아 사회에 농촌 사회주의를 건설하겠다는 그들의 이상은 고결하고 도덕적일 수는 있어도 결코 역사적 현실에 부합하는 것일 수는 없었다. 브나로드 운동은 농민들로부터도 지지를 받지 못한 채 점점 대중으로부터 고립되었고, 보다 급진적이고 폭력적인 운동으로 변모한다. 나로드니키의 일부는 국가 기간산업을 파괴하고 고위관료를 암살하는 등 테러리즘으로 나아갔고, 급기야 1881년 황제 알렉산드르 2세를 암살하는 데 성공한다. 19세기 내내 러시아 사회의 민주화와 입헌적 통치를 주장했던 다양한 진보적 지식인들은 전제 정권의 탄압의 대상이었는데, 특히 나로드니키의 황제 암살 이후 폭력적인 헌병 통치는 더욱 강화되었다. 농노해방 이후 1890년대까지는 아마 이런 모순이 내적으로 점점 더 심화되는 시기로, 많은 문학인들은 보통 이 시기 러시아 사회를 '출구 없는 러시아'라고 부르곤 한다. 상당히 획기적인 경제 발전이 이루어지고 이를 통해 사회가 몹시 다양하게 확대되고 팽창되었으나 정치적으로는 여전히 폭력적일 정도로 억압적인 사회, 다양한 사회 모순이 심화되고 있었다. 그럼에도 그것을 해결할 수 있는 전망을 국가도, 저항진영도 미처 가지고 있지 못한 그런 사회가 지식인이나 문학인들에게 어디로 나아갈 것인지 좀처럼 그 출구를 찾을 수 없는 사회로 여겨졌던 것이다.

그러나 역사적 관점에서 이 시기를 본다면 출구가 없었던 것이 아니라 새로운 출구를 향한 힘의 조정기라고 보는 편이 옳을 것이다. 러시아 사회는 국가적으로나 사회적으로 매우 역동적으로 움직이고 있었고 기존의 귀족적 세계관과 귀족 문화가 동요하고 있었으며 과학 기술 문명의 발전과 더불어 근대적 합리주의 세계관이 확산됨에 따라 순응주의적 종교주의가 토대부터 흔들리고 있었다. 바야흐로 1890년대부터 시작되는 본격적인 변혁기를 맞이하게 될 때까지 러시아 사회는 다양한 모순을 응축하면서 대대적인 폭발을 예비하고 그 힘을 조정하고 있었던 것이다.

이와 같은 사회적 상황과 소설의 화자 형식은 결코 무관한 문제가 아니다. 톨스토이와 도스토예프스키의 전지적 '서술자-화자' 형식은 세계와 인간, 현실과 역사, 인간과 자연의 모든 것을 거의 신적인 지위에서 전적으로 인식하고 있을 때 가능한 서술 형식이다. 최소한 그걸 전제로 할 때 가능한 형식이다. 세상의 모든 것은 인식 가능하며 인간의 합리적 인식 능력이 제고됨에 따라 세상의 통일적 모습, 즉 진리가 확정 가능하다는 생각, 우리는 이런 사고방식을 실증주의적 사고로 부른다. 19세기 중반 황금기 러시아 리얼리즘 문학은 바로 이러한 실증주의에 입각해 있고 전지적 '서술자-화자' 형식은 실증주의적 사고에 기초하여 나타날 수 있는 최고의 서술 형식이었던 것이다. '서술자-화자' 형식에서 작가는 사건이나 인물에 직접 개입하지 않고 평가적 입장도 대단히 유보하는 것을 지향하고 있지만 창조자로서의 작가의 권한과 책임, 그리고 자유에 대한 의식은 뚜렷이 유지하고 있다. 이는 작가가 인간의 삶과 현실에서 무엇인가를 인식하고 평가하는 주체로서, 그가 지향하는 진실과 객관성이 분명하게 존재하며 독자는 다만 그 수준과 깊이에 따라 그것을 그러한 것으로 수용한다는 전제에 그 근거를 둔 것이다. 물론 앞서 살펴본 바와 같이 톨스토이, 그리고 특히 도스토예프스키에게서 그런 서술 형식의 정점과 더불어 불안정성이 나타나고 있고 또 새로운 서술 형식에 대한 지향이 존재하는 것은 사실이다. 그러나 그들로 대변되는 황금기 러시아 리얼리즘 문학의 일반적이고 핵심적인 특징은 실증주의적 세계관이라고 말해도 틀리지 않다. 특히 이러한 특징은 이후 시대의 문학과 비교하면 더욱 뚜렷하게 확인된다.

19세기 말에 이르러 러시아 사회는 앞서 말한 바와 같이 보다 복합적인 사회 상황과 모순에 직면한다. 그리고 그 속에서 각 개인은 이제까지와는 전혀 다른 운명의 경로를 걸어갈 수밖에 없다. 작가는 새로운 현실의 비밀을 온전히 포착할 수 없었고 그 속에 존재하는 새로운 인간의 운명을 미시적으로나 거시적으로 조망해 내기 힘들었다. 새로운 사회 현실과 새로운 인간을 바라보고 형상화하기 위해서는 이제 진실이나 본질이나 인류적 인간이나 신과 같은 전통적 개념 자체를 전혀 다른 각도에서 바라보거나 혹은 그러한 개념 자체를 완전하게, 그리고 가볍게 팽개쳐 버려야 하는지도 모른다. 이런 상황에서 기존의 전지적 '서술자-화자'는 그 전능한 무소불위의 능력을 발휘할 수가 없게 된다.

19세기 후반 새로운 사회 현실에 대한 가장 일차적인 소설적 대응은 자연주의적 경향이었다. 1880-1900년대 자연주의 문학은 수많은 이급 작가들과 이급 작품들을 낳았다고 평가되지만 황금기 리얼리즘 소설의 전통에 이의를 제기하며 일정한 혁신을 도모하고 있다는 점에서는 그 문학사적인 의미가 결코 작지 않다. 당대에 출판인이자 문학평론가였던 수보린(А. Суворин)은 새로운 환경, 새로운 삶의 조건, 새로운 직업과 같은 변화된 현실에 대해 당대 소설가들이 침묵하고 있고 연구하지 않는다고 비판한다. "사랑과 연관되는 모든 것들, 오만함, 허세, 애교, 질투 등 (인간 감정의) 모든 것도 다른 뉘앙스를 띠고 다소 다르게 나타나고 있다." 하지만 소설가들은 전통과 지나간 이념들에 사로잡혀 "모든 것을 똑같은 틀로 몰고 간다." 이미 "형성되어 있는 형식"을 이용하여 내내 똑같이 쓰고 있다는 것이다. "소설가들은 그들이 알아야만 하는 많은 것을 전혀 모르고 있다." "생리학, 병리학, 심리학은 전혀 모르고 있다." "기이한 병적 현상들의 세계"도 모른다. 수보린은 작가에게 무엇보다 재능과 관찰력, 지혜가 필요하지만 재능의 크기와 무관하게 모든 소설가들에게 사실의 탐구와 꾸준한 축적이 필요하다고 충고한다. "소설가는 더 많이 알거나 무엇이든 한 가지 분야를 전공으로 선택해서 그 속에서 대가가 되든지 최소한 좋은 일꾼이 되도록 노력해야만 한다." 그리하여 러시아 소설가는 "이 나라에 대한 어떤 이념과 표상을 일반 지식에 가져와야"[1] 한다는 것이다.

당대 현실에 대한 구체적이고 세밀한 탐구를 강조하는 수보린의 이러한 주장은 자연주의 문학 계열의 강령과도 같은 것이었다. 보보리킨(П. Боборыкин), 포타펜코(И. Потапенко), 마민-시비랴크(Д. Мамин-Сибиряк), 길랴로프스키(В. Гиляровский), 스타뉴코비치(К. Станюкович), 그리고 세기 초에는 치리코프(Е. Чириков), 베레사예프(В. Вересаев), 텔레쇼프(Н. Телешов), 세라피모비치(А. Серафимович), 구세프-오렌부르그스키(С. Гусев-Оренбургский) 등등 많은 작가들

1 *Русская литература ребежа веков(1890-е - 1920-х годов)*, Кн. 1, М.: ИМЛИ РАН, 2000, с. 227.

이 수보린의 문학적 요구를 실현하기 위해 노력했고 그들의 창작은 당대 러시아의 새로운 현실과 다양한 삶의 양상들을 있는 그대로 그려 냄으로써 자연주의라는 문학 현상을 형성한다. 자연주의 작가들은 다소 경멸적으로 '소박한 리얼리스트'라든가, '그 작은 작가들'이라고 불리기도 하지만 새로운 역사적 현실에 대해 진지하게 대응하고자 하는 문학적 정열과 진지함에 있어서는 결코 톨스토이와 도스토예프스키 못지않다고 말해도 결코 과언은 아닐 것이다. 그리고 그들의 문학적 노력은 러시아 리얼리즘의 현대적 혁신 과정에 매우 중요한 매개적 역할을 수행한다는 점에서 정당한 문학사적 평가가 필요한 부분이다.

무엇보다 자연주의 문학은 당대 도시와 농촌에서 증가하는 하층민들의 사회적 문제에 주목하였다. 새롭게 대두된 하층민들의 삶의 양태는 이제까지 황금기 작가들이나 나로드니키가 이상적 민중으로 상정하던 도시 중간층이나 농민과는 전적으로 다른 것이었다. 새롭게 형성된 하층민은 역사적으로 노동자계급으로 성장해 가게 될 근대적인 계급적 속성을 지니고 있었다. 이들은 기존의 농민과는 전혀 다른 환경 속에서 살아가면서 전혀 다른 사고법과 행동양식을 보여 주고 있었다. 부랑자 계층의 삶과 행태를 다룬 코롤렌코(В. Короленко)의 소설 『추악한 사회에서(В дурном обществе)』(1885), 『체르케스(Черкес)』(1888), 스비르스키(А. Свирский)의 수기 『로스토프 빈민굴(Ростовские трущобы)』(1893), 『감옥과 빈민굴을 찾아(По тюрьмам и вертепам)』(1895) 등은 바로 이들에 대한 사실적 보고서였다. 길랴로프스키는 전 러시아를 순례하듯 방랑하고 그 경험을 바탕으로 『빈민굴 사람들(Трущобные люди)』(1887)을 집필하였다. 길랴로프스키는 모스크바 빈민굴을 처음 방문한 사람이었고 고리키에게 모스크바 빈민 합숙소를 안내해 준 인물로도 유명하다.

자연주의 작가 중 한 사람인 바란체비치(К. Баранцевич)의 중편 중 하나는 이렇게 시작된다.

> '우-우-우'… 일터로 불러내며 음울하게 공장의 기적이 울린다. 가을날 이른 아침 회색의 여명에 싸인 거리는 아직 잠을 자고 있고 시내 중앙로들의 거대한 석조 건물들의 회색 벽들도 아직 잠에서 깨어나지 않았지만 공장지대의 건물들에서는 노동의 삶이 엿보이기 시작한다. 창문에 불이 들어오고 거기에 사람들의 그림자가 어른거른다. 그리고 이젠 포장이 엉망인 지저분한 보도를 따라 한 무리로 모여든 노동하는 사람들이 서둘러 발걸음을 옮기고 있다. 그들의 수척하고 파리한 얼굴들, 어제 일의 때가 여전한 어둡고 졸린 모습이다. 그들은 서로 한마디도 나누지 않는다. 하긴 무슨 말을 할 것인가? 힘겨운 공장 일에 항상 기계 사이에 살면서 그들의 성격은 이미 어쩔 수 없이 그렇게 각인되었고 그렇게 말없는 기계들이 되어 버렸던 것이다. 일터로 가는 미성년 아이들조차 진짜 노동자들처럼 그런 특징들을 그대로 지니고 있었다. 움직임도 없고, 얼굴에 조금치의 생기도 없고, 어린애다운 점은 전혀 없는 어둡고 멍한 모습으로 그들은 말없이 함께 걸어가기만 한다.
>
> '우-우-우' 다시 기적이 음울한 소리로 울면 이제 일터에 늦으면 재앙이라는 뜻이다. 늦잠을 잔 노동자는 이 '두 번째 경고음'을 듣고는 작고 형편없는 쪽침대에서 서둘러 뛰쳐나와 신속하게 어깨에 아무거나 누더기를 걸치고 부랴부랴 공장으로 달려간다.[2]

2 К. Баранцевич, *Под гнетом. Повести и рассказы*, СПб., 1883. 이 책의 제2판(1892) с. 121-122.

이 장면은 프롤레타리아 문학의 효시로 불리는 고리키의 『어머니』 첫 부분을 떠올리게 하는 장면이다. 본격적인 프롤레타리아 문학이 나타나기 이전에 '공장의 기적소리, 노동하는 사람, 기계, 힘겨운 공장일' 등등 노동 현장에 관한 묘사가 이미 자연주의 문학에 등장하고 있는 것이다. 이처럼 자연주의 작가들은 새로운 묘사 대상을 찾아내고 기존에 다루어지지 못한 주제들을 과감하게 다루는 등 변화된 러시아 현실에 대해 나름대로 문학적 대응방법을 찾아 나가고자 했다. 빈민굴의 참혹한 생활이나 농민들의 비참한 삶의 실태를 아주 세밀하게 묘사하여 커다란 사회적 반향을 불러일으키고 여성들의 실제적 삶을 묘사하여 당시로서는 매우 선진적으로 여성해방의 사상을 제기하기도 했던 것은 자연주의 문학의 의미 있는 공로라고 볼 수 있다. 분명 자연주의 문학은 기존 리얼리즘 소설들이 보고 묘사할 수 없었던 새로운 사회 현상과 새로운 삶의 모습을 그려 냄으로써 러시아 소설의 새로운 방향을 개척하고 있었던 것이다.

그런데 자연주의 작가들은 이렇게 새로운 사회 현상을 그려 내기 위해 전통적인 전지적 '서술자-화자' 형식을 취하고 있다. 이미 수차례 살펴본 바와 같이 현실에 대한 객관적 접근을 폭넓게 보장하는 형식이 바로 '서술자-화자' 형식의 주요한 한 특징이기 때문이다. 자연주의 작가들은 '있는 그대로의 모습'으로 삶을 묘사할 것, 사건을 조사하듯이 사실 그 자체에 충실할 것, 혹은 사진처럼 사실을 묘사할 것 등과 같은 원칙을 실현하기 위해 '서술자-화자' 형식의 한 특징을 극단적으로 발전시키고 있는 것이다. 그러나 자연주의 작가들은 '서술자-화자' 형식을 취함으로써 자신들이 목격하거나 체험한 부정적 사회 현실을 있는 그대로 그릴 수는 있었지만 다른 한편 기존의 '서술자-화자' 형식에서 전지적 저자가 자신의 이념을 실현하는 방법은 충분히 계승하지 못하고 있다. 자연주의 소설의 화자는 현실에 대한 평가나 현실의 본질에 대한 인식을 드러내기

보다 그저 단순히 현실의 단편을 전달하는 매개자에 머물고 주제의식은 이류급 수준을 넘어서지 못했다. 결국 자연주의 작가들은 점점 소재의 새로움에 매달리게 되고 급기야는 보다 엽기적이고 진기한 사실들을 찾아다니기에 급급했다. 그들의 소설에서는 대중 독자들의 입맛에 맞는 진기한 소재의 발굴 이상의 의미를 찾기 힘들었다. 그들에게 예술 언어의 혁신이나 인간에 대한 보다 깊은 내면 탐구 등은 관심 밖이었던 것이다.

톨스토이나 도스토예프스키의 '서술자-화자' 형식에서 살펴본 바와 같이 이 형식이 저자의 이념적 지향을 무로 돌리는 것을 지향하는 것은 결코 아니다. 아니, 오히려 이 형식 속에서도 톨스토이와 도스토예프스키는 보다 적극적으로 저자의 이념을 활성화하고 있다. 앞에서 살펴본 바와 같이 톨스토이는 주로 예술적 구성을 통해, 도스토예프스키는 폴리포니야 소설이라는 새로운 소설 시학을 통해 전지적 '서술자-화자' 형식을 실현해 내고 있다. 이들에게 저자의 이념이 배제된 소설이란 있을 수 없는 것이었다. 인물과 사건의 객관적 제시와 저자이념의 활성화라는 두 가지 서로 대립적인 힘들을 예술적으로 결합해 낸 최고의 결과가 톨스토이와 도스토예프스키의 소설이며, 그 대립의 결과가 완전하게 해결되지 않았다는 점에서 이들 소설이 형식적 불안정을 지니고 있고 그것이 러시아 소설 발전의 창조적 원동력으로 작용했던 것이다. 그러나 자연주의 작가들은 '서술자-화자' 형식의 한 방향의 힘만을 수용하고 있는 셈이다. 다시 말하자면 그들은 자신들이 다루는 현실의 역사적인 본질을 파악하고 그것을 형상화하는 진정으로 전능한 '서술자-화자'를 창조해 낼 수가 없었다. 결국 자연주의 문학은 변화된 새로운 현실을 소재로 다루기는 했으되 인간의 존재와 운명에 대한 새로운 인식으로 나아가지는 못했다. 달리 말하면 이들은 전지적 '서술자-화자' 형식의 충전된 전하량을 방전시킴으로써 '객관적인 묘사'라는 죽은 현실을 제시할 수 있을 뿐이었다. '서술자-화자' 형식이 가진 창조적 힘이었던 형식적 불안정을 벗어나 형식적 안정화를 꾀할 수는 있었으되 인간과 현실의 긴장된 근대적 형식에 대한 지속적인 탐구로부터는 멀어지고 말았던 것이다.

황금기 러시아 소설의 '서술자-화자' 형식에 대한 보다 본질적인 혁신은 체홉과 고리키 소설에서 찾을 수 있다. 이들은 자연주의 작가들이 제기한 합리적 문제들을 수용하면서 전지적 '서술자-화자' 형식에 보다 본질적인 이의를 제기한다. '무사상의 작가'로 오해될 정도로 객관주의 시학을 추구한 체홉과, 신낭만주의적 경향으로 이해되곤 하는 고리키의 적극적인 서술자 시학은 각각 리얼리즘의 혁신에 대한 시대적 응답이었다. 황금기 러시아 리얼리즘 소설의 형식적 불안정을 끝까지 추구한 서로 다른 결과로서 이들은 이후 20세기 소설 시학의 새로운 창문을 열고 있는 것이다.

2. 체홉과 리얼리즘 혁신

체홉(А. Чехов)은 "객관적인, 즉 화자의 주관성이 제거되고 주인공의 시각과 말이 지배하는"[3] 서술 양식을 통해 작가 자신의 평가나 전지성을 가능한 한 배제한 많은 단편들을 통해 심지어 무사상의 작가, 이류 작가[4]라고 불리기까지 한다. 톨스토이와 도스토예프스키를 비롯하여 많은 전지적 소설을 통해 소설에 담긴 방대한 현실과 심오한 사상에 익숙해 있던 독자들은 특별한 사상이나 현실 비판을 담고 있지 않은(담고자

3 А. Чудаков, *Поэтика Чехова*, М., 1971, с. 51.

4 Robert L. Jackson, *Chekhov: A Collection of Critical Essays*, New Jersey: Prentice-Hall, 1967, p. 22.

하지 않는) 체홉이 매우 낯설게 느껴졌던 것이다.

체홉의 단편들에 묘사된 사건에 대한 서술자의 도덕적 판단이나 의도적인 개입을 보기는 쉽지 않다. 대부분 체홉의 '서술자-화자'는 서술을 이끌어 가는 주체이지만 작품이 전개되어 감에 따라 점차 한 등장인물의 시선 뒤로 숨어 그 등장인물이 보고 듣고 말하는 것, 그리고 느끼고 생각하는 것만을 전해 주는 충실한 전달자가 된다. 마치 등장인물 외의 어떤 초월적인 서술자도 존재하지 않는 것처럼 보인다. 물론 최소한의 서사적 도입과 묘사가 끼어들기는 하지만 그것도 등장인물 자신의 시야와 체험의 범주를 크게 벗어나지 않는다. 그리고 서술자가 서술 과정에서 이탈하여 자신의 감상이나 개성을 드러내는 서정적 일탈도 많지 않다. 전지적 '서술자-화자'가 존재하고 그와 등장인물 사이에는 여전히 엄격한 경계선이 있지만 그 정도는 이전 세대의 전지적 서술자에 비하면 매우 축소되어 있다.[5]

이와 같은 체홉의 서술 태도와 서술 양식이 혼란스럽고 복잡다단한 러시아 현실에 대한 의도적인 회피인지, 혹은 또 다른 발언의 형태인지 논란이 이는 것은 당연하다. 그러나 톨스토이와 도스토예프스키와는 달리 서술자의 가치적 발언과 판단을 극도로 자제하고 등장인물의 주관적 시점으로 작품을 이끌어 가게 함으로써 새롭게 변화된 역사적 현실과 그 속에서 변모하는 인간의 삶을 포착해 내고 있다는 점은 부정하기 힘들다. 바로 이러한 등장인물 시점을 통해 체홉은 보다 다양해진 삶의 일상과 사건에 대해 보다 미세하게 관찰하고 묘사할 수 있었다. 체홉이 '등장인물-화자' 소설의 전면적인 형식화를 이루고 있다고 말하기는 어렵

5 체홉 산문의 화자와 주인공의 관계에 대한 자세한 분석은 문석우의 「안똔 체홉의 장르연구 - 패러디를 중심으로」(고려대학교 박사학위 논문, 1993)의 Ⅳ.라.1을 참조하라.

다. 더구나 톨스토이와 도스토예프스키의 전지적 소설들에 대응하는 장편의 규모로 서술 형태의 전환을 이루었다고 말하기는 어렵다. 그러나 새로운 서술 상황에 대한 요구가 발생하고 있다는 것을 징후적으로 보여 주고 있음은 분명하다.

초기 단편에 속하는 「카시탄카(Каштанка)」(1887)를 보자. 이 작품은 개가 등장인물이며 개의 눈으로 바라본 세계를 그리고 있다. 주인과 길을 나섰다가 주인이 술에 취하는 바람에 어수선한 거리에서 주인을 잃어버린 개 카시탄카는 낯선 새 주인을 만난다. 이전 주인집에서는 어린 아들의 장난과 학대 속에 살았지만 새 주인의 집에서는 따뜻한 보살핌과 맛있는 음식을 제공받으며 이름도 달리 불리게 된다. 그는 새 주인집에서 행복한 생활을 누리게 된 것이다. 심지어 새 주인은 카시탄카의 재능을 알아보고 서커스 무대에 세운다. 하지만 우연히 이전 주인의 목소리를 듣게 된 카시탄카는 곧바로 주인에게 달려가 이전 생활로 돌아가며 행복해한다. 짧은 단편이고 다소 우화 같은 이야기지만 이 작품은 체홉의 '서술자-화자'의 특성을 잘 보여 준다.

> 닥스훈트 잡종견으로 불그스름한 털에 여우를 닮은 낯짝의 젊은 암캐 한 마리가 불안스럽게 연신 여기저기 살펴보며 도로를 따라 앞으로 뒤로 내달리고 있었다. 가끔씩 멈춰 서서 울면서 꽁꽁 언 앞발을 번갈아 들어 올리며 도대체 이게 어떻게 된 건지, 왜 자기가 길을 잃은 건지 답을 얻으려고 애를 썼다.
>
> 그는 그날 하루를 어떻게 보냈는지, 어떻게 이 낯선 도로에 떨어져 있게 되었는지 너무도 잘 기억하고 있었다.
>
> 그날 하루는 주인인 소목장이 루카가 모자를 쓰고 옆구리에 빨간 천으로 감싼 어떤 목제품을 끼고 그를 부르면서 시작되었다.

"카시탄카, 가자!"

자기 이름을 듣고 닥스훈트 잡종견은 잠을 자는 작업대 밑 대패밥 위에서 뛰쳐나와 기분 좋게 기지개를 펴고는 주인을 따라 나섰다. 루카의 고객들은 엄청 먼 곳에 살고들 있어서 그곳에 가려면 선술집을 몇 번씩 들러 가며 요기를 해야만 했다. 카시탄카는 자기가 가는 도중에 몹시 제멋대로 굴었다는 사실을 떠올렸다. 바람을 쐬러 나와 기쁜 나머지 펄쩍펄쩍 뛰며 지나가는 마력철도 차량을 보고 짖어 대고 남의 집 마당으로 뛰어들어 다른 개들을 쫓아다니기도 하고 그랬던 것이다. 목수는 개가 눈에 보이지 않으면 멈춰 서서 화를 내며 소리쳤다.[6](Чехов 6:430)

여기서 '서술자-화자'는 등장인물(개)에 대한 정보를 알고 있고("닥스훈트 잡종견으로 불그스름한 털에 여우를 닮은 낯짝의 젊은 암캐"), 이 개의 행동을 묘사하는 지위에 서 있다("잠을 자는 작업대 밑 대패밥 위에서 뛰쳐나와 기분 좋게 기지개를 펴고는 주인을 따라 나섰다." "목수는 개가 눈에 보이지 않으면 멈춰 서서 화를 내며 소리쳤다."). 이런 묘사방법은 분명 전통적인 전지적 '서술자-화자'와 같다. 그러나 이야기는 곧바로 의인화된 개 카시탄카의 시각에 입각하여 진행된다.

카시탄카는 남아 있는 냄새로 주인을 찾으려고 도로의 냄새를 맡기 시작했다. 그러나 이미 어떤 역겨운 자가 새 가죽 장화를 신고 지나가서 모든 옅은 냄새들이 인조고무의 독한 악취와 뒤섞여 버려 도저

---

6 А. П. Чехов, *Полное собрание сочинений и писем в 30 т.*, М.: Наука АН СССР ИМЛИ, 1974-1982. 이 체홉 전집에서의 인용은 (Чехов 권수:쪽수)로 표기한다.

히 냄새를 식별할 수가 없었다.

카시탄카는 앞뒤로 뛰어다녀 보았지만 주인을 찾지 못했다. 그러는 사이 날이 어두워지고 있었다. 거리 양쪽으로 가로등이 켜지고 건물 창문에 불이 켜지기 시작했다. 함박눈이 펑펑 내리면서 보도와 말등과 마부의 모자 위에 하얗게 쌓이고 있었다. 공기가 어두워질수록 물건들은 더욱 하얘졌다. 시야를 가리고 발을 툭툭 건드리며 낯선 고객들이(카시탄카는 모든 인간을 서로 아주 다른 두 부분으로, 주인과 고객으로 구분하고 있었다. 이 둘 사이에는 본질적인 차이가 있었는데 주인들이 그를 때릴 권리를 가지고 있다면 그 자신은 고객들의 장딴지를 물어뜯을 수 있는 권리를 가지고 있었다.) 앞뒤로 끊임없이 카시탄카 옆을 지나쳐 갔다. 고객들은 서둘러 어디론가 가면서 그에게는 조금도 관심을 두지 않았다.

날이 완전히 어두워졌을 때 절망과 공포가 카시탄카를 사로잡았다. 그는 어느 집 현관 앞에 몸을 기대고 서럽게 울기 시작했다. 루카 알렉산드리치와의 하루 여행이 그를 지쳐 버리게 했고 귀와 발이 다 얼어 버렸으며 게다가 너무나 배가 고팠다. 하루 종일 뭘 씹어 본 것은 딱 두 번뿐이었다. 제본공 집에서 풀을 좀 먹었고 그래, 선술집 중 하나에서 진열대 근처에서 소시지 껍데기를 핥아 먹은 것이 전부다. 그가 만일 인간이었다면 분명 이렇게 생각했을 것이다.

"아니, 이렇게 살 수는 없어! 차라리 죽고 말지!"(Чехов 6:431)

'서술자-화자'는 주인공 카시탄카에 대해 모든 것을 알고 있고 카시탄카로서는 알 수 없는 더 많은 것을 알고 있다. 그러나 이 '서술자-화자'는 자신의 전지성을 극히 제한하고 최대한 카시탄카에게 시점을 넘겨주고 있다. 이를테면 날이 어두워지고 눈이 오는 장면도 카시탄카가 봄 직한 사실들, 즉 '가로등', '건물 창문', '보도', '말등', '마부의 모자' 등으로 제시한다. 그의 시야를 가리며 다리를 건드리며 지나가는 행인들도 역시 카시탄카의 시선에서 보여지는 듯하다. 작품이 진행되면서 모든 사건과 사람에 대한 묘사는 점점 더 카시탄카의 시선으로 보다 확실하게 옮겨 간다.

> 카시탄카는 배불리 먹었다. 아니 먹었다기보다 음식에 취해 버렸다. 먹고 나서 그는 방 한가운데 엎어져 다리를 쭉 펴고 누웠다. 그는 온몸에 기분 좋은 나른한 피로가 몰려오는 것을 느끼며 꼬리를 흔들었다. 새 주인이 안락의자에 몸을 푹 누이고 담배를 피우는 동안 그는 연신 꼬리를 흔들며, 어디가 더 좋은지, 낯선 새 주인집인지, 소목장이의 집인지, 그걸 고민하고 있었다. 새 주인집의 가구는 빈약하고 볼품이 없었다. 안락의자와 소파, 램프와 양탄자 외에는 아무것도 없어 방이 텅 빈 것만 같았다. 하지만 소목장이 집에는 모든 방이 물건들로 꽉꽉 들어차 있었다. 책상, 작업대, 대패밥 더미, 대패와 끌과 톱에다 방울새가 든 새장과 대야 등등… 새 주인집에서는 아무 냄새도 없었지만 소목장이 집에서는 방마다 항상 연기가 자욱하고 아교와 왁스와 대패밥 냄새가 진동했다. 대신 새 주인집에는 정말 좋은 점이 한 가지 있는데 먹을 걸 많이 준다는 것이다. 하긴 정말 정당하게 평가해야 할 점은 카시탄카가 책상 옆에 앉아 다정하게 새 주인을 바라볼 때 그는 한 번도 때리거나 발로 밟으며 "저리 꺼져 버려, 이 더러운 새끼!" 하고 소리치는 법이 없었다.(Чехов 6:433)

카시탄카의 새로운 상황에 대해 전지적 '서술자-화자'라면 자신의 전지성을 과시하며 보다 일반적인 특성으로 묘사할 수도 있을 것이고 그럴 만한 지위를 설정하고 있지만 그는 철저히 주인공 카시탄카의 수준에서 상황을 바라보고 묘사한다. 새 주인집과 옛 주인집을 비교하는 관점이나 새 주인이 자신을 대하는 태도가 모두 마치 카시탄카가 말해 주는 것 같은 것이다. 위의 글에서 카시탄카라는 삼인칭을 일인칭 '나-카시탄카'로 바꾸어도 내용이 거의 달라질 바가 없을 정도이다. 이와 같은 카시탄카 시점은 그의 마지막 행동에서도 결코 예외가 아니다.

> 그는 주머니에서 피리를 꺼내 불기 시작했다. 툐트카는 음악을 이기지 못하고 의자 위에서 불안하게 움직거리더니 울부짖기 시작했다. 사방에서 탄성과 박수가 들려왔다. 주인이 답례를 보내고 다시 조용해지자 연주를 하기 시작했다. 아주 높은 한 음부를 연주할 때 위쪽 객석 어디선가 누군가 커다랗게 놀라 소리쳤다.
> "아빠!" 어린애의 목소리였다. "저거 우리 카시탄카예요!"
> "그래, 카시탄카구나!" 조금 술에 취한 듯한 쩔그렁거리는 높은 목소리가 확인해 주었다. "카시탄카! 페듀시카, 오 맙소사, 분명 카시탄카다! 휘익!"
> 누군가 객석에서 휘파람을 불었다. 두 목소리가, 하나는 아이의 목소리, 하나는 남자 어른의 목소리가 커다랗게 울렸다.
> "카시탄카! 카시탄카!"
> 툐트카는 부르르 몸을 떨고 소리가 들려오는 쪽을 바라보았다. 두 사람이 보였다. 텁수룩한 모습에 술 취한 모습으로 싱글싱글 웃는 얼굴 하나와 포동포동하고 발그레한 뺨에 놀란듯한 얼굴 하나, 두 얼굴이 환한 빛이 비치는 것처럼 그의 눈에 딱 들어왔다. 그는 정신을 차리고 의자에서 굴러 모래밭에 떨어졌다가 벌떡 뛰어올라 기뻐서 씩씩거리며 그 두 사람에게로 몸을 날렸다. 휘파람 소리들과 귀청을 찢는

어린애의 고함소리를 뚫고 귀가 멍멍할 정도의 탄성이 퍼졌다.

"카시탄카! 카시탄카!"

툐트카는 울타리를 뛰어넘고 누군가의 어깨를 타고 넘어 칸막이 석으로 올라갔다. 다음 층으로 올라가기 위해서는 높은 벽을 타고 넘어야만 했다. 툐트카는 펄쩍 뛰었지만 올라갈 수 없었고 벽을 따라 뒤쪽으로 엉금엉금 기었다. 그러고 나서 한 걸음씩 몸을 옮기며 누군가의 팔과 얼굴을 핥아 가며 점점 위쪽으로 올라가 마침내 위층에 도달했다.

반 시간 뒤에 카시탄카는 이미 아교와 왁스 냄새가 나는 사람들과 함께 거리를 걸어가고 있었다. (……)

"죄악의 구렁텅이에 구르노니…" 루카가 중얼거렸다. "에이, 카시탄카, 네놈은 알 리가 없지. 네놈과 인간이 정반대이듯 목수와 소목장이는 정반대란 말이다."

(……)

카시탄카는 더러운 벽지가 붙어 있던 방과 거위와 표도르 티포페이치, 그리고 맛있는 음식, 학습과 서커스를 떠올렸다. 하지만 이 모든 것은 이제 그에게 마치 길고 혼란했던 괴로운 꿈처럼 여겨졌다.

(Чехов 6:448-449)

새 주인의 교육을 받고 서커스에 출현한 카시탄카는 갑자기 객석에서 옛 주인의 목소리를 듣자마자 옛 주인의 품으로 뛰어간다. 분명 객관적으로는 보다 편안한 새 생활이 그에게는 "길고 혼란했던 꿈"으로 여겨질 뿐이다. 충성스러운 개의 속성을 그대로 보여 주는 장면이다. 카시탄카는 괴롭힘과 구타가 없는, 그리고 자신의 재능을 뽐낼 수 있게 된 새 환경보다는 그저 익숙한 구세계로 아무런 주저 없이 복귀하는 것이다. 이렇게 카시탄카의 시각으로 작품을 마무리하면서 작가나 저자, 혹은 '서술자-화자'는 그 어떤 이념적 평가나 냉소적 어조를 부가하지 않는다. 전지적 '서술자-화자'는 카시탄카의 이념적 수준을 결코 넘어서지 않고 모든 것을 그의 평가 시점에 묶어 두고 있는 것이다.

의인화된 동물의 시점을 활용한 작품으로는 톨스토이의 유명한 단편 「홀스트메르(Холстомер)」(1885)가 있다. 빼어난 경주마였던 늙은 말의 시선을 통해 인간의 사적 소유와 결혼, 가족제도 등을 낯설게 바라보게 해 주는 이 작품도 그렇다면 체홉의 등장인물적 시점을 선취하고 있는 것인가. 톨스토이의 이 작품 역시 형식적으로는 등장인물적 시점과 유사하지만 전지적 '서술자-화자'와 등장인물인 말의 이념적 평가 수준이 완전히 일치한다는 점에서 체홉의 등장인물 시점과 본질적으로 차이가 있다. 따라서 형식적인 유사함을 보이고 있지만 '등장인물-화자'가 출현하는 문학사적 의미는 담지하지 못하고 있다고 말할 수 있다.

체홉 작품에서 카시탄카는 충성스러움이라는 개의 속성을 끝까지 견지하고 있는데 '서술자-화자'에게서 우리는 그것을 비판하거나 동조하는 어떤 단어나 문체도 발견하기 힘들다. 이 작품을 읽고 체홉이 개의 속성을 여실히 보여 줌으로써 구습에서 벗어나지 못하는 인간의 속성이나 보수적 사회를 '개'에 비유하며 야유하고 있다고 판단할 수 있을까. 혹은 정말 충성스러운 개로구나 하고 빙그레 미소 지을 수 있을까. 그러나 우리는 어느 쪽에도 선뜻 손을 들어 주기 힘들다. 한편으로는 그렇고 다른 한편으로는 그렇지 않기도 하기 때문이다. 카시탄카의 행동은 개로서 당연하고 자연스럽다. 그뿐이다. 체홉은 아주 제한된 '서술자-화자'와 카시탄카 시점(등장인물 시점)을 통해 그것을 보여 준다. 이 작품에 담긴 내용 자체는 인간의 어떤 이념 체계로도 단순화할 수 없는 카시탄카만의 그것이다. 그럼으로써 독자는 오히려 씁쓸한 미소와 함께 그것을 인간의 속성과 대비하여 자율적으로 스스로를 반성해 볼 수 있게 된다. 카시탄카만의 시점을 제시함으로써 '서술자-화자'가 아니라 독자가 스스로 판단할 공간이 열리는 것이다.

체홉의 이러한 새로운 서술기법은 한 여인의 감정과 그 눈에 비친 세계를 그린 「마법사(Ведьма)」(1886)에서, 그리고 아그뇨프라는 등장인물의 시선으로 사건이 전개되는 「베로치카(Верочка)」(1887)에서도 잘 나타난다. '서술자-화자'는 서술을 이끌어 가는 주체이지만 어느덧 한 등장인물의 시선에 고정되어 그가 보고 듣고 만나며 말하는 것, 그리고 느끼고 생각하는 것만을 우리에게 전해 주는 충실한 전달자가 되는 것이다. 작품 속에는 마치 등장인물 외에 어떤 초월적인 서술자도 존재하지 않는 것처럼 느껴진다. 물론 최소한의 서사적 도입과 묘사가 끼어들기는 하지만 그것도 등장인물 자신의 시야와 체험의 범주를 크게 벗어나지 않는다.

「왕진 중에 생긴 일(Случай из практики)」(1898)은 등장인물 시점이 훨씬 강화된 서술 형식을 잘 보여 준다. 이를테면 작품의 시작부터 모든 서술은 등장인물인 의사 코롤료프의 시점에서, 즉 그가 보고 생각하는 것, 또는 그가 볼 수 있고 생각할 수 있을 법한 것으로 한정된다.

> 교수는 랼리코프 공장에서 되도록 빨리 왕진을 부탁한다는 전보를 받았다. 랼리코프 부인인가 하는 사람의 딸이 아프다는데, 그 부인은 분명 공장의 소유자인 것 같았는데, 길고 요령부득으로 쓰여진 전보라서 그 이상은 무슨 말인지 알 수가 없었다. 그래서 교수는 직접 가지 않고 대신 주임 의사 코롤료프를 보냈다. (……) 토요일 오후였다. 어느덧 해가 기울어지고 공장에서 역을 향해 걸어오던 노동자들 무리가 코롤료프의 마차에 인사를 했다. 양쪽에 늘어선 지주의 주택이

나 별장, 자작나무 등. 고요한 저녁 풍경에 코롤료프는 매혹되었다. 휴일 전 날이어서 들과 숲과 태양도 노동자들과 함께 휴식할 준비를 하고 있는 것같이 보였다. 휴식하면서 아마도 기도를 드릴 터이지… (Чехов 10:75)

'서술자-화자'는 이야기를 시작하면서 등장인물을 등장시키되 등장인물 자신의 이야기라고 해도 무방할 수 있는 정보로부터 시작한다. 전보를 받은 교수, 전보의 내용, 요령부득의 전보 등과 같은 정보는 '서술자-화자'로부터 주어지는 것이지만 그 정보는 분명 교수와 주임 의사 사이의 의사소통 과정에서 의사에게 주어진 것이라는 한계를 넘어서지 않는 것이다. 따라서 '서술자-화자'는 분명히 알고 있는 부인에 대해 아직 충분히 알지 못한다는 듯이 "랼리코프 부인인가 하는 사람의 딸이 아프다는데, 그 부인은 분명 공장의 소유자인 것 같았는데(дочь какой-то госпожи Ляликовой, по-видимому, владелицы фабрики)"라고 말한다. 그것은 현재 등장인물 자신도 이 정도 수준의 정보 외에는 알고 있지 못하다는 것을 말한다. 즉 전지적 '서술자-화자'는 정보를 등장인물의 현재 수준에서 가능한 정도로만 제공하기 시작한다. 그리고 곧 코롤료프 의사에게로 시점을 넘겨준다. 그리고 풍경에 매혹된 의사는 "휴식하면서 아마도 기도를 드릴 터이지…(отдыхать и, быть может, молиться…)" 하고 별다른 인용부호 없이 자신의 생각을 서술 속으로 끌어들인다. 이것은 '서술자-화자'의 서술이 아니라 코롤료프의 생각 자체이고 생각 속의 말 자체이다. 이렇게 하면 '서술자-화자'의 지위가 자연스럽게 등장인물 화자의 지위로 축소되며 시점이 등장인물에게로 이전된다. 이제 환자의 상태나 환자가 거주하는 공장지대에 대한 묘사는 '서술자-화자'의 평가적 개입 없이 오직 코롤료프의 시선을 통해 작품에 들어온다. 작품에서 자신의 생각을 드러낼 수 있는 사람도 오직 코롤료프뿐이고 다른 사람들이나 대상 세계는 오직 코롤료프의 시선이나 인식적 수용을 거쳐 작품에 제시된다. 코롤료프는 환자의 상태를 지켜볼 필요가 있어 공장지대에서 하룻밤을 보내며 자신의 지적 수준과 작품 속 인물 성격에 기초하여 공장에 대한 인상과 평가를 드러낸다. 그는 "근본 원인은 알 수 없는 불치의 만성 질환을 정확하게 진단하는 의사로서 알 수 없는 것을 대하듯 공장들을" 바라본다. 그에게 공장이란 "도대체 이해가 불가능한" 곳이다.

> 천오백이나 이천이나 되는 공장 노동자들이 불결한 환경에서 휴식도 없이 조악한 직물을 짜면서 일을 하면서 굶다시피 살아가고 그저 가끔 술집에 들러 이런 악몽으로부터 도망칠 뿐이다. 노동을 감시하는 사람도 백여 명이 되는데 이 백여 명의 생활이란 것도 벌금을 매기고 욕설을 하고 부당한 행동을 하는 게 다다. 기껏해야 두세 사람 주인이란 자들이 일도 하지 않고 조악한 직물을 경멸하며 그 이익은 독차지한다.(Чехов 10:80-81)

> 그는 믿지도 않는 악마를 생각하며 불이 켜져 있는 두 창문을 바라다보았다. 이 적자색 눈들이 마치 악마처럼 그를 바라다보는 것 같았다. 그것은 강자와 약자의 관계를, 이젠 어떻게도 돌이킬 수 없는 이 야만적인 실수를 만들어 낸 도대체 알 수 없는 힘이었다. 약육강식이 자연의 법칙이라 하지만 그건 신문 기사나 교과서 같은 데에서만 할 수 있고 납득할 수 있는 것이다. 일상생활이라고 하는 그런 혼잡함 속에서, 인간관계들이 얽히고설키는 온갖 사소한 것들의 뒤엉킴 속에서 그건 이미 법칙이 아니라 논리적 궤변에 지나지 않는다. 여기서

는 도대체가 어찌해 볼 수 없는 힘에, 삶 바깥에 인간과는 무관하게 존재하는 미지의 힘에 굴복하며 강자나 약자나 똑같이 자신들 상호 관계의 희생물로 전락하고 말기 때문이다.(Чехов 10:81-82)

체홉은 의사 코롤료프의 공장에 대한 감상을 특별한 구분 없이 '서술자-화자'의 말과 뒤섞어 들려준다. 물론 당연히 이런 생각은 코롤료프 자신만의 독특한 인식이다. 의사다운 독특한 과학적 사고와 감상이 뒤엉켜 당대 자본주의 사회의 약탈성과 비인간성을 포착해 내고 있는 것이다. 여기서도 우리는 등장인물 시점의 특징을, 특히 문학이념의 실현에서의 특징을 잘 살펴볼 수 있다. 체홉은 전지적 '서술자-화자'를 통해 공장이나 공장 노동자, 주인들에 대한 비판적 분석과 조명을 하는 대신 코롤료프라는 인물의 제한된 수준에서만 관찰하고 평가할 수 있게 한다. 작품은 의사라는 직책상 가질 수 있는 최대한의 수준에서만 전개될 뿐이다. 의사는 위와 같은 불길한 인상에도 불구하고 다음 날 아침 다시 자신의 직장으로 돌아갈 뿐이다.

다음 날 아침 마차가 준비되었을 때 모두들 현관까지 전송을 나왔다. 리자는 하얀 원피스로 잘 차려입고 머리에 꽃을 꽂고 있었지만 창백하고 피로해 보였다. 그녀는 어제처럼 슬프고도 지적인 눈길로 그를 바라보며 미소 지으며 인사했다. 그녀는 여전히 그에게, 오직 그에게만 뭔가 아주 특별하고 중요한 것을 말하고 싶다는 듯한 그런 표정을 짓고 있었다. 종달새가 울고 교회의 종소리가 들려왔다. 공장 건물의 창문들은 환하게 빛을 반사하고 있었다. 공장 부지를 지나 역으로 가는 길로 접어들었을 때, 코롤료프는 이미 노동자들에 대해서도, 호수 위에 지은 집들에 대해서도, 악마에 대해서도 다 잊어버리고 있었다. 그는 삶이 이제 곧 이 고요한 일요일 아침처럼 밝고 기쁨에 찬 것이 될 거야, 어쩌면 그런 시대는 이미 아주 가까이 있어라고 생각했다. 그리고 따스한 햇살을 받으며 멋진 트로이카를 타고 가는 봄날의 이 아침 얼마나 기분 좋은가 하고 생각했다.(Чехов 10:85)

이유를 알 수 없이 우울하고 불안한 신경증을 앓고 있는 리자가 오직 그에게만 뭔가를 말하고 싶어 하는데 의사는 그저 떠날 수밖에 없다. 그리고 그곳을 벗어나자 공장과 공장 사람들에게 받았던 불길하고 불쾌한 인상들은 가볍게 잊힌다. 그리고 따스한 봄 햇살을 받으며 안락한 마차를 타고 가면서 모든 것이 다 잘되리라는 순진하고 낙천적인 생각이 의사를 사로잡는다. 만일 보다 높은 수준의 역사적 관점을 지닌 '서술자-화자'라면 등장인물이 본 공장과 공장에 대한 평가, 공장주들의 삶의 방식에 대해 보다 일반화된 평가로 나아갈 것이다. 하지만 체홉의 '서술자-화자'는 꼭 이 의사가 보는 수준에 머물 뿐이다. 그러나 코롤료프가 단순히 의사라는 직업적·계층적 자기 한계에서 세상을 평가하는 것은 아니다. 그는 당대 사회에서 발전되고 있는 산업 자본주의 현실을 비판적으로 바라보고 공장주들의 삶의 방식이 결국 비인간적인 삶으로 귀착되리라고 본다. 하지만 그의 비판은 그리 역사적으로 일반화될 수 있는 것은 아니다. 그에게 공장과 재산은 어서 빨리 버리고 떠나야 할 '악마'와 같은 것으로 여겨진다. 만성 신경증을 앓고 있는 리자에게 그는 이렇게 충고한다.

"당신은 공장주에다 막대한 상속자면서 불만족스러워하고 자신의 권리를 믿지 못하고 그러다가 이제 이렇게 잠도 이루지 못하고 있지요. 물론 그건 모든 것에 행복해하면서 실컷 자고 모든 게 다 잘되어 가리라고 생각하는 것보다야 훨씬 나은 거지요. 당신의 불면증은 존경할 만한 것으로 어찌됐든 좋은 징조입니다. 사실 우리 부모들에겐 지금 우리가 나누는 이야기 같은 것은 상상도 할 수 없는 것이었죠. 우리네 부모들이란 이렇게 밤에 이야기를 나누지도 않고 그저 실컷 잠이나 잤지만 지금 우린, 우리 세대는요, 잠을 이루지 못하고 괴로워하며 수없이 이야기를 나누고 우리가 정당한지 그렇지 못한지를 거듭 따져 보곤 하잖아요. 우리 아이들이나 손자들에게 이런 문제는요, 그들이 정당한지 아닌지 하는 문제는 다 해결되어 있겠지요. 우리에게보다 그들에겐 훨씬 분명한 것이 될 테니까요. 한 오십 년쯤 지나면 살기가 좋아지겠지만 우리가 그때까지 살 수 없다는 것이 유감일 뿐이지요. 그런 시절을 볼 수 있다면 참 좋을 텐데 말이죠."

"자식이나 손자들은 대체 무슨 일을 하고 있을까요?" 리자가 물었다.

"모르죠… 아마 모든 것을 버리고 떠나지 않을까요?"

"어디로 떠나요?"

"어디로? 어디로든 좋을 대로…" 코롤료프가 이렇게 말하고 웃었다. "훌륭하고 똑똑한 사람에게 어디 갈 곳이 없을 리 있겠어요."(Чехов 10:84-85)

작품의 가장 전경에 서 있는 코롤료프는 당대 현실에 대해 비판적이되 그 출구나 역사적 전망은 매우 모호한 사람이다. 세상에 대해 고민하고 있지만 그 고민을 어떻게 해결해야 할 것인지에 대해서 그는 잘 모른다. 다만 현재 상태를 버리고 떠나야 하지 않을까라고 추상적으로 대답하고, 어디로 떠나야 하는지에 대해서는 "어디든 좋을 대로…"라고 대답할 수밖에 없다. 이런 코롤료프의 이념 수준은 앞서 본 바와 같이 다소 낭만적인 현실 부정에 추상적인 역사 전망을 보여 주는 것이다. 하지만 코롤료프가 제기하는 비판적 인식은 매우 개인적이면서 구체적이다.

그는 의사이면서 도시에 거주하는 지식인으로, 새로이 다가오는 산업화 시대의 의미를 거부하고 있는데 그 핵심은 그런 삶이 인간적이지 않고 악마적이고 결국 모든 인간을 질병과 고통으로 몰아갈 것이라는 신념이다. 자연에 대한 긍정적 태도는 그의 신념이 향하고 있는 방향에 대한 아주 간접적인 방증 자료이다. 이렇게 보면 그의 신념, 이념 수준은 단순히 구세계에 속한 중간계층의 것이라거나 신흥 도시민의 것이라거나, 혹은 진보적 지식인의 것이라고 쉽게 판단하기 어렵다. 그는 자신의 견해를 일반화하거나 보편화해서 제시하지는 않고 그저 살아 있는 한 인간으로서 느끼는 다양한 수준의 감각을 있는 그대로 드러내고 있을 뿐이다. 그러나 이러한 이념 수준은 오히려 당대 현실 자체의 출구 없음을 잘 보여 주면서 독자가 스스로 참여하는 반성과 비판의 공간을 제공한다. 또한 그 어떤 단일한 이념적 출구도 그의 다양한 감각이 제기하는 문제들에 대해 모두 답하지 못하는 것이라면 필요하고도 충분한 해결이 될 수 없다는 것을 단호하게 암시하는 것으로 볼 수도 있다.

등장인물 시점은 단순히 모든 시점을 등장인물에게 넘겨주는 것을 목적으로 하는 것은 아니다. 전지적 '서술자-화자'가 작품의 모든 것에 대해 가장 높은 수준의 보편적 인식을 보여 주는 것에 비해 등장인물 시점은 전지적 '서술자-화자'의 일정한 제한 속에서 등장인물의 주관적 관점을 주관적인 것으로 보여 줌으로써 독자가 작품 속에 그 어느 시점에도, '서술자-화자'의 시점에도, 등장인물의 시점에도 전적으로 동일시하는 것을 허락하지 않는다.

그렇다면 체홉은 전지적 '서술자-화자'를 엄격히 제한하고 등장인물 시점에 중점을 둠으로써 독자에게 자율적 공간을 열어 줄 뿐 자신의 저자 이념은 무한히 유보하고 있는가. 만일 그렇다면 체홉의 리얼리즘 혁신은 기실 자연주의 경향의 무이념적 매개자로서의 서술자와 크게 다를 수 없다. 앞서 말했듯이 자연주의 문학은 눈앞에 펼쳐지는 새로운 사회 현상들에 대해 그것을 일반화하여 이해할 능력을 미처 준비하지 못했기 때문에 모순적이며 다양한 사회적·인간적 현상들을 있는 그대로 우선 보여 주는 것에 만족할 수밖에 없었다. 하지만 체홉은 분명 외적으로는 자연주의와 유사한 '서술자-화자'를 보여 주지만 작품의 이념적 수준을 확보하게 해 주는 '서술자-화자'의 내적 시점을 견고하게 유지하고 있다.

체홉의 문학 사상은 도스토예프스키나 톨스토이의 문학 사상과 달리 겉으로 분명하게 드러나 있지 않다. 하지만 체홉 시학에 나타난 미학적 혁신에는 황금기 리얼리즘에 대한 근본적인 혁신이 담겨 있는데 그것은 무엇보다 철저한 개별화 속에서 그 개별성의 극복을 지양한다는 것이다. 체홉 작품들에서 모든 개인들은 아주 구체적인 장소와 환경, 일상(지역성) 속에 뿌리내리고 있지만 동시에 바로 그 개별성의 규정성, 종속성을 벗어나고 있다. "우리는 모두 민중"(Чехов 17:9)이라는 체홉의 말은 모든 개인이 집단으로서의 민중에 속해 있다는 뜻이 아니다. 민중의 어떤 부분으로서 개인이 아니라, 개인들 모두가 제각각 민중이다, 그러니 보편적·일반적 수준의 추상적 민중 개념은 배척한다는 뜻이다. 문학적 대상을 협소하고 폐쇄적으로 관찰하는 것에 대한 체홉의 불만은 이런 생각에서 나온다. 그는 "러시아 작가는 배수관 속에서 살고 있다."(Чехов 3:217)라고 비판한다. 일정한 배수관을 통해 흘러나오는 물처럼 모든 개인의 특성과 심리가 보편적이고 일반적인 집단 규정에서 자동적으로 형상화된다는 점을 비판하는 것이다. 즉 체홉은 부분적 사실이나 구체적 인물을 통해 일반적이고 보편적인 철학적 개념을 증명하는 것이 아니라 한 개인의 특수하고 개별적인 개성과 심리를 통해 오히려 보편적 개념을 확장하거나 변화시킬 것을 요구한다.

1880년대 말에 이미 체홉은 이렇게 말한다. "나는 자유주의자가 아닙니다. 보수주의자도 아니고 점진적 개혁주의자도 아니고 수도승도 아니고 냉소주의자도 아닙니다. 나는 그저 자유로운 예술가이고 싶습니다. 그리고 다만 (……) 나는 상표나 꼬리표는 편견이라고 봅니다. 내가 가장 중요하게 생각하는 것은 인간의 몸, 건강, 지혜, 재능, 숨결, 사랑과 가장 절대적인 자유입니다."(Чехов 3:11) 어떤 이데올로기적 규정에도 매이기를 거부하는 체홉의 말은 그의 작품에서 주인공이 어떤 보편적이고 일반적인 이념의 한 부분으로 그려지지 않는 것과 같은 맥락 속에 있다. 어떤 보편적 규정도 한 구체적인 인간의 삶을 통해 다시 교정되고 보완되어야 한다는 것, 그리하여 구체적으로 살아 있는 개별성 자체가 바로 보편성이 될 수 있다는 것이다. 그것이 '우리는 모두 민중'이라는 체홉의 명제의 진정한 의미였다. 이렇게 보면 체홉이 무사상의 작가라든가, 사회적 악에 대한 윤리적 분노 부재라든가 하는 그간의 비판은 다소 방향을 빗나간 것이거나 체홉에 대한 몰이해에 기초한 것이 아닐 수 없다.

19세기 러시아 문학은 사회정치 이념들과, 이데올로기적 경향들과 특히 긴밀하게 연관되어 있다. 톨스토이와 도스토예프스키처럼 '사회성'이라는 범주로만 파악하기 힘든 작가의 작품이나 예술 철학 사상에서도 그런 경향들은 뚜렷이 나타난다. 19세기 러시아 작가들은 삶과 존재에 대한 보편 법칙에 매달렸고 작품 속에서 종교적·도덕적 지향과 구체적인 사회적 문제들을 함께 사고하고 있다. 심지어 미학적 측면에 대한 논의에서조차 인간의 공동체적 삶과 현실 비판의 문제의식이 강하게 함축되는 경우가 많았다. 러시아 문학의 사회성을 가장 강력하게 반발하고 있는 것이 바로 체홉이다. 무엇보다 그는 그 시대의 인간의 삶과 사회 현상을 이데올로기적으로 규정하려는, 즉 보편적이고 일반적인 수준에서 규정하려는 시도들을 언제나 의심스럽게 바라보았다. 그에 대한 반발이 철학적인 의미를 함유한 인류학적인 범주들('인간의 몸', '호흡',

'사랑' 등등)에 대한 주목이었던바, 그것은 당대의 그 어떤 이데올로기적 도식화나 일반화와도 공존할 수 없는 것이었다.

이런 점에서 체홉은 한 시대의 결산일 뿐만 아니라 새로운 출발점이다. 이데올로기적인 것으로부터 존재론적인 것으로 전환하는 체홉의 세계관은 바로 새로운 역사 시대에 접어든 러시아 리얼리즘의 중요한 대응이기 때문이다. 그러나 체홉의 이러한 전환이 리얼리즘의 혁신을 단번에 완전히 새롭게 만들어 주는 것은 아니다. 새로운 리얼리즘은 보다 복잡한 경로를 거치면서 체홉의 이러한 전환을 다양하게 변주한다.

3. 막심 고리키의 새로운 리얼리즘과 화자[7]

19세기 말, 황금기 러시아 소설의 강력한 전통이 새로운 도전에 직면한 시기에 '서술자-화자'의 혁신은 체홉에게서 '서술자-화자'의 전지성 축소로 나타났다면 고리키에게서는 '서술자'의 주관성 강화로 나타났다.

고리키(M. Горький)의 소설은 묘사되는 대상에 대해 적극적인 공감과 도덕적 판단을 주저하지 않는 '서술자-화자'를 특징으로 한다. 고리키의 초기 단편의 '서술자-화자'는 고전적 리얼리즘 소설의 전지적 서술자의 용의주도함과 치밀함, 체홉적 서술자가 보여 주는 냉담함, 거리감 등과는 거리가 멀다. 고리키의 '서술자-화자' 역시 모든 것을 다 알고 있는 전지적 서술자의 지위를 취하기는 하지만 톨스토이와 도스토예프스키가 자신들의 전지적 서술자에게 부여하는 바와 같은 그러한 폭과 깊이, 조

7 이 장에서 막심 고리키의 초기 단편의 화자에 대한 분석은 「막심 고리키 초기 단편의 당당한 인간 재고」(이강은, 러시아어문학연구논집 제44집)의 일부를 문맥에 맞추어 수정하고 부가한 것이다.

심스러움, 객관성 등을 애써 갖추려고 하지 않는다. 고리키의 서술자들은 마음껏 원하는 만큼 작가적 공감을 표현해 내는 데 주저하지 않는다.

고리키는 러시아 고전 리얼리즘 소설의 주인공들과는 현저히 다른 성격의 주인공들을 다룬다. 사회 최하층의 보샤키나 하루 벌어 하루 먹고사는 일일 노동자, 떠돌이, 집시 등 고리키가 그려 내는 주인공들의 사회적 지위만 하더라도 당대 문단의 주목을 받기에 충분했다. 톨스토이도 고리키 문학의 이런 주인공들이 가지는 문학사적 의미를 높이 평가한다. "그(고리키)의 중요한 공헌은 그가 사회에서 방기된 사람들, 보샤키 등, 이전에 우리 문학에서 거의 다루지 않았던 인물들의 세계를 합당한 사실로 그려 내고 있다는 점이다. 이 점에서 그는 투르게네프와 그리고로비치가 그 시대에 농민 세계에 주목했던 것과 같다."[8] 메레지코프스키도 이런 사회적 특성에 대해서만큼은 충분히 인정한다. "고리키의 이런 의심스런 작품들 이면에는 (……) 삶이, 그 진정한 삶의 모습이, 피와 살을 가진 삶으로부터 찢겨져 나온 편린이 놓여 있다. 러시아 현실의 특징을 잘 드러내는 현상인 보샤키의 발견은 대단히 의미 있는 사회적 현상인 것이다."[9] 그러나 고리키 문학에 많은 사람이 주목한 것은 이런 소재 때문만은 아니었다. 이미 1880년대에도 자연주의 소설들에 많은 보샤키들이 등장하고 있기 때문이다. 고리키의 보샤키 문학이 커다란 주목을 받은 것은 소재도 소재지만 무엇보다 그 소재를 다루는 방법에 있었다. 고리키 이전이나 동시대 대부분의 문학에서 민중은 삶의 비참하고 고통스러운 현실 속 존재로 묘사되었고 연민과 동정의 대상이

8 А. Б. Гольденвейзер, *Вблизи Толстого*, М.: ГОСЛИТИЗДАТ, 1959, с. 113.

9 Д. С. Мережковский, "Грядущий хам. Чехов и Горький", М. Горький, *Pro et contra. Личность и творчество Максима Горького в оценке русских мыслителей и исследователей. 1890-1910 гг. Антология*, СПб., 1997, с. 643-645.

었다. 한껏 나아간다 하더라도 '민중적 지혜로움에 대한 지식인 문학가의 발견'을 넘어서는 경우는 쉽게 찾아보기 힘들다. 이런 상황에서, 특히 19세기 말 침체에 빠져 있던 러시아 문학적 상황에서 자기 스스로의 시선으로 자신의 삶에 대해 말하고 생각하며, 고통스러운 현실뿐만 아니라 나름의 기쁨과 희망을 드러내는, 나아가 적극적으로 삶과 현실에 대해 발언해 나가는 고리키의 주인공들은 새롭고 신선한 활력으로 받아들여졌다. 게다가 작가의 시선은 민중과 거리를 둔 관찰자가 아니라 민중의 내부적 시선과 일치하는 것으로 여겨졌다. 주인공의 소재적 특성, 즉 그 사회적 특성보다는 그것을 다루는 작가의 관점이 무엇보다 고리키라는 문학 현상의 가치와 독창성의 핵심을 이루고 있다고 평가되었던 것이다.

고리키의 '서술자-화자'는 때로는 저자와 작가와 일치하고, 때로는 부분적으로 차이를 빚고 있는 것이 사실이지만 무엇보다 적극적으로 등장인물의 사고와 행위, 사건에 자신의 주관적 태도를 이입하고 있다. 체홉의 새로운 리얼리즘 형식이 '서술자-화자'의 엄격한 제한과 등장인물 시점의 강화에 있었다면 고리키의 리얼리즘은 등장인물 시점의 강화 못지않게 '서술자-화자'와 저자, 작가의 적극적 활성화를 지향하고 있는 것이다. 이를테면 첫 작품 「마카르 추드라(Макар Чудра)」(1892)에는 작품의 핵심적인 슈제트를 구성하는 등장인물인 로이코와 랏다만 존재하는 것은 아니다. 이 작품에서 실제로 우리 눈앞에 나타나는 인물은 이야기를 들려주는 마카르 추드라와 그 이야기를 듣는 '나'이다. 작품의 핵심 슈제트는 로이코와 랏다에 의해 이루어지지만 서술 형식에서 보면 그들은 마카르의 이야기 속에 나오는 인물이고 화자인 '나'의 수용에 의해 작품에 형상화되는 간접적 인물들이다. 물론 화자 '나'와 마카르는 로이코와 랏다의 이야기를 들려주기 위한 서술 장치이긴 하지만 문제는 이들이 단순한 매개자로서 화자 역할만 하지 않는다는 점이다. 왜, 누가, 무엇을, 어떻게 이야기하고 또 그것은 어떻게 작품에 수용되고 있는가, 그리고 그에 대한 저자의 입장은 어떠한가 등과 같은 시학적 관점을 고려하면 화자의 성격은 핵심 슈제트 못지않게 매우 중요한 의미를 띠게 된다. 작품의 화자 '나'와 초원에서 밤을 보내며 옛날이야기를 들려주는 등장인물 마카르 추드라의 형상을 보자. 그의 성품은 상대역인 '나'에 대한 그의 말을 통해, 그리고 자신이 화자가 되어 전달해 주는 이야기를 통해, 그리고 '나'의 수용과 평가를 통해 간접적으로 드러난다. 마카르는 정착하여 노동하며 살아가는 인간의 삶을 경멸하고 자유롭게 초원을 떠돌며 살아가야 한다고 말한다. 뭔가를 배우고 가르치려는 자세를 비판하며 주어진 삶 자체를 각자 살아가는 것만이 최선이라고 주장한다.

> "자, 여기 날 보게. 오십팔 년이나 살면서 많이도 보았지. 내가 본 걸 종이에 쓴다면 자네 자루 같은 건 천 개가 있어도 못 담을 거야. 어디든 말해 보게, 내가 안 가 본 곳은 하나도 없을 게야. 자넨 이름도 모를 곳들을 다 가 봤지. 그렇게 살아야지. 걷고 또 걷고, 그게 전부야. 한곳에 오래 있으면 안 돼. 뭣 땜에 그래? 밤과 낮이 서로 쫓고 쫓으며 지구를 돌며 뛰어가듯이 그렇게 자네도 인생에 대한 사념에서 도망쳐 뛰어야 돼, 그래야 인생에 싫증을 안 내는 거야. 생각에 빠져 있으면 인생에 싫증을 내게 돼. 언제나 그런 법이야."[10](1:14)

사람들은 이렇게 각자 열심히 살아가면서 스스로 지혜를 터득하고 죽어 가는 것이지 누구에게 배우고 누구를 가르치는 것이 아니다, 인생

10 М. Горький, *Полное собрание сочинений. Художественные произведения в 25 томах*, М.: 1968-1976, 제1권 14쪽. 이하 이 장에서 이 책의 인용은 본문 속에 (권수:쪽수)로 표기한다.

자체에 대해 생각하기보다 인생 자체를 열심히 살아라 하는 것이 마카르의 주장이다. 그런데 마카르의 이런 인생론은 화자인 '나'와의 대화에 의해 자극을 받은 것이다. 물론 화자 '나'는 작품에서 한마디도 직접 말하지 않는다. '나'의 말은 마카르의 반응을 통해 유추할 수 있을 뿐이다. 이를테면 "그래서 이렇게 떠돌아다닌다? 그거 좋은 일이야! 자넨 아주 훌륭한 운명을 택했어."라는 마카르의 말에서 화자인 '나'가 떠돌아다니는 이유를 설명했다는 것을 알 수 있다. 그리고 "인생? 다른 사람들이라고?"라거나 "배우고 가르쳐야 한다고 말하는 거야?"라는 마카르의 반문을 통해 '나'의 생각이나 말을 유추할 수 있다. 평생 집시로 살아오며 인생 자체에 대해서는 생각하지 않았다는 마카르는 인생을 배우러 떠돌아다닌다는 러시아인 청년을 앞에 두고 뭔가 자극을 받아 '인생에 대한 자신의 생각'을 주장하는 데 열을 올리고 있는 것이다. 따라서 화자 '나'에 대한 반박의 감정이 마카르의 생각을 추동하고 있음을 알 수 있다.

> "인생? 다른 사람들이라고? (……) 에헤, 그런 게 자네와 무슨 상관이야? 아니, 자네 자신의 인생 아냐? 다른 사람들은 자네 없이 살아가고 앞으로도 자네가 없어도 잘 살아갈 거야. 자네가 누구에게 필요한 사람이라고 생각하는 모양이지? 자넨 빵도 아니고 지팡이도 아냐. 누구도 자넬 필요로 하지 않아."
> "배우고 가르쳐야 한다고 말하는 거야? 그럼 자네는 사람들을 행복하게 만드는 법을 배울 수 있다는 거야? 아니, 못 해. 자넨 먼저 백발이 되고 나서 누굴 가르쳐야 한다는 말을 하게. 대체 뭘 가르친단 말인가? 누구나 자기에게 필요한 건 다 알고 있어. 더 영리한 자들이 더 가져가고 좀 어리석은 자들은 아무것도 없는 거지, 모두 다 스스로 배우는 거야."(1:13-14)

마카르의 이런 말에는 인생에 대한 상당한 지혜가 담겨 있지만, '나'에 대한 대응으로서 초원을 떠돌며 살아가는 자신의 인생에 대한 정당화의 욕구가 강하게 묻어난다. 자신보다 한참 어린 사람이 인생이 어쩌고, 배우고 익힘이 어쩌고 하는 것에 대해 반감을 가지면서 동시에 뭔가 한 수 가르쳐 줘야겠다는 생각이 작동하고 있는 것이다. 마카르는 자신의 주장을 좀 더 확실하게 하려는 듯이 '나'에게 자신이 겪은 이야기를 들려준다. 바로 로이코와 랏다의 비극적인 사랑이야기이다. 이들은 서로 사랑하지만 또한 각자 독립적인 자유를 사랑하였기에 서로를 죽음에 이르게 하는 집시들이다. 그런데 마카르의 말을 통해 전해지는 용맹하고 아름다운 로이코의 형상에는 바로 마카르 자신의 이상이 투영되어 있다. 앞서 화자인 '나'에게 강변했던 '광활한 초원에서의 자유로운 삶의 이상'이 자신의 이야기 속 인물 로이코를 통해 투영되고 있는 것이다. 마카르는 로이코의 모습과 행동에 대해 '객관적으로'(있던 그대로) 전달한다는 입장을 취하지만 동시에 과장된 묘사와 평가의 말을 통해 로이코를 이상화하는 것을 주저하지 않는다. 주변의 집시들 모두 로이코를 좋아하며 영혼으로부터 그와 하나가 된다고 말함으로써 그의 입장을 정당화하기도 한다.

> "콧수염은 어깨까지 흘러내려 곱슬머리와 뒤섞이고 두 눈은 밝은 별처럼 반짝이고, 얼굴의 미소는, 오, 맙소사, 한마디로 태양이었지. 말을 탄 그 모습은 주물에서 그대로 뽑아낸 쇳덩이 같았어. 그런 그가 모닥불 빛을 받아 선연하게 붉게 타오르는 모습으로 환하게 이를 드러내고 웃으며 우리 앞에 서 있는 거야! 그가 내게 말 한마디 건네 주지 않았더라도, 아니 나라는 존재가 이 세상에 같이 살고 있다는 점을 알아주지 않았더라도, 맹세컨대 난 이미 그를 내 몸처럼 사랑하게 되었지.

(……) 세상에 눈만 마주쳐도 영혼을 가득 채우는 그런 사람이 있지. 조금도 부끄러울 일이 아냐. 오히려 당당한 일이지. 그런 사람과 함께 있으면 자네 자신도 더 훌륭해지는 게야. 이보게나, 하지만 그런 사람은 드물지! 그래, 드물다는 게 차라리 잘된 일이지. 그런 훌륭한 사람이 세상에 많다면 사람들이 훌륭하다고 생각하지 않을 게야."(1:17-18)

이 같은 마카르의 말에는 로이코에 대한 묘사도 있지만 다소간의 과장과 다소간의 편견이 존재한다. 로이코의 미소를 태양에 비유하거나 말을 탄 모습이 주물에서 그대로 뽑아낸 것 같다는 과장, 눈만 마주쳐도 훌륭해지게 된다는 평가, 그리고 세상에 그런 사람이 많지 않아야 오히려 희소가치가 있다는 편견 등이 뒤섞여 있는 것이다. 그런데 이런 과장과 평가, 편견은 마카르의 개인적 특성이라고 치부한다 하더라도 그가 여성에 대해 가지고 있는 남성 우위적 시각은 마카르의 편협함을 드러내 준다. 여성에 대한 가부장적 편견은 자신의 딸뿐 아니라 랏다에게도 적용된다. 마카르는 명백하게 로이코의 위대함을 자신과 동일시하고 그 위대함을 훼손한 랏다에게 부정적인 태도를 보인다. 비록 랏다의 아름다움에 대해 묘사하지만 그녀가 로이코에게 모욕을 가한 점에 대해서는 마치 자신을 모욕한 것처럼 생각한다.

"아니, 그래, 그렇다면 로이코가 랏다보다 못하단 말이야? 아니, 절대 그럴 리 없어! 계집애가 훌륭하다 해도 영혼이 아주 좁아 터지고 보잘것없어. 그런 여자 목에다 금덩어리를 걸어 준다고 해도 마찬가지야. 그런 계집은 차라리 없는 게 낫지."(1:18)

집시 영웅 로이코에게 무릎을 꿇고 사랑을 구하라고 요구하는 랏다,

랏다를 사랑하여 어쩔 줄 모르며 당황해하는 로이코, 그런 장면에서 마카르는 마귀나 악마, 저주 등과 같은 단어를 들먹이며 랏다를 영원히 저주하고 싶다고 말한다. 마카르뿐 아니라 영웅 로이코와 영혼으로 하나가 된 집시 남자들은 랏다의 모욕적인 요구 앞에서 자신들이 오히려 당황하며 몸 둘 바를 몰라 한다. 마카르의 눈에 로이코는 가장 용감한 인간이며, 로이코는 언뜻 작가 고리키의 '당당한 인간'에 조응하는 형상으로 보인다. 하지만 그것은 마카르의 이야기, 특히 마카르 자신이 화자가 되어 들려주는 이야기를 전적으로 신뢰하는 경우에만 그렇다.

여기서 작품 전체의 서술 구조를 다시 상기해 보자. 「마카르 추드라」 작품 전체의 화자는 '나'이며 '나'는 마카르를 객관적으로 살피고 평가하면서 마카르의 이야기를 다시 독자에게 전해 주는 자이다. 다시 말해 마카르의 이야기는 화자 '나'의 프리즘을 통해 최종적으로 작품화되고 있다. 이런 상황에서는 마카르와 로이코, 랏다 등에 대한 화자 '나'의 태도가 작품의 전체적 의미를 이해하는 데 불가피한 요소가 아닐 수 없다. 마카르는 직접 표명한 자신의 인생관과 이를 뒷받침해 주는 이야기를 통해 자유롭게 초원을 떠돌며 살아가는 인생에 대한 자부심과 정당성, 그리고 아름다움에 대한 자신의 세계관을 부각시킨다. 그리고 그것은 분명 화자인 '나'에 대한 암묵적인 대립의식에 의해 추동되고 있다(왜 이런 점이 그동안 그 많은 고리키 연구자들에게 주목받지 못했을까!). 그럼 그런 마카르를 바라보는 '나'는 누구이며, '나'는 마카르와 그의 이야기 속에 나오는 영웅적 인물을 어떻게 바라보고 있는가. '나'는 마카르처럼 초원을 떠도는 집시는 아니다. 앞서 말한 바처럼 '나'는 '인생을 배우고 생각하고 또 다른 사람과 더불어 서로 배우고 가르치며 올바르게 살아가는 법을 배우기 위해 스스로 방랑을 선택'하고 우연히 마카르와 초원에서 하룻밤을 지내게 된 자이다. 그런 '나'에게 마카르의 모습은 신선하면서도 새롭다. '나'는 마카르의 강인한 인생을 관찰하며 공감을 보내기도 하지만 마카르의 생각과 세계관에 전적으로 동조하지는 않고 어디까지나 그를 관찰하고 그의 이야기를 들으며 차분하게 전달하고 있다. 마카르가 자신의 딸 논카와 이야기 속 주인공 랏다의 아름다움을 자랑하면서도 여자들이란 남자에게 기쁨을 주는 존재일 뿐 남자의 눈을 흐리게 만드는 해로운 존재라는 점을 거듭 강변하는 것은 '나'의 흔쾌한 동조를 이끌어 내지 못했기 때문이다. 그러나 작품 전체에서 '나'는 직접적으로 말하거나 반박하거나 평가하지 않는다. 다만 마카르의 이야기가 끝난 후 로이코를 영웅으로 간주하는 마카르와는 달리 '나'는 로이코보다 랏다를 더 '당당한 모습'으로 떠올린다.

> 나는 잠을 이룰 수 없었다. 나는 초원의 칠흑 같은 어둠 속을 지켜보고 있었다. 내 눈 앞 허공 속에 장엄하게, 아름답고 당당한 랏다의 모습이 유영하고 있었다. (……)
> 비가 더욱 거세졌고 바다는 당당한 한 쌍의 아름다운 집시, 로이코 조바르와 다닐로의 딸 랏다를 위해 음울하고도 장중한 송가를 부르고 있었다.
> 그들 둘 다 밤의 어둠 속을 말없이 유영하며 맴돌았지만 **아름다운 용사 로이코는 당당한 랏다에 결코 비교도 될 수 없었다.**(1:26) (강조는 필자)

단편은 이렇게 '나'의 감상으로 끝난다. 이 마지막 말, 로이코는 결코 랏다에 비할 바 못 된다는 것은 바로 화자인 '나'의 평가이며 마카르와 세계관에서 갈라서는 지점이다. 이런 점에서 '나'는 평생 초원을 떠돈 마카르에 비해 경험이 일천하지만 초원의 자연을 감상하고 느낄 줄 알고

(작품의 앞과 뒤의 초원에 대한 풍경묘사 능력) 마카르의 말을 숙연히 경청하면서도 거기에 휩쓸리지 않고 자신의 영혼세계를 별다른 흔들림 없이 견지하고 있는 화자라고 평가할 수 있다.

이렇게 단편 「마카르 추드라」의 서술 시학을 고려하면 이 작품을 로이코와 랏다 형상을 통해 영웅적인 개인을 노래하는 것이라고 판단하는 것은 일차원적인 판단이라는 것을 분명히 알 수 있다.[11] 이들 형상은 마카르라는 프리즘을 통해 이야기되고 다시 화자 '나'의 프리즘을 거쳐 작품에 그려진다. 이런 과정에서 영웅적인 로이코와 랏다의 파토스는 '나'의 깊은 상상과 숙고의 대상이 된다. '나'는 '당당한 랏다'의 모습을 아름답게 회상하며 상상하지만 그것은 이야기 속의 형상일 뿐이다. 화자 '나'와 마카르가 처해 있는 엄연한 현실, 즉 '서로 죽이며 싸우고', '평생 땅이나 파먹고 노예처럼 일을 하며 살아가는' 현실은 변함없이 그들 앞에 놓여 있다. 그 현실은 하룻밤을 자고 나면 다시 찾아올 것이다. 내일이면 다시 '배우고 가르치러' 떠날 화자의 형상이 작품 전체를 틀 짓는 최종적인 이념적·정서적 심급(審級, instance)인 것이다. 이런 점에서 로이코와 랏다, 그리고 마카르는 작품에서 그 자체로 의미를 형성하는 것이 아니라 모두 '나'의 심급 속에서 재구성될 뿐이다. 즉 영웅적이고 당당한 인간상이 로이코와 랏다에게 전적으로 부여되고 있는 것은 아니다. '나'에게 랏다는 남성 우위의 사회에서 자신의 자유를 견지하기 위해 죽음을 불사하는 진정 당당한 인간이다. '나' 역시 남자지만 그런 여자의 모

11 이를테면 콜로바예바는 두 주인공의 죽음이 "우리에게 결코 끔찍함과 비난을 불러일으키지 않고 무섭지도 않으며, 반대로 위대함, 감정의 아름다움, 다른 사람에게 굴복하지 않은 인간의 정신, 사랑의 욕망의 포로가 되지 않고자 하는 정신에 감탄하게 한다."(Л. А. Колобаева, "Горький и Ницще", *Вопросы литературы*, 1990, № 10, с. 171.) 바신스키는 한 걸음 더 나아가 이런 상호 죽음을 상징주의적으로 해석하여 '상호적 무화의 기쁨'이라고까지 말한다.(П. В. Басинский, "К вопросу о 'ницшеанстве' М. Горького", *Изв. Рос. АН, Сер. лит. и яз.*, т. 52, № 4. М.: РАН, 1993, с. 29.)

습에서 보다 당당함을 느낀다는 것은 '내'가 살아가야 할 방향, 혹은 정신을 반성적으로 획득하고 있다는 것을 의미한다(!).

작품의 화자인 '나'는 분명 작가의 자전적 요소를 반영하고 있지만 그렇다고 곧바로 작가 형상으로 귀속시킬 수는 없다. 마카르와 화자 '나'까지 포함하여 이들을 구성하고 있는, 보이지 않는 보다 큰 존재로서, 즉 이 작품 자체를 서술해 가는 자로서 서술자 형상을 고려해야 하는 것이다. 이 작품에서 서술자는 전혀 인칭화되지 않고 독자적인 형상화도 이루어지지 않고 있기 때문에 작품을 창조하고 구성하는 보이지 않는 존재로서, 이 작품의 저자 형상과 동일한 것으로 판단할 수 있다. 이 서술자-저자 형상은 화자 '나'와 마카르, 그리고 로이코와 랏다 등을 창조하고 구성하며 자신의 정신을 실현한다. 서술자-저자는 화자 '나'와 마카르의 만남, 마카르의 성격, 마카르의 이야기, 로이코와 랏다의 비극적 운명, 화자-나의 최종적 평가, 자연묘사 등을 구성 배치하여 작품의 의미를 구현한다. 그 결과 로이코와 랏다는 마카르의 경험 속에 나오는 인물로서 마카르의 평가 속에서 자유롭지 못하며, '나'의 현실 속에서 변형된 의미를 가지게 되고 그것은 앞으로 떠돌이 '나'의 현실과 운명에 어떤 영향인가를 미칠 수 있다는 것으로 작품의 의미체계가 완성된다. 이런 점에서 첫 작품에서조차 고리키는 단순히 영웅적 개인을 칭송하거나 극단화하고 있지 않다는 점을 알 수 있다.

이와 같은 맥락에서 볼 때 이 작품에서 '당당한'이라는 단어, 즉 형용사 '고르디(гордый)'의 용법을 살펴보는 것은 서술자-저자 형상의 기본 이념 체계를 이해하는 데 결정적인 단서를 제공한다. 물론 이 단어의 활용 체계와 그 의미는 마카르의 것도, 화자의 것도 아닌 서술자-저자의 몫이다. 이 작품에서 '당당한'은 모두 여섯 번 나타난다. 마카르가 로이코와 같은 용사와 눈이라도 한 번 마주치는 일이 누구에게나 '당당한' 일이라고 말할 때, 화자가 마카르의 모습이 늙었지만 여전히 강건하고 자신의 힘에 대해 '당당한' 것으로 묘사할 때, 그리고 로이코가 랏다를 '당당한 여왕(королева гордая)'이라고 부를 때, 화자가 랏다의 '당당한' 모습을 떠올릴 때 두 번, 그리고 화자가 로이코와 랏다를 통칭하여 '당당한 한 쌍의 아름다운 집시'라고 칭할 때이다. 앞의 두 경우는 '자랑스러운' 정도의 의미로 이해된다. 그리고 로이코의 용법에는 '오만한'의 의미가, 그리고 나머지 화자의 용법에서는 '오만한, 당당한'의 의미가 뒤섞여 있다. 즉 이 작품에서 단어 '고르디'는 '자랑스럽다'에서 '당당하다', '오만하다'(즉 너무 자랑스럽고 당당하여 뻔뻔하다)까지 그 의미의 진폭을 보여 주고 있다. 이렇게 오만함에서 자랑스러움과 당당함에 이르기까지 의미의 층위가 있는 이 러시아어 단어를 한글의 한 단어 '당당함'으로만 번역하면 매우 어색한 경우가 발생할 수 있다. 이를테면 로이코가 랏다를 향해 '하하, 이제 내가 네 발 앞에 엎드리겠다, 이 자랑스러운 여왕이여!'라고 번역한다면 매우 부자연스러울 것이고, '고르다야 랏다(гордая Радда)'를 '자랑스런 랏다'나 '오만한 랏다'라고 옮긴다면 어색할 뿐 아니라 의미의 왜곡이 발생할 것이다. 그렇지만 어쨌든 러시아어로는 하나의 단어라는 점을 고려하면, 그리고 고리키 작품 세계에서 차지하는 특별한 의미를 고려하면 '고르디'를 우리말로 바꿀 때 문맥에 맞추어 서로 다른 단어들로 번역하면 그 의미의 통일성과 모순성에 담긴 미묘한 부분을 살리지 못하는 결과가 된다. 19세기의 용법을 보여 주는 러시아어 사전에서 이 단어는 남들보다 우위에 있다는 감정, 그걸 과시하려는 태도, 남을 낮게 보는 태도 등 다소간 부정적인 어감으로 설명된다.[12] 도스토예프스키의 유명한 슬로건, "온순하라, 오만한 인

12 "надменный, высокомерный, кичливый; надутый, высоносый, спесивый, зазнаю-

간이여(Смирись, гордый человек)"[13]에서 '고르디 인간'은 '당당한'이 아니라 분명 '오만한'이라는 부정적 의미로 번역되어야 한다. 게다가 러시아 정교에서 인간의 가장 주요한 덕목 중 하나가 '온순, 겸양, 복종(смирение)'이라는 점에서 그에 대립적인 의미를 지닌 '고르디'는 부정적인 뉘앙스로 이해되는 것이 타당하다. 이런 점에서 19세기 말 고리키가 '고르디 인간'을 '당당한 인간'으로 긍정적으로 재해석하면서 문학적 형상화를 꾀했던 것에는 온순하게 복종하며 정교의 가르침을 받들라는 정교적 요구에 대한, 그리고 도스토예프스키가 부정적으로 지칭하는 '오만한 인간'에 대한 일정한 저항이 담겨 있음에 분명하다. 고리키가 생각하고 주창하는 '당당한 인간'의 의미는, 따라서 이 단어에 담긴 기존의 부정적 의미들과의 경쟁을 통해 입증되어야 한다. 즉 '당신이 주장하는 '당당한 인간'이 '오만한 인간' 아니냐, 종교적·도덕적 가르침에 어긋나지 않느냐'는 가상의 반박에 대해 고리키는 그 내용으로서, 즉 '당당한 인간'의 덕목을 채워 감으로써 자신을 정당화해야 하는 것이다. 이 단어에 대한 보다 의식적인 대립적 구분과 사용은 「마카르 추드라」 이후 2년 뒤 창작된 「이제르길 노파(Старуха Изергиль)」(1894)에서 보다 정확하게 나타난다.

「이제르길 노파」 역시 서사 구조는 화자 '나'와 초원에서 만난 노파 이제르길의 대화로 구성된다. 서사 구조로만 보자면 「마카르 추드라」의 확대판인 셈이다. 다만 '나'가 보다 직접적으로 노파와 이야기에 나서고 이제르길 노파의 삶의 이력이 구체적으로 하나의 슈제트를 형성하여 마

щийся; кто ставит себя самого выше прочих."(В. И. Даль, *Толковый словарь живого великорусского языка Владимира Даля в 4 т.*, Спб.: 1863-1866.)

13 도스토예프스키가 1880년 푸시킨 기념제에서 정교적 사상을 선언하며 유명한 연설을 하는데, 그 첫 마디가 바로 이것이었다.

카르보다 훨씬 구체적이라는 점, 그리고 그녀가 들려주는 전설도 두 개라는 점에서 슈제트와 구성이 보다 풍부하고 복잡하다. 그런데 이 작품에는 '고르디 인간'의 두 형상이 하나는 '오만한 인간'으로 다른 하나는 '당당한 인간'으로 대립적으로 제시된다. 이제르길 노파가 들려주는 수천 년 전 전설에 나오는 라라는 인간 처녀와 독수리 사이에 탄생한 자로, 인간 세계 바깥에서 자라다가 독수리가 죽고 나서 어머니와 함께 동족에게로 귀환한다. 하지만 라라는 오만하여 인간 세계의 윤리와 법도를 전혀 안중에 두지 않고 제멋대로 행동하다가 급기야 자신을 거절하는 처녀를 거리낌 없이 무참히 밟아 죽인다. 사람들은 그를 붙잡아 어떻게 처벌할 것인지 논의하다가 지혜롭고 어진 한 노인의 제안에 따라 아무런 형벌도 내리지 않고 풀어 줌으로써 그가 자기 스스로에게 형벌을 내리도록 한다. 그때부터 그는 '세상에서 버림받은, 저 밖으로 버려진 자'(отверженный, выкинутый вон)라는 뜻에서 라라(Ларра)로 불리게 되었다고 한다. 그는 아버지 독수리처럼 홀로 자유롭게 떠돌며 날짐승처럼 제멋대로 잔인하게 살아간다. 하지만 그는 결코 죽을 수가 없었다. 사람들에게 다가가도 아무도 건드리지 않고 상대하지 않았으며 화살도 그의 몸을 뚫지 못했고 칼로 스스로 자신을 찔러도 결코 죽을 수가 없었다. 사람들에게 버려진 채 그렇게 세상을 떠돌아다니며 영원히 그림자와 같은 존재가 되어 버린 것, 그것은 바로 '오만함'에 대한 대가라고 이제르길 노파가 말한다. 라라의 전설은 그렇다면 '당당한 인간'에 대한 고리키의 회심(回心)을 증명하는 것인가.

그 판단에 앞서 이제르길 노파가 전해 주는 또 다른 전설 속의 주인공, 고리키 문학에서 너무나 유명한 단코를 살펴보아야 한다. 외적의 침입으로 숲으로 내몰린 어떤 종족이 새로운 터전을 찾아 숲 속을 헤매고 있었다. 그러나 숲은 어둡고 희망은 보이지 않는다. 사람들은 점차 지쳐 쓰러지고 절망에 빠진다. 이때 종족의 한 청년 단코가 앞으로 나서며 용감하게 희망을 노래하고 동족을 이끈다. 그러나 단코의 지도에도 불구하고 여전히 희망의 터전은 나타나지 않는다. 많은 사람들이 단코를 비난하며 다시 절망에 빠져든다. 그러자 청년 단코는 절망과 회의에 빠진 동족에게 자신의 심장을 꺼내 자신의 신념을 증명한다. 그의 심장은 불에 활활 타오르며 종족의 앞길을 비춘다. 단코의 불타는 심장을 보고 사람들은 다시 용맹하게 전진하여 온갖 역경을 극복하고 드디어 새로운 터전을 찾는다. 고리키의 '당당한 인간' 형상을 논할 때 가장 대표적으로 거론되는 주인공 형상이 바로 이 단코이다. 또한 위기에 처한 민족을 구하는 불타는 심장을 가진 단코는 19세기 말과 20세기 초 러시아 혁명 진영에 의심할 나위 없는 위대한 알레고리가 되었다. 비록 전설 속 인물이지만 그가 보여 준 용기와 신념은 바로 그 시대가 요구하는 혁명적 인간상의 모범으로 여겨졌던 것이다. 이후 장편 『어머니(Мать)』에 등장하는 불굴의 혁명가 파벨 블라소프 형상이 단코를 정신적으로 계승하는 것으로 해석되는 것은 당연했다. 그런데 이 단코를 고리키는 '고르디 용사(гордый смельчак)'라고 묘사하는데, 그것은 당연히 '오만한 용사'가 아니라 '당당한 용사'로 번역되어야만 한다.

> Кинул взор вперед себя на ширь степи **гордый** смельчак Данко, - кинул он радостный взор на свободную землю и засмеялся **гордо.**(1:96) (강조는 필자)

> 당당한 용사 단코는 눈앞에 광활하게 펼쳐진 초원을 바라보았어. 그는 자유로운 대지를 향해 기쁨에 찬 시선을 던지고 당당하게 미소를 지었지.

여기서 우리는 라라와 단코의 대립적 성격과 운명을 보게 된다. 둘 다 '고르디 인간'인데, 라라는 '고르디'에 대한 대가로 종족에게서 내쫓겨 영원히 고독하게 떠도는 존재이고 단코는 동족을 위기에서 구함으로써 동족의 영웅이 된다. 왜 굳이 서로 다른 이 두 인물에게 똑같이 '고르디'라는 형용이 필요했던 것일까. 아마도 고리키는 자신이 염두에 두고 있는 '고르디 인간'에 대한 의미체계에서 부정적 의미, 즉 절대적 초인으로서의 오만함, 인간세계와 사회의 역사와 운명을 거스르는 오만함의 의미를 제거할 필요가 있다고 생각했을 것이다. 작가는 소극적으로 운명에 순응하는 인간형이 아니라 적극적으로 행동하며 사회 모순에 저항하는 인간상을 강조하고 싶었던바, 그것이 바로 '고르디 인간'이었다. 하지만 이 단어에는 '오만함'이라는 부정적 가치가 따라온다. 따라서 고리키에게 '고르디 인간'에 대한 재정의가 필요했던 것이고 그에 대한 대비적 제시가 바로 라라와 단코의 전설이었다고 판단할 수 있다.

「이제르길 노파」에는 라라와 단코의 전설 못지않게 이제르길 노파의 인생 역정이 자세하게 이야기된다. 이제는 늙어서 뼈대만 남았지만 이제르길은 여러 남자들과 마음껏 사랑하고 온갖 풍상과 모험을 겪은 노파이다. 그녀는 마음이 가는 대로, 그러나 비겁하거나 교활하지 않게 자유롭고 떳떳하게 인생을 사랑하며 살았다. 위험을 무릅쓰고 사랑하는 사람을 구하는가 하면, 사랑이 식으면 주저 없이 떠나곤 했다. 그녀가 만난 사람들은 다양한 종족에 다양한 계층의 사람들이었다. 이제르길 노파가 털어놓는 자신의 인생이야기는 라라와 단코의 전설과 그 양과 질에서 대등하다. 그녀는 라라의 이야기를 들려주고는 "아, 오만함[14]의 대

14 여기서 гордость는 오만함으로 번역될 수밖에 없다. 그러나 앞서 말한 바처럼 불가피한 이런 번역은 고리키의 'гордый человек'의 모순적 특성을 드러내기 어렵다.

가는 얼마나 큰지!"라고 말하고 "말없이 길게 한숨을 내쉬며 가슴 위로 고개를 푹 숙이고는 조금 이상하게 이리저리 흔들었다." 이제르길은 오만함의 대가를 치른 라라의 이야기를 하고 아마도 자신의 삶이 오만한 것이었다고 후회의 상념에 싸이는 것 같다. 그리고 이어지는 자신의 사랑이야기에서 그녀는 정말 오만하다고 할 정도로 자신만만하고 제멋대로였다. 라라는 전설 속의 오만한 인물이었지만 이제르길 노파는 현실 속에서 오만한 여자였던 것이다. 그러나 다른 한편 이제르길은 자신이 사랑하던 남자가 자신을 떠났다가 러시아 군의 포로가 된 걸 보고서는 위험을 무릅쓰고 구해낸다. 그 남자가 감사의 표시로 그녀를 다시 사랑하겠다고 말하지만 그녀는 비굴한 사랑을 단호히 거절한다. 자신이 사랑해서 목숨을 걸고 남자를 구했지만 그렇다고 그 남자의 사랑을 구걸하지 않겠다는 당당한 모습이다. 그녀는 자신의 인생 역정을 들려주고 나서 이렇게 말한다.

> "내가 인생에 대해 모르는 게 뭐가 있겠어? 아이고, 난 다 본다고, 아무리 내 눈이 나쁘다고 해도 다 보여! 요즘 사람들은 진짜 사는 게 아니라 그냥 흉내만 내고 있어. 그저 흉내만 내느라 허송세월을 보내고 말지. 세월을 다 보낸 다음 더 이상 아무것도 남지 않으면 운명을 탓하며 징징대고. 운명이란 게 대체 뭐야? 제 운명은 제가 만드는 거야! 요즘엔 아무리 봐도 진짜 강한 사람이 없어! 그 어디에도… 미인들도 점점 보기 힘들어."
> 노파는 강하고 아름다운 사람들이 도대체 어디로 사라졌는지 곰곰이 생각하며 그 답을 찾으려는 듯 어두워져 가는 초원을 묵묵히 바라보았다.(1:92)

'강하고 아름다운 사람'들이 사라졌다고 이렇게 아쉬워하면서 노파가 들려주는 이야기가 바로 단코의 전설이다. 라라와 단코 사이에 이제르길 노파의 삶이 존재하는 셈이다. 한편으로 보면 오만하게 살아온 삶에 대한 후회의 상념이 라라와 이어지고, 다른 한편 자유롭고 용감하게 살았던 삶에 대한 긍정적 의미 부여가 단코의 이야기로 연결된다고 말할 수 있다. 다시 말해 이제르길 노파의 삶은 현실 속의 '고르디 인간'의 양상으로 거기엔 '오만함'과 '당당함'이 뒤섞여 있다. 순수한 오만함과 순수한 당당함은 단지 전설 속의 인물에게 구현되는 것이고 현실 속의 인간에게는 그 양면의 특성이 혼재되어 있는 것이다. 결국 이렇게 복합적인 성격의 노파는 '강하고 아름다운 사람'이란 운명에 굴복하지 않고 스스로 운명을 창조해 나가는 자라는 것을 깨닫는다.

그렇다면 이런 노파를 바라보는 화자는 어떠한가. 화자 '나'는 등장인물들과 같은 집단에 속해 있지 않은 관찰자로서 떠돌이 러시아인이다. '나'는 이제르길 노파와 대화를 나누고 자연을 묘사하고 노파와 전설 속 인물들에 대해 정서적으로 반응한다. 그러나 화자는 라라와 단코의 전설이나 격정에 찬 이제르길 노파의 삶에 공감과 반감을 적극적으로 표현하지 않는다. 다만 라라의 이야기를 마치고 길게 한숨을 내쉬는 노파를 바라보며 '왠지 갑자기 노파가 못 견딜 정도로 가엾다'고 생각하면서 어딘지 '두려움과 비굴함' 같은 것도 느낀다. 이런 감정은 노파의 인생 경험을 다 듣고 나서, 그리고 단코의 전설이 끝나고 나서도 유지된다. 특히 화자는 단코의 감동적인 이야기에 초원도 감동을 받은 것 같다고 묘사하지만 정작 자신은 그렇게 아름답고 힘찬 전설을 창조해 내는 '인간의 환상'에 대해 깊이 생각에 빠진다. 화자가 라라와 이제르길, 단코의 운명에서 나름대로 감동을 받지 않았다고 말할 수 없겠지만 전체적으로 화자의 정서는 차분한 관찰자로서 다소간 허무함의 분위기에 젖어 있다.

아주 깊이 잠든 이제르길 노파의 남루한 옷이 바람에 날리며 메마른 가슴이 드러났다. 나는 늙어 이지러진 노파의 몸을 살며시 덮어 주고 그 옆 땅바닥에 누웠다. 초원은 적막하고 어두웠다. 하늘에는 먹구름이 천천히 무료하게 흘러갔다… 바다는 나지막이 구슬프게 수런대고 있었다.(1:96)

노파가 그 아름다운 이야기를 끝맺을 즈음 초원은 화자의 눈에 무서우리만치 적막해 보인다. 그리고 이야기를 끝내고 잠이 든 노파의 모습과 그를 바라보는 화자, 자연의 모습은 격정과 행동, 당당함의 분위기와는 거리가 멀다. 결국 이 작품에서 '당당한 인간'은 하나의 이상적 전설의 인물일 뿐이다. 그리고 자칫 잘못하면 '당당한 인간'은 '오만한 인간'이 되어 영원히 씻지 못할 벌을 받고 인간 사회로부터 격리될 수도 있다. 이렇게 보면 고리키의 '당당한 인간론'은 하나의 이념화된 추상으로 존재하고 실제 예술세계 속에서는 보다 구체적이고 현실적인 인간상이 부각되어 있다고 말할 수 있다. 그 구체적이고 현실적인 인간상은 바로 이제르길 노파나 마카르 등과 같은 인물일 것이다. 사회적으로 주변부에 위치한 보샤키로서 그들은 적극적이고 도전적으로 인생을 살아가야 한다. 그런 그들에게 전설 속 인물들이 일종의 역할 모델로 여겨지고 있는 셈이다. 그러나 작품의 예술적 결론은 거기에 멈춰 있지 않다. 즉 그들의 인생관이나 세계관으로 작품이 종결되고 있지 않다. 그들을 바라보는 화자 '나'의 형상이 또 다른 의미의 그림자를 드리우고 있기 때문이다.

사실 '내가 들은 이야기'라는 형식은 산문 발전에서 가장 초기에 나타난 형식이다. 작품 서사와 병렬적으로 작가 자신이 직접 작품 속에 존재하는 낭만주의적 병렬 시대를 거쳐 '의사(疑似) 전기'를 가진 화자의 출현은 소설의 서사적 전망을 확대하고 객관 현실을 더욱 폭넓게 담아내기 위해 불가피한 형식적 발전이었다. 그 대표적인 예가 푸시킨의 『벨킨 이야기』와 레르몬토프의 『우리 시대의 영웅』이다. 고리키의 대부분의 단편들은 형식적으로 보면 저자의 낭만주의적 병렬주의, 아니면 초기 소설적 형식(누군가로부터 들은 이야기)을 반복하고 있는 것처럼 보인다. 그러나 푸시킨과 레르몬토프 등 러시아 소설 발전의 초기 단계에서 화자는 상대적으로 아주 형식적인 장치에, 즉 소설을 구성하고 이야기의 소재와 시공간을 넓히기 위한 장치에 머물러 있다면, 고리키의 초기 작품들에서 화자는 보다 적극적인 소설적 주체로 기능한다.

마카르나 이제르길을 바라보는 화자 '나'는 그들의 경험과 인생관을 수동적으로 수용하고 있는가? 작품에서 독자의 시선을 더 많이 붙잡는 것은 당연히 마카르와 이제르길 노파, 그리고 그들의 이야기에 등장하는 인물과 사건이다. 따라서 등장인물과 사건을 중심으로 작품의 의미가 논의되는 것은 자연스럽다고 말할 수도 있다. 그리고 분명 그런 독법에도 일리가 있다. 하지만 작품에 대한 정서적 반응을 좀 더 면밀하게 관찰한다면 그 모든 인물과 사건이 '화자-나'의 은밀한 숨결로 보이지 않게 각색되고 있다는 점을 알 수 있다. '나'는 낭만주의적으로 작품 속 인물들에 동일시되지 않는다. 비록 적극적인 의견이나 행동을 드러내지 않지만 매우 간접적인 방식으로(상대의 반응과 반박, 자연묘사, 서술 언어의 선택 등), 그리고 구성적인 방식으로(작품의 시작과 끝에서 현재적인 정서 상태를 관장) 작품 전체의 의미와 정서 상태를 조정한다. 그런 그('화자-나')는 여러 이야기를 들으며 나름대로 생각하고 판단하며 보다 현실적인 자신의 삶을 모색해 가는 존재라고 추정하기 어렵지 않다. 다시 말해 작품 속 등장인물들은 모두 제각기 자신의 언어로 자신의 삶을 이야기하지만 그 누구도 '화자-나'를 완전히 동일화시켜 내지 못한다. '화자-나'는 단순한 매개자나 동조자가 아니라 어떤 이야기와 어떤 인생 경험도 반성적으로 자기화하는 주체적 존재인 것이다.

이렇게 '화자-나'의 정서적·이념적 의미를 인정한다면 고리키 초기 단편문학을 이해할 때 '당당한 인간' 형상 자체보다 그를 바라보고 현실적으로 사고하는 '화자-나'의 시선과 느낌, 전망에 보다 유의해야 할 것이다. 그것은 고리키의 '당당한 인간'이 초기 작품의 유일한 주역이라는 판단에 대한 재고의 필요성을 말하는 것이기도 하다. '화자-나'는 '당당한 인간'에 대한 동경과 공감을 가지고 있음에 분명하지만 맹목적이지는 않다. 오히려 그 이면에 놓인 '오만함'과의 내연관계를 의심스럽게 바라보기까지 한다. '당당한 인간'이 필요하고 아름답게 여겨지지만 과연 현실에서 그것은 어떻게 가능할 것인가, 전설 속의 인물이 아니라 지금 '나'가 위치한 현실에서 '당당한 인간'이란 무엇일까, 혹여 그 '당당함'이 '오만함'이지는 않을까. 이렇게 조금은 냉정하게 작품 속 인물들과 이야기에 거리를 두고 사고하는 자, 그의 숨결이 고리키 초기 작품의 정서적·이념적 의미를 형성해 내고 있는 것이다.

초기 단편들이 주로 이렇게 '나-화자'와 저자의 시점의 일치에 근거하되 그의 눈에 비친 인물과 사건이라는 서술 상황으로 구성되어 있다면, 예술적으로 가장 완성도가 높은 「첼카시(Челкаш)」(1895)에서의 '서술자-화자'는 보다 객관적이면서 보다 주관적인 입장을 취하고 있다. 그는 처음부터 자기 세계관에 입각하여 자기 마음껏 풍경을 묘사한다. 작품을 도입하기 위한 최소한의 설정이 아니고 작품을 쓸 수 있는 권리를 확보하기 위한 '간행자의 말'도 아니다. 또한 사건과 인물에 대한 분위기를 미리 확보하기 위한 객관적인 묘사도 넘어서서 서술자가 직접 보면서 느끼는 감흥을 말해 주는 것만 같다.

화강암 사이에 갇힌 파도는 등골을 타고 미끄러지는 거대한 중량의

> 배에 짓눌려 돛단배들의 뱃전에나 부딪치고 해변에 몸을 던지며 툴툴거린다. 온갖 잡동사니에 뒤섞여 더럽혀진 거품을 품어 대면서…
> (……) 이 모든 소리는 귀를 먹먹하게 만드는 하루의 노동이라는 음악 속에 뒤섞인다. 이 모든 소리들은 격렬하고 불온하게 떠올라 항구 위 하늘을 나지막이 덮고 있고, 주변의 모든 것을 가차 없이 뒤흔들어 버리는 둔중하게 울어 대는 소리와 먼지에 전 무더운 대기를 찢는 날카로운 굉음 따위가 새로운 소리의 파도를 일으키며 대지 위에서 거듭 다시 솟아오른다.
> (……) 이 소음을 맨 처음 만들어 낸 사람들 자신은 정작 우스꽝스럽고 가련한 것이다. 먼지투성이 누더기를 걸치고 등에 짊어진 무거운 짐 때문에 허리가 둘로 꺾인 왜소한 군상들이 무더위와 소음 속에서 분주하게 이리저리 먼지 구름 사이를 뚫고 뛰어다닌다. 그들은 주변의 거대한 쇳덩이와 산처럼 쌓여 있는 짐, 굉음을 내지르는 화물차량들, 즉 그들이 창조해 낸 그 모든 것들에 비하면 너무나도 미미한 존재였다. 그들이 창조한 것이 그들을 노예화하고 비인격화시켜 버린 것이다.(2:7)[15] (『은둔자』 23-24)

고리키는 항구의 풍경을 묘사하면서 체홉과 같은 냉정한 서술자의 지위를 축적해 가는 것이 아니라 '화강암 사이에 갇힌 파도는 등골을 타고 미끄러지는 거대한 중량의 배에 짓눌려'라든가, '소리들이 불온하게 떠올라 하늘을 덮고 있고', '이 소음을 맨 처음 만들어 낸 사람들 자신은 정작 우스꽝스럽고 가련하다', '그들은 미미한 존재이고 노예화되고 비

15 번역은 이강은 역(『은둔자』, 문학동네, 2013)을 참조하였다. 이 책의 인용은 (『은둔자』 쪽수)로 표기한다.

인격화된 존재'라고 주관적인 감정과 가치관을 거침없이 토로한다. 그리고 결국 "자신의 창자를 채우기 위해, 몇 근의 빵을 얻으려고, 수천 근의 빵을 어깨에 짊어지고 쇳덩이로 된 선박의 뱃속으로 운반하는 인간들의 긴 행렬은 눈물겹도록 우스꽝스럽다. 피로와 소음과 무더위로 멍멍해진 누더기를 걸친 땀투성이의 인간의 무리들과 바로 그 인간들이 만든, 태양빛을 받으며 강인한 모습으로 번쩍이고 있는 강력한 기계들, 이러한 대조에는 잔인한 아이러니의 냉혹한 일대 서사시가 깃들어 있다."라고, 그리고 항구의 그 숨막힐 듯한 소음이 한순간 폭발하고 나면 "이 지상에는 다시 고요가 깃들 테고 자극적인 우울한 광기로까지 사람을 내모는 이 귀청이 떨어져 나갈 듯한 먼지 섞인 시끄러움은 저절로 스러질 것이다. 그러고 나면 도시에, 바다 위에 하늘에 고요함과 맑음과 아름다움이 깃들리라."(2:7-8) 하고 서정적 연설을 일장 늘어놓는다.

본격적인 서사가 진행되면 「첼카시」의 서술자는 점차 자신의 감정을 제어하고 객관적으로 인물과 사건 진행을 묘사해 간다.

> 가브릴라는 초점을 잃은 흐릿한 눈길로 주인을 들여다보며 계속해서 깔깔댔다. 하지만 첼카시는 차분하고 형형한 눈으로 무슨 생각에 깊이 잠긴 듯이 그를 지긋이 바라볼 뿐이었다. 늑대의 발톱과도 같은 손아귀에 걸려든 젊은이였다. 그의 목숨을 쥐었다 폈다 할 수 있는 힘은 완전히 자기에게 있었다. 카드 한 장처럼 구겨 버릴 수도 있고 착실한 농사꾼으로 제자리에 돌려놓을 수도 있었다. 다른 사람의 목숨을 지배하고 있다고 느끼면서 첼카시는 운명이 그에게, 이 첼카시에게 내밀었던 그런 쓰라린 잔을 이 젊은이는 결코 마셔 본 적이 없으리라고 생각했다. 그런 마음에 그는 이 젊은이가 부럽기도 하고 안돼 보이기도 했다. 그리고 저런 녀석이 어떻게 나 같은 놈의 손아귀

에 떨어지게 되었는지 생각하며 씁쓸한 미소를 지었고 한편으로 서글픈 생각까지 들었다. 하지만 그런 모든 감정들은 결국에는 하나의 감정으로, 아버지 같기도 하고 주인 같기도 한 감정으로 모아졌다. 그러나 안쓰러운 마음보다 필요의 감정이 더 컸다. 마음이 정리되자 첼카시는 무릎으로 가볍게 뒤를 밀면서 가브릴라의 옆구리를 끼고 밖으로 나와 파이프 담배를 피워 물었다. 가브릴라는 잠시 소란스럽게 굴면서 중얼대더니 잠이 들고 말았다.(2:19) (『은둔자』 40-41)

돈을 벌기 위해 농촌에서 항구도시로 나와 떠돌다가 도둑인 자신을 만난 가브릴라를 바라보는 첼카시의 내적 시점으로 서술이 진행되는 장면이다. 그는 가브릴라에 대해 스스로도 명확히 알 수 없는 모호한 이중적 감정을 느낀다. 자기 손아귀에서 마음대로 다룰 수 있는 불쌍한 먹잇감이면서도 철없이 밝은 가브릴라에게 부러움과 불쌍함을 동시에 느끼는 것이다. 그것은 '아버지 같기도 하고 주인 같기도 한' 감정이었다. 첼카시의 이런 내면의 감정과 파이프 담배를 피워 무는 모습, '잠시 소란스럽게 굴면서 중얼대더니 잠이 들고' 마는 가브릴라의 모습이 첼카시의 내적 시점으로 잘 드러나는 장면이다. 여기서 서술자는 첼카시가 바라보고 느낄 만한 시점을 크게 벗어나지 않는 '서술자-화자'이다. 물론 서술자와 첼카시의 시점이 완벽하게 일치하는 것은 아니다. 서술자는 첼카시의 내적 시점을 관찰하는 자로서의 외부성을 여전히 지니고 있다. 그러나 이 서술자가 가브릴라와 첼카시에 대해 내릴 수 있는 평가적 시점이나 거리는 첼카시와 매우 일치하는 수준이다. 반면 가브릴라는 자신의 속셈이나 의도를 드러낼 수 있는 방법을 따로 가지지 못한 채, 스스로 말하거나(첼카시가 듣는다), 첼카시의 관찰과 반성의 대상이 되거나, 혹은 서술자의 최소한의 외적 묘사를 통해서만 자신을 드러낼 수 있다.

이런 가브릴라에 비해 첼카시의 시점은 훨씬 폭이 넓고 자유로우며 거의 서술자의 지위까지 보장되어 있다.

그럼에도 불구하고 고리키는 특히 자연을 묘사할 때 첼카시의 시점을 넘어서는 잉여적 수준의 서술자를 노출시킨다. 그러나 비록 도둑인 첼카시가 자연에 대해 섬세하게 반응하며 묘사할 지적 수준을 가진 인물이 아니라 하더라도 그 자연에 대한 반응이 결코 첼카시의 것이 아니라고 단언하기는 힘들다. 이를테면 맨 앞에 인용한 작품 서두의 풍경묘사는 확실히 서술자의 잉여적 시선에서 나온 것이라고 할 수 있지만, 이후 사건 진행과 병렬적으로 그려지는 자연에 대한 묘사는 첼카시가 느꼈을 법한 감상을 서술자가 대신해서 말해 주고 있는 것만 같다. 가브릴라와 배를 타고 도둑질에 나섰을 때 바다에 대한 풍경묘사를 보자.

> "바다 좋지?"
> 첼카시가 물었다.
> "좋긴요! 무섭기만 한데요."
> 가브릴라가 고르게 힘을 주어 노를 저으며 대답했다. 긴 노가 바다를 칠 때마다 물결이 일어나며 나지막한 소리가 들려왔다. 노에 갈라진 물결은 따스하고도 푸르른 인광으로 반짝였다.
> "무섭다고? 이런 바보 같은 녀석!"
> 첼카시가 놀리듯이 내뱉었다.
> 도둑인 그는 바다를 좋아했다. 다혈질에 신경질적이며 온갖 것에 욕심이 많았던 그는 이렇게 어두운 광활한 바다를 보고 있노라면 그 끝없이 펼쳐지는 자유롭고 힘찬 모습에 결코 질리는 법이 없었다. 그는 자신이 이렇게 좋아하는 바다의 아름다움에 대해 그 따위로 대답하는 것에 화가 났다. 선미에 앉아 배의 키를 잡으며 그는 이 비로드

같은 바다를 따라 멀리멀리로 나아가고만 싶은 마음에 말없이 앞을 바라보았다.
바다에만 나오면 그의 마음은 넉넉하고 따뜻해졌다. 바다는 영혼을 사로잡아 일상의 비루함을 다소나마 깨끗하게 정화시켜 주는 것만 같았다. 그는 이런 느낌을 훌륭한 것이라 여기며 바다에 나와 있기를 좋아했다. 바다에 나와 숨을 쉬면 삶에 대한 생각과 삶 자체가 우선 너그러워지고 그리고 다음에는 다 부질없는 것으로 여겨졌다. 밤이 되면 바다 위에는 바다의 잠든 숨결이 부드럽게 유영하듯 떠다녔고 그 다함이 없는 소리는 사람의 마음을 평온하게 만들어 사악한 욕망을 온화하게 가라앉히고 강력한 희망의 꿈을 불러일으켰다.(2:20-21) (『은둔자』 43)

그저 바다가 무섭다는 가브릴라의 대답에 첼카시는 화가 난다. 왜? 물론 첼카시는 대답할 명확한 언어를 가지고 있지 못할 수 있다. 도둑이고 무지한 자이기 때문이다. 아마 그는 어둡고 답답한 세상살이에 지쳐 바다에 나오면 그저 편안하고 자유로워지는 느낌을 가지고 있었을 것이다. 이런 첼카시의 심사를 서술자는 '자유롭고 힘찬 모습', '아름다움' 등과 같은 매우 지적인 표현으로 표현한다. 분명 첼카시가 내뱉거나 생각하는 언어들이라고 보기는 어렵다. 게다가 그 뒤에 이어지는 상념, 즉 '이 비로드 같은 바다를 따라 멀리멀리로 나아가고만 싶은 마음'은 매우 시적인 메타포를 담은 서술자의 묘사가 아닐 수 없다. 서술자는 첼카시의 마음을 빗대어 계속해서 바다에 대한 은유로 나아간다. '일상의 비루함을 다소나마 깨끗하게 정화시켜 주는' 바다, '바다에 나와 숨을 쉬면 삶에 대한 생각과 삶 자체가 우선 너그러워지고 그리고 다음에는 다 부질없는 것으로 여겨지는' 바다, '사람의 마음을 평온하게 만들어 사악한 욕망을 온화하게 가라앉히고 강력한 희망의 꿈을 불러일으키는' 바다. 이쯤 되면 바다에 대한 묘사는 작품의 서사적 진행과 어떤 관련을 지니기보다 서술자의 감상적 일탈처럼 보인다. 서술자는 바다에 대한 평소 자신의 상념을 첼카시를 통해 드러내고 싶은 것 같다. 그러나 물론 자연에 대한 이런 상념이 첼카시의 성품과 성격을 드러내 주는 서사적 기능으로부터 완전히 벗어난 것은 아니다. 여기서 사실 서술자의 시점이냐, 첼카시의 시점이냐를 명백하게 가르고 판단하기란 쉽지 않고 크게 의미 있는 판단 대상도 아니다. 그 둘은 서로 조금씩 다를 수 있지만 함께 섞여 있으면서 서로를 배타적으로 구별하고 있지 않다고 보는 편이 더욱 옳을 것이다. 다시 말해, 서술자는 첼카시의 감정의 보이지 않는 연장선 위에 있어, 만일 첼카시가 바다에 대한 서술자의 묘사를 듣는다면 무릎이라도 치며 '내 말이 바로 그거다' 하며 동의했을 그러한 수준에서 자연을 묘사하고 있는 것이다. 이렇게 보면 서술자와 등장인물 첼카시는 비록 문체적으로나 기능적인 범주에서 서로 구분되지만 정신적으로, 감정과 세계관을 공유하는 하나로서 결코 서로 다른 존재가 아니라고 말할 수 있다.

초기 단편의 '나-화자'가 주인공들에 대한 적극적인 공감과 반감을 표하며 작품 의미 형성의 주체로 기능하고 있다면 「첼카시」를 비롯하여 이어지는 중장편 소설들에서 고리키는 서술자의 시점을 긍정적 주인공의 시점에 가능한 한 국한시키고자 노력한다. 그러나 그럼에도 불구하고 체홉의 서술자에 비하면 고리키의 서술자는 여전히 주인공의 이념적 시야와 일치하거나 그 이념적 시야의 고양과 적극적으로 관계된다. 고리키의 대표작으로 손꼽히는 『어머니』나 중기의 대표작인 자전적 삼부작 『어린 시절(Детстово)』(1913), 『세상 속으로(В людях)』(1914), 『나의 대학(Мои универстеты)』(1922)의 서술자는 주인공의 이념적 시점과 일치하거나 그 고양된 수준을 적극적으로 공유한다.[16] 만일 톨스토이와 도스토예프스키의 '서술자-화자'가 객관적 작품 세계의 의미를 보장하는, 그리하여 작품 세계와 주인공들에 대한 최종적인 가치평가의 주체로 엄격하게 존재한다면, 고리키의 서술자는 주인공의 이념적 시점과 거의 동질적으로 존재한다는 점에서 체홉과는 또 다른 새로운 '등장인물-화자' 유형에 대한 강렬한 지향을 담고 있다.

4. '등장인물-화자'의 실험성과 현대적 모색

톨스토이와 도스토예프스키의 문학은 오늘날에도 여전히 실험적이다. 이들의 문학적 형식이 단지 형식적 완성의 결과가 아니라 그 불안정한 경계의 접점에 있다고 말할 수 있기 때문이다. 이들의 문학은 보다 확대되고 보다 중층적이고 보다 다면적인 근대의 현실 속에서 새로운 도전에 직면한다. 이에 대한 대응 중 하나는 극단의 긍정으로서의 혁명이었고 다른 하나는 극단의 부정으로서의 개인주의화였다. 이 두 양상은 톨스토이와 도스토예프스키 양자에게서 모두 자신들의 전통을 이끌어낼 수 있었다. 톨스토이가 러시아 혁명의 거울로 여겨질 뿐만 아니라 러시아 아나키즘으로 수용되기도 했고, 도스토예프스키가 반혁명과 종교적 구원으로 해석되거나 혹은 사회주의적 이상(그 본질적 의미에 있어

16 물론 이 작품들에도 주인공과 서술자의 서술시점은 명백히 구분되고 때로 이념적 차이를 빚기도 한다(이에 대한 분석은 『혁명의 문학 문학의 혁명 막심 고리끼』(이강은, 경북대학교출판부, 2004, 138-146쪽)를 참조하라). 그러나 작은 차이에도 불구하고 전체적으로 고리키 소설은 서술자와 작가, 주인공의 이념적 통일성이 가장 큰 특징이라는 판단은 여전히 유효하다. 다만 후기 소설들에 이르면 이러한 차이는 점차 확대되고 본격적인 갈등을 빚으면서 새로운 시학으로 나아간다. 역시 이에 대해서는 위의 책을 참조하라.

서)의 보다 높은 지향으로 받아들여지기도 하는 등 극단적인 대립적 해석과 수용이 가능했던 것이다.

그러나 19세기 말과 20세기 초의 새로운 문학 상황은 전지적 서술자의 자리를 대체하는 새로운 서술 상황을 요구하였다. 전지적 서술자 형식에서 작가는 사건이나 인물에 직접 개입하지 않고 평가적 입장도 대단히 유보적이지만 작품에 전개되는 사건과 인물에 대해 그 누구보다도 많이, 아니 가장 많이 알고 있으며 그 지식을 우리에게 조금씩 구성적으로 전달해 준다는 점에서 창조자로서의 작가의 권한과 책임, 그리고 자유에 대한 의식을 뚜렷이 유지하고 있다. 이는 작가가 인간의 삶과 현실에서 무엇인가를 인식하고 평가하는 주체라는 확신을 유지하고 있으며 그 주체가 지향하는 진실과 객관성이 분명하게 존재하며 독자는 다만 그 수준과 깊이에 따라 그것을 그러하다고 받아들인다는 전제에 기반하고 있다. 이것은 주체와 객체의 관계에 대한 근대적 패러다임이었던 셈이다. 그러나 그렇게 견고하게 전제될 수 있었던 모든 근거들 자체에 대해서까지 의심에 처해지는 새로운 근대적 양상이 전개된다. 19세기 말의 이것을 아직 근대의 몰락이라고 말하기는 어렵다. 또한 20세기 후반 등장하는 포스트 모던적인 세계인식의 전조라고 부르기도 어려울 것이다. 다만 근대에 대한 근본적 재성찰의 여러 방향이 출현한 것이라고 말할 수 있겠다. 근대를 탄생시킨 사회적 근거들, 이에 대한 이념적·철학적 생산물들이 그 초기의 지향만큼 성공적인 결과로 나타나지 못했다는 사실, 그리고 새로운 위기 국면이 인간의 삶과 현실에 초래되고 있다는 사실이 이 모든 것을 의심하고 생각의 기반 자체를, 다시 말해 패러다임 자체를 재성찰하도록 요구하였던 것이다.

19세기 말 '등장인물-화자'의 출현은 바로 이러한 상황과 밀접한 연관을 가진다. 이것은 서술자가 자신의 그 어떤 평가나 이념을 드러내지 않으며 특정한 주인공에게 작품 서술의 모든 것을 위탁함으로써 어떤 서정적 일탈이나 저자적 개입을 극소화하는 방식의 서술방법이다. 이 경우 설정된 어떤 등장인물이 진행되는 모든 사건을 관찰하거나 사건에 참여하고 평가를 내리며 독자 앞에는 그 주인공의 관찰과 참여, 평가 이외의 다른 세계는 제시되지 않는다. 따라서 다른 인물들의 내면과 행동 역시 고정된 시야의 '등장인물-화자'의 프리즘을 통해서만 작품에 도입된다. 이러한 "등장인물적 소설은 독자가 어디서도 화자의 개인적 특징을 밝혀낼 수 없고 그래서 심지어 무엇인가 말하여지고 있다는 인상도 받지 못한다는 점에서 화자를 가지고 있지 않은 소설이다. 등장인물적 소설에서 삶은 스스로 보이고 움직이며 표현되고 있다."는 것이 특징이다. 이 유형에서는 "서술자가 이야기 속에 참견하는 것을 단념하고 소설의 인물들 뒤에 썩 물러나 있는 나머지, 서술자의 존재가 독자에 의해서 더 이상 의식되지 않게까지 되어", 독자들이 "마치 자기 자신이 사건의 무대 위에 올라가 있는 듯한 환상을 갖게 되거나 또는 자기가 한 작중인물의 눈을 통하여 작중 세계를 관찰하고 있는 듯한 환영을 가지게" 된다.

슈탄첼은 이러한 소설의 유형을 인물시각적 소설로 분류하면서 이 유형이 발생한 이유를 세 가지로 설명하고 있다. "첫째, 객관성의 요구라는 철학적 원칙을 들 수 있겠고, 둘째로는 한 특정한 시각의 엄격하고 시종여일한 유지를 통한 서술기법상의 혁신을 들 수 있으며, 셋째로 인간의 의식과 잠재의식이라는 한 새로운 주제를 들 수 있다."는 것이다. 그러나 슈탄첼은 현대의 인물시각적 소설이 보여 주는 극단적인 객관화의 지향이 "인간적인 공감대를 넓히고 사회적으로 영락한 사람들에게 새로운 호감을 불러일으키고 그들에 대한 선입견을 극복하는 데에 도움이 된 것은 사실이었지만, 항상 이렇게 긍정적으로 작용한 것만은 아니었으니, 이 작품 저 작품에서는 미처 성숙하지 못한 독자들로 하여금 도덕적 가치척도의 양립병존 또는 와해를 느끼게끔 잘못 유도한 것도 사실이었다."고 지적한다. 이것은 결국 인물시각적 소설에서도 "작가는 작중세계의 제 요소들을 구상, 선택, 배열, 구성함에 있어서 아마도 주석적 소설이나 일인칭 소설의 작가보다도 더 세심한 배려를 할 것"이며, 그러한 배려 속에 현실성이 부각되어야 한다는 것을 의미한다. 그와 같은 "현실성을 중시하는 정열이 없다고 할진대, 인물시각적 소설은 (……) 저 인도주의적 효과도 역시 거둘 수 없게 될 것"이라는 것이다. 슈탄첼이 말하는 인도주의적 효과가 무엇을 말하는지 정확하게 제시되지는 않았지만 순수 객관주의 소설의 내용이 객관성이라는 측면을 형식에 관한 요구로만 받아들이는 것에 대한 경고로 들린다. 즉 인물시각적 소설에서 도덕적 책임자로서의 주석적 서술자가 배제되거나 일인칭 서술자가 사라지게 됨으로써 작가들이 작품에 제시한 것에 대해 아무런 판단도, 평가도 할 필요가 없다는 속류적 이해로 떨어지는 것에 대한 경계인 것이다. 이런 형식에서도 작가는 인물들의 창조자 및 언어 부여자로서 작품에 항상 임석해 있는 것이며, 구상과 선택, 배열, 구성을 통해 자신을 실현하고자 한다. 즉 "결국 따지고 보면 일종의 수사학, 다시 말하자면, 독자에게 영향력을 끼치기 위한 하나의 수단", "더 효과적인"[17] 수단이다.

러시아 소설발전에서 이러한 등장인물적 시각의 서술 상황이 시대적 문맥과 연관되는 것은 아마 19세기 후반에서 20세기 초에 이르는 시기일 것이다. 물론 푸시킨이나 레르몬토프, 고골에게 있어, 그리고 도스토예프스키와 톨스토이, 투르게네프 소설에 있어 인물에게 상황을 말하도록 권한을 넘겨주는 부분적인 예가 없지는 않다. 『예브게니 오네긴』에

17 프란츠 슈탄첼, 『소설형식의 기본유형』, 안삼환 역, 탐구당, 1982, 34, 77, 100, 99, 99쪽.

서 때때로 우리는 등장인물인 오네긴이나 타티야나의 시선에 입각해서만 이야기가 전달되는 부분을 자주 만날 수 있고, 『죄와 벌』의 부분 부분에서 우리는 라스콜리니코프의 내면에 들어가 그가 생각하고 판단하고 보는 것만을 본다. 그런 경우 서술자는 어떤 역할도 하지 않고 단지 등장인물이 하는 대로 서술하는 것만 같다. 혹은 다음향 소설로 분류되는 도스토예프스키 작품의 주인공들이 보여 주는 개개의 독백이나 개개의 판단들과 관찰들은 그 각각 '등장인물-화자'와 같은 역할을 하는 것이라고 말할 수 있다. 이런 식으로 '등장인물-화자'적 서술 상황은 나름대로 모든 서술 상황에서 부분적으로 채택되지만 그것이 시대적 연관에서 하나의 전면적인 새로운 징후로서 나타나는 것은 '작가-나-화자' 형식과 전지적 서술자 형식을 극복하는 과정으로 해석될 수 있다.

자연주의 소설의 문제 제기로부터 시작된 새로운 서술자에 대한 형식적 탐구 중 문학사적으로 우리가 주목해야 할 것은 '등장인물-화자' 형식이다. 이것은 서술자가 그 어떤 자신의 평가나 이념을 드러내지 않으며 특정한 주인공에게 작품 서술의 모든 것을 위탁함으로써 어떤 서정적 일탈이나 저자적 개입도 극소화하는 방식의 서술방법이다. 이 경우 설정된 어떤 등장인물이 진행되는 모든 사건을 관찰하거나 참여하고 평가를 내리며 독자 앞에는 그 주인공의 관찰과 참여, 평가 이외의 다른 세계는 제시되지 않는다. 따라서 다른 인물들의 내면과 행동 역시 고정된 시야의 '등장인물-화자'의 프리즘을 통해서만 작품에 도입된다.

새로운 러시아 현실의 진전과 더불어 이에 대응하는 소설적 형식화는 체홉과 고리키의 예에서처럼 다소 이질적인 분화와 동요를 겪는다. '등장인물-화자'의 형식이 징후적으로 나타났고, 다른 한편 주관성과 객관성의 과감한 통합을 통해 새로운 현실에 대응하려는 시도가 발생한 것이다. 그러나 이러한 징후와 시도들도 단편들을 통해 실험적으로 제기되었을 뿐 톨스토이와 도스토예프스키의 소설 형식과 비교하여 특징적일 만큼의 서사적 규모와 깊이를 실현해 내지는 못했다. 아마도 소설 형식의 발전이라는 측면에서만 보자면 19세기 말에서 20세기 초까지는 다양한 실험과 혼란의 시기라고 말할 수 있을 것이다. 이 시기를 특징지을 만큼의 대표적인 서술 상황이 성공적으로 드러나지는 않았던 것이다. 그러나 바로 그러한 실험과 혼란은 러시아 현실의 급격한 변혁과 굴절이 이루어졌던 이 시기에 대한 반증이라고 말할 수 있을지도 모른다.

보다 많은 구체적 논증이 필요할 것이지만 러시아 소설의 서술 상황이 많은 실험과 혼란을 거쳐 20세기에 유의미한 변화를 이룩하는 계기 중 하나는 막심 고리키의 『클림 삼긴의 생애』이다. 『클림 삼긴의 생애』에 대한 시학적 분석[18]은 우선 작품의 모든 사건과 모든 인물, 관계는 끌림을 통해서만 작품에 도입된다는 사실을 분명히 확인해 준다. 주인공 클림은 탁월한 관찰력과 사고력을 지니고 있고, 이데올로기 환경에 민감한 성격을 가지고 있다. 또한 주요 사건과 관계의 핵심을 보고 들을 수 있을 정도의 활동력과 관계망도 지니고 있다. 클림이 없는 경우에 벌어진 사건은 작가에 의해 작품에 묘사되지 않고 그 자리에 있었던 누군가의 전언에 의해 클림에게 전달된다. 클림은 인물의 성격이나 행위, 사건이나 상황에 대해 객관적으로 제시하는 역할을 충실히 해내고 있는 것이다.

이멘되르퍼는 『클림 삼긴의 생애』의 시점 구조를 면밀히 검토함으로써 이 작품에 작가정신을 담은 "화자 법정은 없으며" 작품 세계에 대한 "독자의 판결은 열려진 채로 유지될 것이 요구된다."[19]라고 말한다. "소

18 이에 대한 자세한 분석과 논증은 『혁명의 문학 문학의 혁명 막심 고리끼』의 제3부를 참조하라.

19 H. Imendorffer, *Die perspektivische Sturuktur von Gork'kijs Roman "Zizn' Klima Samgina"*, Berlin, 1973, S. 170.

설의 묘사된 세계는 무엇보다도 주인공의 세계이다. 대화는 이 영역을 확장시키지만 자신의 세계를 넘지는 못한다. 아이러니와 대비는 그 경계를 넘어서 독자의 수용에 영향을 준다. 그로 인하여 주인공과 작가의 동일시가 회피되며 거리 두기의 가능성이 독자에게 부여된다. 작가는 영향력 확보를 위해 간접적인 수단을 사용하며 직접적인 평가를 회피한다. 아이러니와 대비에 관련될 수 있는 화자 법정은 없다. 『클림 삼긴의 생애』에는 주인공의 세계에 대한 명징한 반대세계가 구축되어 있는 것이 아니다. 세계에 대한 독자의 판결은 열려진 채로 유지될 것이 요구된다."[20] 이멘되르퍼는 이 작품이 슈탄첼의 분류에 따른 인물시각적 소설 유형을 완벽하게 보여 주고 있다고 보는 것이다.

소설이 단순한 이데올로기의 구조물로 여겨질 만큼 소설의 서사에 대해 의혹의 눈초리가 깊어지고 있고 소설 텍스트의 구조와 체계, 기호에 대해 놀랄 만큼 정교한 분석들이 이루어지고 있지만, 그러나 무엇보다 소설은 살아 있는 인간의 삶과 현실에 대한 주체적 참여이자 구성의 산물이다. 다시 말하면 소설은 형태적으로 완성된 것이기는 하지만 그 완성의 내용은 무엇보다도 먼저 저자의 창조적 활동을 담고 있는 것으로 그 종결을 알지 못한다. 인간의 활동은 완결이나 정지를 모르고 또한 시작할 때와 끝날 때의 마음이 다르기도 하다. 근대적 현실에 대한 주체의 시공간적 대응 활동은 그 움직이는 현실과 더불어 지속적으로 유동한다. 따라서 소설의 완성이란 끝없이 움직이는 창조적 활동의 극대화된 공간의 창조를 말할 뿐이다.[21] 불안정함으로써 완성된다는 말은 역설

20 위와 같다.

21 기존 소설론에 대한 비판과 활동으로서의 소설론에 대해서는 이강은, 「세계관과 창작방법에 대한 복합체계상승론적 접근」, 『러시아연구』, 제13권 제1호를 참조하라.

적으로 들릴지 모르지만 소설의 본성을 가장 잘 드러내는 말이 아닐 수 없는 것이다.

근대적 개인으로서 작가가 소설이라는 형식을 통해 자신을 실현하면서 동시에 자신으로부터 독립된 소설의 세계를 구축할 수 있었던 것은 단순한 기술적 문제가 아니었다. 작가는 문화사적 맥락에서 스스로를 주체로 구성해 냄과 동시에 엄격한 대상화를 이루고자 했다. 그것은 어쩌면 '그 속에 있으면서 동시에 그 밖에 존재해야 하는' 역설적 과제였다. 다시 말해 작가는 소설 속에서 엄연하게 소설을 구성하고 창조하며 자신의 능동적 활동양상을 전개하는 주체이면서 동시에 소설 세계 바깥에서 자신을 포함한 소설 세계를 엄격하게 객관적으로 그려야 하는, 어쩌면 불가능해 보이는 지위를 확보해야만 했던 것이다. 그러나 바로 그런 지위가 근대적 인간, 근대적 개성의 지위가 가지는 특성인지도 모른다. 우리가 소설 텍스트를 통해 습득하고 수련해야 하는 것은 현실에 대한 다양한 접근과 인간에 대한 폭넓은 이해 외에 바로 근대적 인간의 복합적·역설적 지위에 대한 것이다. 바로 이와 같은 복합적 지위를 소설에서 형상화해 내기 위한 노력을 우리는 '나-화자' 유형으로부터 '서술자-화자', 그리고 '등장인물-화자'로 나아가는 근대 소설의 흐름 속에서 확인할 수 있었다. 이런 흐름이 현대 문학에서 어떻게 이어지고 변화되는지에 대한 고찰은 이후의 연구과제이다.

참고문헌

고리키 M., 『은둔자』, 이강은 역, 문학동네, 2013.

고골 N., 『죽은 혼』, 이경완 역, 을유문화사, 2010.

곤차로프 I., 『오블로모프』(1, 2), 최윤락 역, 문학과지성사, 2002.

구드지 N. K., 『고대 러시아 문학사』(1, 2), 정막래 역, 한길사, 2008.

권철근·김희숙·이덕형, 『러시아 형식주의』, 한국외국어대학교출판부, 2001.

김문황, 『고대러시아문학사』, 건국대학교출판부, 2002.

김욱동, 『대화적 상상력-바흐친의 문학이론』, 문학과지성사, 1988.

김진영, 「산문작가의 탄생: 푸쉬킨과 벨킨」, 『슬라브학보』, 1995.

끄로포뜨낀, 『러시아문학 오디세이』, 문석우 역, 작가와비평, 2011.

도스토예프스키 F., 『까라마조프 씨네 형제들』, 이대우 역, 열린책들, 2002.

______________, 『백치』, 김근식 역, 열린책들, 2002.

______________, 『분신, 가난한 사람들』, 석영중 역, 열린책들, 2002.

______________, 『죄와 벌』, 홍대화 역, 열린책들, 2002.

랜서 S. S., 『시점의 시학』, 김형민 역, 좋은날, 1998.

레르몬또프 M., 『우리 시대의 영웅』, 문석우 역, 조선대학교출판부, 2001.

로트만 Ju., 『예술텍스트의 구조』, 유재천 역, 고려원, 1991.

루카치 G., 『소설의 이론』, 반성완 역, 심설당, 1985.

모출스키 K., 『도스토예프스키』(1, 2), 김현택 역, 책세상, 2000.

문석우, 『안똔 체홉의 장르연구 - 패러디를 중심으로』, 고려대학교 박사학위 논문, 1993.

밀스키 D. S., 『러시아 문학사』, 이항재 역, 써네스트, 2008.

바흐찐 M.(a), 『도스토예프스키 시학』, 김근식 역, 정음사, 1988.

________(b), 『장편 소설과 민중언어』, 전승희 외 역, 창작과비평사, 1988.

________(c), 『말의 미학』, 김희숙·박종소 역, 도서출판 길, 2006.

박영신·김우승, 『러시아의 지적 전통과 논쟁』, 현상과인식, 1994.

박인기(편역), 『작가란 무엇인가』, 지식산업사, 1997.
발 M., 『서사란 무엇인가』, 한용환 외 역, 문예출판사, 1999.
변현태, 「17세기 러시아 산문과 소설의 발생」, 러시아어문학연구논집 17, 2004.
부스 W., 『소설의 수사학』, 최상규 역, 예림기획, 1999.
뿌쉬낀 A.(a), 『예브게니 오네긴』, 허승철·이병훈 역, 솔, 1999.
_______ (b), 『청동기마상』, 석영중 역, 열린책들, 1999.
_______ (c), 『벨낀이야기』, 석영중 역, 열린책들, 1999.
석경징 외, 『서술 이론과 문학비평』, 서울대학교출판부, 1999.
슈람케 J., 『현대소설의 이론』, 원당희·박병화 역, 문예출판사, 1995.
슈탄첼 F., 『소설형식의 기본유형』, 안삼환 역, 탐구당, 1982.
스타이너 J., 『톨스토이냐 도스토예프스키냐』, 윤지관 역, 종로서적, 1983.
아우어바흐 E., 『미메시스-고대·중세편』, 민음사, 2000.
__________ , 『미메시스-근대편』, 민음사, 1999.
어얼리히 V., 『러시아 형식주의: 역사와 이론』, 박거용 역, 문학과지성사, 1983.
오탁번 외, 『서사문학의 이해』, 고려대학교출판부, 1999.
우스펜스키 B., 『소설구성의 시학』, 김경수 역, 현대소설사, 1992.
이강은, 『반성과 지향의 러시아 소설론』, 한국학술정보, 2009.
_____ , 『혁명의 문학 문학의 혁명 막심 고리끼』, 경북대학교출판부, 2004.
이덕형, 『천년의 울림』, 성균관대학교출판부, 2001.
이장욱, 『혁명과 모더니즘: 러시아의 시와 미학』, 문예중앙이론선, 2005.
이항재, 『소설의 정치학』, 문원출판, 1999.
이희원, 「문학작품의 구성과 시점」, 『노어노문학』, V.13, N.2, 2001.
조주관(편역), 『러시아 고대 문학 선집』(1, 2), 열린책들, 1995.
조주관, 『고대 러시아문학의 시학』, 아카넷, 2008.
_____ , 『죄와 벌의 현대적 해석』, 연세대학교출판부, 2007.
주네트 J. 외, 『현대 서술이론의 흐름』, 석경징 외 역, 솔, 1997.
채트먼 S., 『영화와 소설의 서사 구조』, 김경수 역, 민음사, 1990.
체홉 A., 『체호프 단편선』, 박현섭 역, 민음사, 2002.
케넌 R., 『소설의 시학』, 최상규 역, 문학과지성사, 1999.
탬블링 J., 『서사학과 이데올로기』, 이호 역, 예림기획, 2000.

토도로프 T., 『산문의 시학』, 신동욱 역, 문예출판사,1992.

_________ , 「바흐친의 인간론: 인간과 상호 인간」, 『바흐친과 문학이론』, 여홍상 엮음, 문학과지성사, 1997.

_________ , 『러시아 형식주의: 문학의 이론』, 김치수 역, 이화여자대학교출판부, 1981.

톨스토이 L., 『안나 카레니나』(1, 2, 3), 박형규 역, 문학동네, 2009.

_________ , 『어린 시절』/『소년 시절』/『청년 시절』, 박형규 역, 이성과현실, 1990.

_________ , 『전쟁과 평화』(상, 중, 하), 박형규 역, 범우사, 1988.

페트로프 A., 『17세기 러시아 문학』, 조주관 역, 지식을만드는지식, 2011.

푸슈킨 A., 『예브게니 오네긴』, 최선 역, 서울대학교출판부, 2006.

프리들렌제르 G., 『리얼리즘의 시학』, 이항재 역, 열린책들, 1986.

하우저 A., 『문학과 예술의 사회사』(1-4), 백락청 역, 2002.

한국슬라브학회(편), 『러시아 문학의 이해-푸시킨과 고골』, 민음사, 1993.

한용환, 『서사이론과 그 쟁점들』, 문예출판사, 2002.

Аксенова Е. М. *Художественное выражение писателя*. М.: 1959.

Барт Р. *Избранные работы. Семиотика. Поэтика*. М.: 1994.

Бахтин М. *Творчество Франсуа Рабле и народная культура средневековья и Ренессанса*. М.: 1965.

_________ . *Проблемы поэтики Достоевского.* 3-е изд. М.: Советская россия. 1972.

_________ . *Вопросы литературы и эстетики*. М.: 1975.

_________ . *Эстетика словесного творчества*. М.: Искусство. 1979.

Белая Г. "К проблеме романного мышление". *Советский роман - новаторство. поэтика, типология*. М.: Наука. 1978.

Белинский В. Г. "Статьи о Пушкине". *Полное собрание сочинений*. Т. 7. М.: 1955.

Бонецкая Н. К. "Проблемы методологии анализа образа автора". *Методология анализа литературного произведения*. М.: 1988.

Борев Ю. Б. и др.(ред.) "Теоретико-литературные итоги XX века". *Литературное произведение и художественный процесс*. Т. 1, 2, Наука, М.:

2003.

Бройтман С. Н. *Историческая поэтика*. М.: РГГУ. 2001.

Вердеревская Н. А. *Русский роман 40-60-х годов 29 века*. Казань: 1982.

Виноградов В. В. *О теории художественной речи*. М.: Высшая школа, 1971.

________________ . *Избранные труды о языке художественной прозы*. М.: 1980.

Гей Н. К. и др.(ред.) *Теория литературных стилей*. М.: Наука. 1978.

Гоголь Н. В. *Собрание сочинений в 8 томах*. Т.5, Т.6, Т.7. М.: Художестве-нная литература. 1984.

Гончаров И. А. *Собрание сочинений в 6 томах*. Т.4. М.: ГИХЛ. 1959.

Горький М. *Полное собрание сочинений. Художественные произведения в 25 томах*. М.: 1968-1976.

__________ . *Архив Горького*. Т.10-1, 2. Наука, 1964.

Грановская Л. М. *Русский литературный язык в конце 19-20 вв*. М.: Элпис. 2005.

Грехнев В. А. *Словесный образ и литературное произведение.* Нижний Новгород: 1997.

Григорьев А. *Литературная критика*. М.: 1984.

Гринцер П. А.(от. ред.) *Историческая поэтика -Литературные эпохи и типы художественного сознания*. М.: Наследие. 1994.

Дробат Л. С. *Проблема личности и "диалектика души" в трилогии Л. Н. Толстого*. Тула: 1979.

Евдокимова О. К., Морозова Т. Ю. *Приемы поэтики в повести Л. Н. Толстого "Детство"*. Чебоксары: 1986.

Дерин-Смирнов И. Р., Смирнов И. П. *Очерки по исторической типологии культуры*. Зальцбург: 1982.

Достоевский Ф. М. *Собрание сочинений в 15 томах*. Ленинград: Наука. 1988-1996.

____________________ . *Преступление и наказание. Сер. "Литературные па-*

мятники". М.: 1970.

Затонский Д. *Искусство романа и XX век*. М.: 1973.

Каган М. С. *Эстетика как философская наука*. СПб.: Петрополис. 1997.

__________ . *Системный подход и гуманитарное знание*. Л.: Изд. ЛГУ. 1991.

Карамзин Н. М. *Избранные сочинения в двух томах*. Т. 2, М.—Л.: Художественная литература. 1964.

Кожевникова Н. А. *Типы повествования в русской литературе 19-20 вв*. М.: Институт русского языка РАН. 1994.

Кожинов В. *Происхождение романа -Теоретико-исторический очерк*. М.: 1963.

__________ . *Смена литературных стилей. На материале русской литературы 19-20 веков*. М.: 1974.

Колобаева Л. *Концепция личности в русской литературе рубежа XIX - XX вв*. М.: 1990.

Корман Б. О. *Изучение текста художественного произведения*. М.: 1972.

Косиков Г. К. "К теории романа(Роман средневековый и роман Нового Времани)". *Российский литературоведческий журнал*. No.1, М.: 1993.

Леонтьев К. Н. *О романах графа Л. Н. Толстого. Анализ, стиль и веяние*. М.: 1911.

Лермонтов М. *Избранные сочинения*. М.: Худож. Лит. 1983.

Лилиенфельд Ф. В. "В поистках идеала". *Вопросы литературы*. 1989. No.6.

Лихачев Д. *Избранные работы в 3 т*. Т.1. Л.: 1987.

Лотман Ю. М. "Литературная биография в историко-культурном тексте (-К типологическому соотношению текста и личности автора". *О русской литературе. Статьи и исследования (1958-1993)*. СПб.: 1997.

__________ . *Об искусстве*. СПб.: Искусство-СПБ. 1998.

Манн Ю. *Диалектика художественного образа*. М.: 1987.

__________ . "Автор и повествование", Гринцер П. А.(от. ред.) *Историческая поэтика -Литературные эпохи и типы художественного сознания*.

М.: Наследие. 1994.

Манн Ю. *Русская литература 19 века. Эпоха романтизма*. М.: РГГУ. 2007.

Маркович В. М., Шмид В.(ред.) *Автор и текст. Сборник статей*. СПб: С-Петер. Уни. 1996.

Недзвецкий В. А. *Русский социально-универсальный роман 19 века - становление и жанровая эволюция*. М.: 1997.

Николаева Т. М. *О чем рассказывают нам тексты?* М.: Языки славянских культур. 2012.

Одиноков В. Г. *Художественная системность русского классического романа -проблемы и суждения*. Новосибирск: 1976.

Падучева Е. В. *Семантические исследования*. М.: 1996.

Переверзев В. Ф. *У истоков русского реального романа*. М.: 1937.

Пушкин А. С. *Собрание сочинений в десяти томах*. М.: ГИХЛ. 1960.

Розенблюм Л. М. *Творческие дневники Достоевского*. М.: 1981.

Русская литература конца 19-начала 20 века в зеркале современной науки. М.: ИМЛИ РАН. 2008.

Рымарь Н. Т. *Введение в теорию романа*. Воронеж: Изд. Воронеж. унив. 1989.

____________ . *Поэтика романа*. Куйбышев: 1990.

Свительский В. А. "Об изучении авторской оценки в произведениях реалистической прозы". *Проблемы автора в русской литературе 19-20 вв*. Ижевск: 1978.

Страхов Н. Н. *Литературная критика*. М.: 1984.

Тамарченко Н. Д. *Русский классический роман 19 века -проблемы поэтики и типологии жанра*. М.: 1997.

Тамарченко Н. Д. "Повествование". *Введение в литературоведение*. М.: Высшая школа. 1999.

______________ . *Поэтика русской литературы*. М.: РГГУ. 2001.

Тимофеев Л. И., Тураев С. В.(ред.-сост.) *Словарь литературоведческих терминов*. М.: 1974.

Толстой Л. Н. *Собрание сочинений в 22 томах*. М.: Худож. лит. 1978-1985.

Тургенев И. С. *Полное собрание сочинений и писем в тридцати томах*. Т. 7. М.: Наука, 1981.

Туманинов В. "Рассказчик в "Бесах" Достоевского". *Исследования по поэтике и стилистике*. Л.: 1972.

Тынянов Ю. *Пушкин и его современники*. М.: 1968.

Хализев В. Е. *Теория литературы*. М.: 2002.

Храпченко М. Б. *Творческая индивидуальность писателя и развитие литературы*. М.: 1975.

Чернышевский Н. Г. "Детство и отрочество. Сочинение графа Л. Н. Толстого". *Избранные статьи*. М.: 1978

Чехов А. П. *Полное собрание сочинений и писем в 30 т*. М.: Наука АН СССР ИМЛИ. 1974-1982.

Чудаков А. *Поэтика Чехова*. М., 1971.

Шмид М. *Нарратология*. М.: Языки славянской культуры. 2003.

Эйхенбаум Б. М. *Молодой Толстой*. Петербург-Берлин. М.: 1922.

Immend rffer H., *Die perspektivische Struktur von Gorkijs Roman 『Zizn Klima Samgina』*, Berlin: 1973.

Kayser W., *Entstehung und Krise des modernen Romans*, Stuttgart: 1962.

Bal M., *Narratology: Introduction to the Theory of Narrative*, Toronto: 1985.

Booth W., *The Rhetoric of Fiction*. 2nd ed., Chicago and London: The Uni. of Chicago P., 1983.

Chatman S., *Story and Discourse: Narrative Structure in Fiction and Film*, Ithaca and London: Cornell Uni. P., 1978.

Chatman S., *Coming to Terms: The Rhetoric of Narrative in Fiction and Film*, Ithaca and New York: Cornell Uni. P., 1990.

Garrard J. ed., *The Russian novel from Pushkin to Pasternak*, Yale Univ. Press, 1983.

Hutcheon L., *Narcissistic Narrative: The Metafictional Paradox*, Ontario: Willford Uni. P., 1981.

Jackson R. L., *Chekhov: A Collection of Critical Essays*, New Jersey: Prentice-Hall, 1967.

Morson G. S., *Hidden in plain view. Narrative and Creative in 『War and Peace』*, California: Stanford Uni. P., 1997.

Reeve F. D., *The Russian Novel*, New York·Toronto·London: McGraw-Hill, 1966.

Rimon-Kennon Sh., *Narrative Fiction: Contemporary Poetics*, London and New York: Methuen, 1982.

Waugh P., *Metafiction: The Theory and Practice of Self-Concious Fiction*, London & N.Y.: METHUEN, 1984.